New Perspectives on Television Interviews

电视采访新论

侯迪 著

中国国际广播出版社

序　言

如果说20世纪的一百年是媒体飞速发展的一百年，那么21世纪的这前20年，就是媒体跨越式发展的时期。随着科学技术的发展，网络媒体呈现出千姿百态的新面貌，将广播、报纸、电视、网络结合在一起的融媒体，使新闻传播手段日趋多元化。在多种媒体优势互补的高效传媒矩阵形成之时，信息将通过多渠道、多形态、多模式的传播路径进行发散式传递，现有的媒体传播格局和舆论生态将产生重大变革。在"万物互联"的新时代，移动互联网、大数据、人工智能等新技术的推广终将使媒介形态不断更替和变化，媒介内容生产流程也将被重新定义。可以预见，未来传媒业将继续借助5G、区块链等新技术加深媒体融合，打造智能化传播生态，形成新的发展方向和传播模式。

目前，互联网已经成为信息传递的重要媒介。根据中国互联网络信息中心（CNNIC）发布的第51次《中国互联网络发展状况统计报告》数据显示，截至2022年12月，我国网民规模达10.67亿，互联网普及率达75.6%。其中，网络新闻用户规模达7.83亿，较2021年12月增长1216万，占网民整体的73.2%。由此可见，伴随着互联网的发展，传统新闻媒体已经不能满足现阶段民众的需求，建立在互联网发展基础之上的网络新闻事业，迎来了高速发展时期。伴随着媒体平台的多样化，新闻传播形式更加丰富，传统媒体加速融入网络内容生态体系，在内容形态上，除了文字和图片，还有各种短视频、动画、VR/AR 等网络内容呈现更为直观的视频形态。视频新闻逐渐成为媒体对外传播的主要表现形式，这对专业记者提出了新的技能要求。新闻不仅要诉说事实，还要符合时代需要，具有动态感。电视新闻作为视频新闻的"鼻祖"，其制作流程已经非常成熟，但是为了适应现代多元媒体平台的需要，我们又必须对电视新闻的制作再次进行拆解，使其能够适应新媒体时代受众对信息的需求和接受习惯。

同时，新闻作为意识形态领域的重要组成部分，新闻工作是国家治理体系当中极端重要的一项工作，适应市场只是其发展的必经环节之一。党的十九大报告指出，要牢牢掌握意识形态工作领导权，坚持正确舆论导向，加强互联网内容建设，建立网络综合治理体系，加强阵地建设和管理。[①]这是我们做好新时代网络新闻舆论工作的新任务新要求。由此，不管是传统媒体，还是新兴媒体或者是自由撰稿人，都必须认清媒体的社会属性，把准方向、把牢导向，坚持团结稳定鼓劲，在社会主义现代化建设中发挥重要作用。

因此，在当前背景下，新闻传播的准确性、高效性、易接受性都显得极为重要。改革开放以来，新闻学教育方面的书籍大量问世，新闻采访作为新闻制作的重中之重，相关书籍可以说花样繁多，内容也基本涵盖了新闻采访的特点以及所必备的知识。但是，在新的媒介环境下，新闻记者面对着更加复杂的传播形势，有些书籍在媒体发展的背景下凸显出案例陈旧、观点滞后等问题，现有书籍出现了知识缺口。同时，现有书籍多以介绍通识性的完整知识体系为主，目前市面上缺少具有针对性的技能类书籍，可以说是一大遗憾。面对发展迅速的新闻媒体，编写专注于学生采访技能提升，并且能够适应新媒体发展需要的书籍，已经成为新闻业界的迫切需求。

---

① 习近平．习近平：决胜全面建成小康社会 夺取新时代中国特色社会主义伟大胜利——在中国共产党第十九次全国代表大会上的报告［EB/OL］．（2017-10-27）［2024-03-11］．https://www.gov.cn/zhuanti/2017-10/27/content_5234876.htm.

序 言

　　本书主要从两个方面出发。一方面以现代媒介环境为背景，探究新形势下电视新闻的呈现方式和市场需求；另一方面从具体的采访技巧出发，探讨不同采访方法的具体把握原则和使用方式，其中案例多为近几年的中国新闻奖获奖作品，以及在网络中关注度较高的新闻作品，非常符合时代需求。本书中更多地将理论性内容融入采访实践当中，期望能在新闻实践中去寻找解决问题的方法。为了体现采访的真实感，让读者更好地学习电视采访的相关技巧和方法，本书保留了案例段落中的口语化表述、不够严谨的病句和看上去有误的标点符号用法。

　　面对21世纪传媒行业的快速发展，中国新闻教育事业也必将有更多新的突破，希望本书可以为新时代中国新闻教育的发展和新闻人才的培养做出一点贡献。为相关新闻研究者、从业者和对新闻采访学感兴趣的读者提供借鉴和参考。

目 录
CONTENTS

绪 论 / 001

　　第一节　电视新闻的含义界定 / 002

　　第二节　电视新闻的媒介特征及特性 / 004

　　第三节　现代电视新闻的发展方向 / 011

　　总　　结 / 020

第一章　电视记者 / 021

　　第一节　电视记者的业务要求 / 022

　　第二节　电视记者的素质要求 / 033

　　总　　结 / 041

第二章　电视采访的前期调研 / 043

　　第一节　前期调查 / 044

　　第二节　选题研究 / 049

　　总　　结 / 057

第三章　电视新闻策划 / 059

　　第一节　拍摄计划和拍摄方案 / 060

第二节　节目策划 / 065

第三节　采访提纲设计 / 077

第四节　问题设计的技巧 / 085

总　结 / 103

第四章　采访和电视新闻稿本创作 / 105

第一节　电视新闻稿本写作概述 / 105

第二节　稿本创作与采访 / 118

第三节　稿本撰写技巧 / 129

总　结 / 143

第五章　电视访谈 / 144

第一节　电视访谈概述 / 144

第二节　电视专访 / 151

第三节　电视谈话 / 169

总　结 / 182

第六章　电视直播 / 184

第一节　电视直播概述 / 184

第二节　电视直播采访的总体要求 / 191

第三节　电视直播的采访技巧 / 195

第四节　移动新闻直播 / 202

总　结 / 214

目 录

第七章　电视海采 / 216

第一节　电视海采概述 / 216

第二节　电视海采的总体要求 / 221

第三节　电视海采的采访技巧 / 227

总　结 / 236

第八章　体验式采访 / 238

第一节　体验式采访概述 / 238

第二节　体验式采访的总体要求 / 248

第三节　体验式采访的采访技巧 / 253

总　结 / 257

第九章　电视暗访 / 259

第一节　电视暗访概述 / 259

第二节　电视暗访的总体要求 / 265

第三节　电视暗访的采访技巧 / 269

第四节　电视暗访当中的自我保护和法律规范 / 275

总　结 / 280

参考文献 / 282

绪 论

从1883年"尼普科夫圆盘"被发明出来,到1928年在柏林"第五届德国广播博览会"上贝尔德的机电式电视机第一次作为公开产品出现在世人面前,人类开始使用声画符号传递信息,电视也成了人们生活必不可少的媒介。随着科技的发展,电视节目的内容开始向移动媒介延伸,电视开始变得"无处不在"。

电视节目越来越丰富,传播方式也变得越来越多样,令人目不暇接。现在电视中声画内容的采制已经超出了人类以往的传播经验,这些革命性的变革给电视带来了更多的可能性。电视在诞生之初并不以传播新闻为首要功能,声画内容采制的滞后性使教育、宣传、娱乐消遣成为人们接受它的理由。虽然20世纪90年代,电视的新闻传播功能一度在新闻直播的带动下被正视,但是到了21世纪,互联网的发展带来了更好的新闻体验。尤其是时效性上的差距,使追剧、看综艺成为人们收看电视的主要目的,视听符号的表达似乎在这些可视化作品中拥有更多的优势,电视的娱乐功能从来没有像今天这样突出。

然而,我国电视数字化进程的全面推进给电视媒体带来的不仅是新的技术,还有全新的电视频道和电视节目。我们发现,从现在电视节目体系的构成来看,新闻仍然是电视节目的主体内容。从20世纪90年代每天半小时的新闻联播,到现在各个电视台早中晚新闻节目三段式的播放;从

2003年5月1日诞生的中央电视台新闻频道，到现在各地方台几乎都有属于自己的新闻频道；从2010年6月搜狐推出我国第一个新闻客户端，到现在移动端新闻媒体成为受众的主要阅读渠道，这种主要以声画符号传递信息的新闻节目，不管是从数量还是质量上都有了质的提升。

传递信息是媒介的首要功能，无论其形态怎样变化，人们收看电视的第一需求仍是在政府作出重大行政决策和发生突发性事件时，获取相关信息。在媒介融合的理念下，电视新闻不管是素材收集、拍摄，还是后期的成片编制、合成与最终的传播都发生了巨大变化。同时，媒介融合背景下电视新闻记者自身角色的变化也是突出的，在满足受众获取电视新闻资讯需求的同时，还需要满足以手机为终端的智能化新闻的传播需求，突破时空局限来实现电视新闻传播的竞争力。[1]

第一节 电视新闻的含义界定

在新闻界，很多定义都是不确定的，大多数定义只是一类现象或者物件在一定历史时期内的总结。其根本原因在于媒介技术无时无刻不在进步，为信息的采制和传播过程带来的变化，使得一些概念和定义在这个过程中也不断进化。关于电视新闻的定义，电视学界大概有几种提法。20世纪80年代，我国电视新闻进入快速发展时期，那个时期，电视学界对电视新闻的定义大致为电视新闻是利用电视传播工具对新近发生或发现的事实进行的报道。这一时期对于电视新闻的定义，就是在新闻的定义上加入了电视这个媒介平台。到了20世纪90年代初，在电视新闻的概念中开始强调其传播的符号特性，即电视新闻是利用视听符号进行新闻传播的。传播符号

---

[1] 常江，解立群.国际主流电视新闻节目新媒体推广手段探析：以BBC和CNN为例[J].中国记者，2013（1）：120-121.

绪 论

是传播活动里必不可少的因素，强调传播符号，才能把电视新闻和其他新闻类型真正区别开来，电视新闻才能形成其特有的文化，其作用和价值才能被放大。

进入互联网时代，电视学界又对电视新闻提出了与时俱进的新定义。赵玉明、王福顺在其1999年主编的《广播电视辞典》中提出，电视新闻是以现代电子技术为传播手段，以图像、声音、文字为传播符号，对新近发生、发现或正在发生的事实的报道，是电视新闻类节目的总称，是电视节目的骨干和主体。[①] 可以看到，进入这个时期，在电视新闻的定义中开始强调传播手段。对于传播手段的理解有两个层面：第一个层面是传播的方法，如传播的方式、传播中的具体行为等。第二个层面是传播媒介，如报纸、广播、电视、计算机及网络等与传播技术有关的媒体。由此可见电视新闻的媒介平台在此时开始逐渐泛化，电视已经不是用声画符号传播信息的唯一介质。

在现代媒体融合发展的趋势下，用声画符号传播信息的媒介平台在无限延伸，电视、网络媒体、移动终端都是其发展平台，特别是自媒体的加入，仿佛让"人人都可以成为电视记者"的愿景变为了现实。但是在电视新闻定义的变迁过程中我们要注意一个问题，不管其概念发生怎样的变化，"报道"这个词是始终不变的。报道的基本释义就是通过报纸、杂志、广播、电视或其他形式把新闻告诉群众，而不是简单地信息传递。因此，电视新闻的创作还是需要依靠新闻专业技术人员，社会公众无法在此过程中对新闻信息进行有效加工，更多是在新闻创作过程中提供部分新闻信息。但不可否认，公众的参与确实延伸和拓展了电视新闻的报道视野和视角。

那么现在在网站上、微信公众号上、短视频平台上的视频新闻到底算不算"电视新闻"呢？这种视频新闻目前主要有两种形式，一种是对电视媒体中的新闻的直接转载，这种形式占大多数，因为不是所有网站都是媒

[①] 赵玉明，王福顺. 广播电视辞典［M］. 北京：北京广播学院出版社，1999：98.

体，在媒体网站中有新闻采制权限的媒体则更少，我们可以将其理解为是对电视新闻传播平台的扩展。另一种是网络媒体自制的视频新闻，这些视频新闻大部分都不是由新闻专业技术人员制作的，而是由网民直接上传或者经过简单剪辑制作的，只是新闻片段，属于新闻素材的范畴。仅有一小部分视频新闻由网络媒体中的新闻专业技术人员采制，其制作方法和电视媒体中的电视新闻基本相同，本质还是电视新闻。因此，只有由新闻专业技术人员采制并发布的视频内容，才具有电视新闻的特征以及新闻有效性。本书所讨论的电视新闻，也是指由这部分新闻专业技术人员采制，并通过视听符号在各个平台上传播的新闻。

以上我们结合现代媒介的发展样态，对电视新闻的定义进行了归纳。作为现代记者，只有结合实际，并从整体上把握电视新闻的传播规律和传播特性，突破思维瓶颈，思考、运用多平台相结合的全新传播方式，才能做好电视新闻的采集和报道。

第二节　电视新闻的媒介特征及特性

媒介的新闻形态是由其技术特征决定的，电视正是通过其声画一体的信息符号传达方式决定了电视新闻的形态。这种特性正是电视新闻的优势所在，也是电视媒体从传统媒体中脱颖而出，并且能够快速适应新闻传播发展趋势的重要因素。

一、电视新闻的符号形态

电视新闻的符号主要由语言符号和非语言符号两大类型组成。语言符号包括书写符号和声音符号，主要是文字和话语。语言符号最基本的作用

绪 论

是共享各种信息，高级的语言符号可以表达抽象思维，比如传递思想、感情等。非语言符号是指直接传递到人的感觉器官的各类符号。非语言符号通常比较具体，它所传递的表层信息清楚明白，受众较容易感知，但其深层语义有时又是模糊的。比如，一组夕阳西下的画面，表面上是风景描写，但是结合前后内容它有可能比喻迟暮之年，也有可能代表事物走向衰落。电视媒体一方面同报纸、广播一样，大量使用语言符号，如解说词、同期声、文字等；另一方面，它在传播中也有大量画面、示图等非语言符号介入交流。电视新闻正是通过两种语言符号的共同使用实现了传播效果的最大化。

1. 画面

画面是电视新闻中重要的非语言符号，是电视特有的优势，它让电视新闻具备再现现场的能力，是电视新闻中最主要的信息构成。在印刷时代，人们只能通过文字或声音来传递信息，在对事物的性质、情况等进行描述的过程中，受众更多通过自己的想象、理解来对信息进行补充，还原事物本身。传播者和受众在信息的收发过程中要对信息进行多次处理，信息的内容在这个过程中不可避免地出现失真。而作为影像的画面内容是具体的和确定的，通过其他符号信息的结合能够更准确地将信息传达给受众。同时，制作者也能通过画面的蒙太奇剪辑去表达电视作品画面信息之外的深层次含义。而且电视的画面符号是多元的，电视利用自己的技术优势能够传递虚构和非虚构的多种图像符号。在电视新闻中虚构影像的使用，包括动画、漫画的使用也是为了说明事实，有些画面甚至比真实影像更能说明问题。

2. 声音

声音是电视新闻中的语言符号，电视新闻节目里的声音可分为同期声和画外音两种。同期声是指在拍摄画面的同时进行录音，从而获取各种现场声音。它主要包括拍摄主体、拍摄环境以及现场的一切事物所发出的声音。同期声可以增强报道的现场感，让观众有身临其境的感觉，增加新闻的感染力。画外音的声源则不在画面环境内，即不是由画面中的人或物直接发出的声音，而是经过电视节目制作人员后期配制或是人工合成的声音，如解说词、串场词、旁白等。它们的基本职能是结合画面述说事实、解读事实、揭示新闻主题、评论事实意义等。新闻配乐也是电视新闻报道中重要的表达方式，它有着渲染新闻场景、帮助叙述新闻内容、递增新闻情感、强化新闻内涵等多重功能。所以，在电视新闻制作中，要从电视新闻的主题、内容、画面等角度去选择合适的电视新闻配乐，以提高电视新闻报道的传播效果。

3. 文字

文字也是电视新闻中的语言符号，多以字幕的形式在电视新闻中出现，对电视画面的信息传递起到重要的辅助作用。在电视画面上叠加文字一般有三种情况：首先是整幅画面的屏幕文字，主要起到说明作用，比如政府决议、政策、公告等内容的展示，这类信息具有较强的严谨性，传播过程中不容有错，文字的辅助可以帮助公众更好地理解信息。其次是移动式字幕，多用于最新消息的及时发布，比如新闻节目下的滚动消息条幅，具有信息补充的作用。最后是配合电视画面出现的条幅字幕，用于翻译正音和交代时间、地点、人物等。现代电视媒体中字幕的作用也在变得多样化，比如一些综艺节目和短视频中的字幕也起到渲染气氛的作用，由于本书内容主要集中于电视新闻节目，因此不多赘述。

大到一档电视新闻栏目，小到一篇电视新闻报道，电视新闻的三种基本符号都缺一不可。电视新闻记者扛着摄像机在第一时间赶到新闻现场，拍下现场镜头，再结合声音、文字叙述制作完成电视新闻并播出，才构成了一次完整的新闻传播。少了画面，电视新闻就没有最基本的符号承载体，如果不注意对画面的运用，制作出的新闻就是声画两张皮，这些新闻必将缺乏感染力和表现力，观众提不起观看兴趣，也不能传达信息的新闻价值。

电视新闻节目由画面主导，但画面不是万能的。画面虽然可以准确地展示新闻场景，让我们感知大概的时空范围，看到具体的人物形象，但是具体的时间、地点、背景、人物身份却无法准确交代。而声音可以通过简练的语言把这些信息交代清楚。可以说声音是电视传播的基础，尽管画面是电视新闻的优势，但没有了声音，我们看新闻只能看懂一半。文字的补充、提示、说明、突出等作用补足了电视传播的最后一块短板。文字作为传播内容，可以进一步提高电视传播的效率和准确度，在单位时间内加大信息量，提供更为直观的传播效果。

总之，失去任何一种符号，电视都不再具备完整的叙事能力，电视新闻一定是三种符号互相作用并有效结合的产物。作为电视新闻记者，要认识到各种符号之间的联系，并使用更加符合电视新闻理念的方式去制作新闻。

二、电视新闻的特性

电视新闻的特性来自声画一体的符号表达形式，电视新闻的画面、人物同期声、音响效果、旁白等共同构成了电视新闻的语言符号系统。这些语言符号的组合又为电视新闻带来了信息传递之外的特性，在电视新闻中如何发挥各种符号的综合表现效应，是做好电视新闻的关键因素。因此，要把握好电视新闻的采制基础，就要求电视新闻记者熟练地掌握和运用其传播特性。

1. 即时性

电视新闻自诞生起，长期以来都是一个结论性的媒体。由于制作周期较长，时效性一直是电视新闻的短板，每天晚上一段总结性的新闻播报是对大众一天所获得消息的有效补充，但是大众对这种信息的需求是有限的。随着信息化社会的到来，信息在人们的生活中起着越来越重要的作用，信息成为新的社会生产力，社会中的总信息量也与日俱增，人们对新闻的需求在这个过程中不断扩展更新。

融媒体时代，观众要求在同一时间内获得数量更多、表达方式更多样、内涵更丰富的信息。虽然观众的信息来源多是网络媒体，但是观众希望在获得信息的同时能够观看现场画面以确保其真实性。因此，电视新闻如果想在媒体市场中保持竞争力，就必须用有特色的电视语言去提供最新、最快、最准确的信息。在这种需求下，各个电视台从改进技术设备入手，引进转播车、遥控通信器材、卫星直播电视设备等。同时，根据新闻事实的报道时效要求，对播出栏目和时间进行调整。电视新闻的制作理念也在此过程中发生着变化，电视新闻开始越来越多地使用直播、插播和滚动字幕等手段，以及在一些全新的媒介平台上推出更加方便快捷的传播模式。比如，移动新闻直播可以将新闻生产的全过程通过新闻客户端以视频的方式实时展现在观众面前，观众还可以在线对直播内容进行评论和交流，移动设备的便捷性使其成为当下主流的新闻报道模式。可以预见，电视新闻也将从停留在"刚才、当天、不久以前"的及时性新闻向实时更新、全时发布的即时性新闻转变。

2. 现场性

与文字媒体相比，电视媒体的独特优势在于对事实发生现场的直观展示，电视观众会根据画面产生一种事实内容准确无误的认同心理。来自事件现场的新闻报道使观众有机会"亲临"现场，在互联网技术的支持下，观众甚至有可能从观看者转化为参与者，得到一种亲历历史的情感体验。

现代的电视观众已经不再满足于对信息的知晓，而是希望能够知道信息的细节，从而对信息有更全面的掌握。电视能让我们看到现场的一切，微型摄录设备、无人机甚至能让观众看到新闻当事人都看不到的画面，这些画面的感染力使电视新闻的传播效果达到了极致。便捷的互联网可以帮助人们第一时间获取新闻信息，而电视可以在此基础上证实现场情况，这也是为什么在突发性事件和大型群体活动的报道中，受众对电视的接受度远远高于其他媒体。比如当某地发生突发性灾害时，也许网络是我们的信息源头，但是大量的现场画面都来自电视，通过这些画面我们对现场有了最直观的判断，同时极具感染力的现场环境音和来自第一线的被采对象的声音又把这个新闻场景变得立体化，这种声画组合的信息传播方式有效激发了受众的情感共鸣。

3. 易受性

电视媒体之所以被受众喜爱，是因为在电视传播过程中会使用视、听等多种语言符号同时进行传播，它会调动受众更多的感觉器官去接受信息。依靠单一器官去接收信息的报纸和广播需要受众在大脑中对信息进行多次思维转化，而且文化水平、社会背景、生活环境等也影响着人们对信息的理解程度，人们可能需要一个学习过程才能理解其含义。

电视新闻以画面为主要传播内容，并通过其他符号元素的辅助，将事件的现场气氛、人物感情进行同步传递，以最直观的方式作用于人们的感官。平面化的视觉符号，以事物的"本来面貌"直接作用于人们的视觉，消除了知觉与符号之间的距离，消除了文字那种需要一定的文化水平才能理解的见解性、抽象性，消除了从符号的能指到所指之间的思维转化。[①] 从这个角度来讲，可以说电视将受众接受信息所要花费的成本降到了最低，这便是电视节目的易受性。易受性所代表的不仅是电视节目在多层次人群当中的普及率问题，更代表了这种信息表达方式是否容易被大众所选择的问题。美国传播学者施拉姆提出了一个信息选择的或然率公式，他认为在其他传播条件完全相同的情况下，人们会选择能够最方便快捷地满足其信息需要的途径。电视新闻正是以声画并茂的丰富符号给受众提供了简单易懂的信息，同时也造就了信息内容强烈的表现力和感染力，这些特点使电

[①] 石义彬，王勇.后现代主义产生的媒介背景：电视［J］.国际新闻界，2006（5）：36-39，52.

视一直是当今最具影响力的媒介之一。

4. 兼容性

由于电视媒介的符号多样性，以及技术进步的支撑，电视具有较强的媒介兼容性。不管是红极一时的读报类新闻节目还是类似于文化名人说天下的语言评论类节目，其实都是用电视语言对其他传统媒体新闻节目的再次演绎。如今大众接受资讯的习惯从图文时代进入视频时代，而视频恰恰就是传统电视新闻媒体的强项。电视媒体结合了互联网时代"微""短""小"的视频传播特性，充分发挥自己的专业性和权威性等优势，生产出高质量的原创视频新闻，在打造新型主流媒体的道路上焕发新的生命力。[①]

与当前纯商业化的、一味追求时效性和轰动效应的一些网络短视频平台不同，电视媒体在新闻采编能力、业务水平、媒介素养等方面具有专业优势，职业化的电视媒体在新闻采访、追踪调查以及严谨的新闻制作等方面展现出的专业能力不是其他领域的从业者能够比拟的。更重要的是，传统电视媒体因其具有的公共性质，对新闻采编的各个环节都有一定的要求和原则，最终呈现的新闻作品既能够保证新闻的真实客观，也更符合社会公共需求。与最初参与性质的小打小闹不同，现在各大电视媒体都利用自己一直以来制作电视新闻内容的技术和理念优势，打造自己的短视频及新媒体内容矩阵，比如中央广播电视总台的"央视频"短视频品牌、江苏省广播电视总台的"荔枝"短视频品牌等。他们都把短视频作为媒体融合的突破口，占领着移动传播新阵地。

电视新闻从过去到现在，这些基本特性是从来没有改变过的，变的只是其特性在媒介技术的发展下不断进化。从及时传播到即时传播，从过去集中式的画面展现到当下过程性的画面展现，从对传统媒体的兼容到对新

[①] 邹柯玮.电视新闻在互联网环境中的突围路径［J］.声屏世界，2018（4）：59-60.

媒体的兼容，这些变化无不展示着电视新闻在其符号运用上的蜕变。因此，要了解电视新闻的未来发展趋势，最基本的还是要精准把握电视新闻的特性。

第三节　现代电视新闻的发展方向

在电视新闻刚出现的时候，拍摄技术的限制、传播时间的冗长、后期制作的不便捷使得电视新闻只是信息传播的补充渠道，电视的主要功能还是娱乐。随着技术的进步，出现了基本的电视新闻节目类型，并且在相当长的一段时间里固定了下来。特别是在改革开放前，中国媒体还处在计划经济时代，媒体不用考虑盈亏，职工的工资由政府承担，失去了市场竞争也让媒体本身缺乏活力，靠摊派征订过日子，媒介技术停滞不前，内容创造没有基于受众需求，大量电视节目只是套路式的改造。改革开放后，中国从计划经济转向市场经济，国家开始对报社"断奶"，推行"利润分成"、"税后留利"、"报社自负盈亏"和"以收抵支"等新的财务管理机制，报社经营逐渐与政府财政脱钩。与此同时，电视台也开始改革，许多电视台进行了内部的管理革新，在经营手段上纷纷"广开财源"，开始向市场化过渡，由原来完全依靠垄断优势的经营模式逐渐转变为以服务为核心、以市场为主导的经营模式。以中央电视台为例。1984年，国务院批准了中央电视台财务三年"预算包干"改革，从1984年到1986年，三年经费包干5500万元，三年不变，多了不交，少了不补。为了实施这个方案，中央电视台对下属32个部处建立岗位责任制，与奖金挂钩。全台还实行层层承包。1986年，中央电视台的收入由1980年的243万元上升至1288万元。

与此同时，地方电视台也紧随改革的步伐，比如上海市广播电视局提出"只有发展产业，才能建设事业"的口号；中共广东省委正式批准广东省广播电视厅实行"事业单位、企业化管理"的运行体制。到1987年，全国广电系统预算外收入达4.2亿元，相当于财政拨款的31.2%。1991年，经由财政部和广电部批准，《预算包干管理办法》出台。电视台几十年来统收统支、完全依靠国家拨款的管理体制正式宣告终结。这时候电视新闻节目在内容生产上迎来了百花齐放的新阶段，适应市场化需求、贴近老百姓生活的节目层出不穷。从节目的题材选择、内容架构到节目置景、主持人的包装都发生了巨大变化。特别是1994年全国省级卫视开始上星，地方台和中央台有了共同的受众群体，媒体间的竞争更加激烈，经常会看到一家卫视有了一个受欢迎的节目，下个月其他卫视也会出现类似甚至更好的节目。此时，电视新闻节目的内容改善其实还是相对单一的，贴近大众是主要方向，但是由于媒介技术的限制，电视台并没有从更多方面改变长久以来的新闻生产方式。

进入21世纪以来，随着多媒体、数字化信息技术的发展，在社会更加多元化、复杂化的情况下，电视新闻传播也深受影响。面对受众越来越苛刻的传播需求，拥有更多的新闻信息量和满足受众参与感只是基本要求。是否可以带来更好的新闻表达形式，是否可以提供更具亲和力的传播内容，是否可以提供更多元的新闻获取渠道，是评判现代电视新闻制作成功与否的新增标准。

一、电视新闻采编的多样化

在现代传播环境中，传播新闻仍然是电视媒介的首要功能。伴随着专业新闻频道的诞生和新闻播出时段的延长，电视新闻的播出量大幅增长，报道领域大大拓展，报道的内容也日益丰富。除了政治新闻，各类专业电视频道的出现也使新闻的类型覆盖了人们生活的方方面面，经济新闻、文化新闻、社会新闻等越来越充分地满足了信息时代受众对新闻信息的需求。

绪 论

　　随着各地方电视台新闻节目的增加，现代电视新闻节目也走出了以往画面雷同、没有可视性的困境，在采制方式上实现了巨大突破。不同类型的新闻题材和传播平台意味着相同的新闻采制方式、内容设计不再通用。我们可以看到现代电视新闻对多样化采访方式的运用，直播、海采、体验式采访、暗访被大量运用在新闻的制作过程中，使最终呈现的新闻作品构思越来越独特，具体环节也越来越巧妙。采编方式的变化为观众带来了更直观的现场信息、更贴近老百姓的生活场景和更客观公正的舆论监督。更为重要的是，全新的新闻采编流程提升了受众的主观能动性，参与新闻创作并可以在镜头前更多地展现自我，体现着现代新闻媒体报道理念上的受众本位回归。在这种参与下，受众对信息的兴趣和接受度反过来也影响了媒体在报道领域、报道方式方面的变革，新闻不再是民众眼里高高在上的宏观叙事。新的报道领域的开拓，真实民主、宽松和谐的舆论环境的创建，不只是出于树立和维护政府形象的需要，更是为了满足受众知情权和受众开展自主性传播活动的需要。

　　新的媒介技术也带来了全新的电视新闻采制方式，利用电视媒介强大的兼容性，基于数据的抓取、挖掘、统计、分析和可视化呈现的数据新闻成为电视新闻发展的新方向。数据新闻是随着数据时代的到来出现的一种新型报道形态，是数据技术对新闻业全面渗透的必然结果，它的出现在一定程度上改变了传统新闻生产流程。[1] 2019年经济日报微信公众号推出了《"数说70年"数据新闻可视化系列短视频》。为全面展现新中国成立70年发展的辉煌成果，最大化产品传播效果，平台注重强化选题策划、优化切入视角、精炼文本语言、细化设计方案、丰富产品配套等，最终确定从消费、饮食、大国工程、数字经济、生态、外贸等六个方面，以具有纵深感的视角、具有话题性的内容，充分展现人民生活在这70年中不断改善并

---

[1] 章戈浩. 作为开放新闻的数据新闻：英国《卫报》的数据新闻实践 [J]. 新闻记者，2013（6）：7-13.

持续提升的发展过程。在该系列短视频作品中,数据的呈现尤为丰富,通过将当下流行于视觉设计行业的动画、数字模拟等可视化技术,与传统视觉表现手段相结合,给观众带来了更加立体、丰富和动态的社会景观。数据与图像紧密结合并互为补充,不仅提升了信息传达的精准度,更消弭了数字在视觉上的单调乏味。数据由静态转向动态,在展现分项数据的同时,更直观地凸显数据对比情况及数据发展趋势,让用户在短时间内接收到大量信息,以"上帝视角"对发展全局一目了然。这种新闻从信息的采集、编排到制作完全超脱了以往的新闻采编方式,是对电视新闻未来发展的有益探索。

我们可以看到,随着媒体技术的发展,电视新闻未来肯定还会呈现更多的报道方式,比如利用虚拟现实技术带来的沉浸式新闻等,这也代表着电视新闻的采制手段还会不断创新。但是无论怎么改变,受众本位的观念一定会被越来越重视。

二、电视新闻报道内容的改变

互联网改变了人们对传统电视新闻节目的接受习惯和审美趣味,对新闻信息的到达率、产品的内容、品质样态等更为挑剔,受众也更渴望参与到传播活动中来,表达自己的观点。

主题类新闻报道是电视媒体担负的主要任务之一,然而长期以来,一部分主题类报道说教味重、缺乏生动性、制作手段多是解说词贴空镜头,观众审美疲劳,宣传的有效性一直是一个疑问。在移动传播时代,人们对传播内容是否达到预想的传播效果有了更直观的判断,即将能否产生共鸣、引发讨论,并带来规模化的分享和转发作为主要依据。通过故事化的叙事方式,电视新闻开始将涉及国家发展的宏观议题与生动亲切的传播形态有机结合,深入各行各业的实践当中,通过发生在百姓身上真实、质朴的事件，实现主题类报道由硬性灌输向软性渗透的转变。政策新闻不再像发布公文似的介绍条条框框，而是寻找与百姓生活有关联的"点"，找准百姓关注的切入口。比如，2019年《贵州新闻联播》推出的"我是188万分之一"系列报道。报道以贵州省188万人易地扶贫搬迁任务全面完成为主题，6路记者奔赴6个易地扶贫搬迁安置点，选取小孩、青年、老人、返乡创业者、基层干部等最有代表性的人物跟踪拍摄，采用被访者自述和全现场拍摄的方式，累计拍摄近40小时素材，最大限度还原搬迁群众生活，情真意切、真实感人。6集报道6个人物，映射出在易地搬迁中如就业保障、扶贫兜底、产业扶持等某一方面的工作成效；展现真真切切让群众搬得出、稳得住、能致富的扶贫举措，最大限度还原新闻真相，收到了预期的报道效果。此作品的核心理念就是将精准扶贫这个宏观概念具象化，汇成一个个小故事，融入我们可感可知的生活，从观众的兴趣点切入，寻找情感和价值的共通点。观众对这样可触可感的"近新闻"更加具有亲切感和代入感，实现了新闻价值和传播效果的高度统一。

同时，现代媒体互动社交属性凸显，需要媒体为观众提供能够即时与朋友分享、互动的平台和内容。比如，2016年全国两会期间，"央视新闻"新媒体平台推出了"两会云直播"系列报道。会议之前"央视新闻"新媒体平台的工作人员在天安门广场、人民大会堂、部长通道等处架设了多个云直播摄像机，并由11路记者随身携带移动镜头。会议开始后"央视新闻"新媒体平台的工作人员24小时记录会场内外情况，在这个过程中，观众可以任意切换云直播镜头，自主选择从外景、记者席、发言席等多个角度观看并在第一时间发表看法，交流互动。电视媒体在充分尊重观众内容互动的自主权的情况下，获得了受众的认可，增强了用户黏性。

除此之外，电视新闻也开始利用媒介技术优势，结合全新的视听符号，将动漫、H5、AR等各种新媒体形式融合在电视新闻报道中，用更丰富、更有趣的方式传递那些用直观画面很难传递的内容，极大地丰富了新闻叙事空间，提高了新闻的可看性和生动性。比如，2020年新华报业传媒集团的交汇点新闻客户端发布了融合创新产品《听·见小康》，该作品紧扣"听""见""融"三字，呈现了丰富的视听内容，记录了全面建设小康社会的生动历程。《听·见小康》以江苏全省13个设区市及江苏对口帮扶五省区的60多个小康故事为主要内容，采用技术手段，融合了100余个视频、音频，实现多种媒介资源、生产要素的有效整合，带给读者新颖别致的观看体验。此外，该作品紧贴全媒体时代用户需求，互动性、体验感强，将线下活动采集到的百姓"小康心愿"5644条、拍摄到的百姓"小康笑脸"6350余张、收集到的过万个百姓签名都有机地融入作品，兼具普及性和趣味性。作品整体上以水彩画卷的铺陈进行展现，带给读者审美的愉悦感，产生了广泛的社会影响。

三、电视新闻传播方式的创新

随着媒介技术的发展，电视新闻报道的传播方式出现了前所未有的变化。从技术角度讲，在移动互联网时代，自媒体打破了以往传统媒体在信息传播中掌握绝对话语权的格局，自媒体平台只要将具有价值的新闻点简单地编辑加工，即可快速上线。在争抢新闻热点的过程中，审核关卡多和速度慢成为所有新闻媒体的致命缺陷。在全民传播时代，电视媒体的权威性日益消解，新的传播方式必然会成为其发展的突破口。

2019年7月29日，中央广播电视总台（简称"总台"）新闻新媒体中心正式推出短视频栏目《主播说联播》。总台《新闻联播》的主持人们通过Vlog（视频博客）形式和网友畅聊国家大事，传播渠道涉及微博、哔哩哔哩等深受年轻受众青睐的媒体平台，内容密切关注热点，结合当天重大事件和热点新闻，用通俗语言传递主流声音，总台新闻的创新和转型收获了众多"粉联播"。比如，总台央视新闻官方账号推出的"康辉的第一支 Vlog"迅速引起网民的热议。视频中,总台著名主持人康辉手持前置摄像头,分享自己出国报道前一天的行程,总台的内部构造、旅行箱里装着哪些必备品、他的化妆包和旅行箱的款式等都成为热议焦点。抵达希腊后,康辉又连发三条短视频,展现了国家领导人外交前线幕后故事,以及他作为央媒新闻播报者的采访流程。在视频中,康辉放下了以往在《新闻联播》中的"身段",整个过程诙谐幽默,播报形式也新颖有趣,大大提高了观众的收看欲。总台的 Vlog 视频新闻,几乎每支都会获得破千万的点击量和过万条评论。2019 年 8 月 16 日,《新闻联播》微信公众号正式上线;8 月 24 日,《新闻联播》开通快手号;同天,《新闻联播》正式开通抖音号。8 月 25 日,《新闻联播》在快手上首次尝试同步直播。

《主播说联播》顺应全媒体时代人们碎片化获取信息的习惯,将《新闻联播》片段经过剪辑,通过网站、自媒体平台、短视频客户端等多渠道发布;并且不是简单地复制信息,而是根据不同媒介的传播特征重组信息,结合观众接受习惯对作品进行二次创作,以此实现了电视新闻的多屏互动和全平台传播。事实上,像《主播说联播》这种全新形式的视频新闻的出现,体现了传统主流电视媒体顺应新媒体时代发展所做出的积极探索。表达方式的转换、传播渠道的拓宽都代表了传播方式的重构。这种在保留自身报道原则基础上的创新,正是观众喜闻乐见的。传播方式的转换无疑使电视新闻更生动、更贴近受众,从而更好地实现电视新闻的传播价值,主流电视媒体也在这个过程中重新将舆论引导权掌握在手中。

在电视新闻传播方式的创新过程中,我们还能看到电视人做出的其他努力。比如,对内容元素的融合,将教育性、知识性、娱乐性的内容和电视新闻相结合,打造出具有全新的新闻风格的新闻节目;再比如,对 AI 智能新闻的使用,AI 虚拟主持人已经可以用智能合成的声音进行现场播报。这些都体现了电视新闻行业在新的媒介环境中顺应趋势赢得的多元化的发展机遇。但是,在内容为王的媒体行业,只是做到技术上的顺应,也只能是维持不掉队罢了。我们终究还是要回到新闻本身，构建合理的报道布局，有效拓展报道空间、增强新闻可视性。能否给受众带来时效快捷、内容充实、风格鲜明的立体化报道，始终是电视媒体在激烈的媒介竞争中站稳脚跟的关键因素。

四、电视新闻传播渠道的创新

在电视新闻采编方式、内容创作、传播方式多元化的今天，新兴产品对传播渠道的选择也越来越重要，融媒体具备了互动性、广泛性和时效性的特征，能够进一步发挥新闻的信息传播功能。电视媒体作为特定的传播方式，一直是全媒体时代的一个重要角色。从媒介自身的特性来看，电视更像是一个大众传播和群体传播的综合体，媒体制作信息，通过电视媒介将节目传递至千家万户。同时，每个家庭花大量时间通过群体传播的方式，坐在一起，一同接受统一信息，并对该信息进行分析、讨论，最后达成认可，最终实现对家庭信息管理的加强。但是在新的社会环境下，人的离散性成为常态，越来越多的人在媒介的帮助下拓展了自己的生活空间，人的自我价值实现也从为族群服务转变成为社会服务。在单一媒介已经没有办法满足群体信息需求的情况下，电视新闻传播必将发生巨大的变化，传播渠道的拓展就是其重要标志。

融媒体在本质上有两个概念，从内容生产的角度讲，就是将以往单一媒体的信息内容相互结合。比如，以前文字报道是文字报道，视频是视频，二者不会出现在同一个媒介上。现在的媒体需要制作有文字、有视频、有图片的多媒体化信息来满足受众。从媒介渠道的角度讨论，融媒体的重点其实不是融合，而是合理拆分。比如，网络直播可以让电视新闻的传播范围不再受限于传统的电视信号传输，而是可以通过互联网触达全国各地乃至全球的观众。网络直播充分发挥了网络媒体的便利性，让观众可以随时

绪 论

随地观看新闻，还可以进行互动交流。再比如，人们时刻携带着智能手机和其他可移动设备，如果电视新闻能够在这些设备上提供一定质量和水平的新闻内容和服务，就能成为一种方便且具有吸引力的传播方式。新闻节目通过专门的新闻客户端、APP（应用程序）来完成移动新闻的传播，可以很方便地让观众进行口袋里的阅读和观看。另外，社交媒体已经成为人们日常生活的一部分，而且已经不仅仅局限于娱乐和社交功能。电视新闻可以通过社交媒体平台，推广新闻报道和最新信息。通过各种社交媒体平台进行信息传播，可以让电视台在更广的社区和受众中占据更稳的位置。通过对社交媒体的应用，也可以加强电视新闻和观众之间的互动。

将这些平台整合在一起，就是我们所说的全媒体传播矩阵。全媒体传播矩阵是将多种媒体平台、渠道和内容资源融合起来，构建多元化、全方位的媒体传播体系，为受众提供多样化、个性化的信息和服务。通过整合传统媒体和新兴媒体资源，实现跨平台、跨媒体、跨界面的信息传递和价值传递。现在几乎所有媒体都在做传播矩阵，比如传统主流媒体，人民日报集团推出的《人民日报》新媒体平台，包括网站、移动端、微信公众号、微博等多个渠道，形成了全媒体传播矩阵。新华社也打造了以"新华社新媒体中心"为核心的全媒体传播矩阵，包括网站、官方APP、微信公众号、微博、抖音等平台。除了主流媒体，商业媒体在这方面也迅速跟进，腾讯作为中国最大的互联网公司之一，通过旗下QQ、微信、QQ音乐、腾讯视频、腾讯新闻等多个平台构建了全媒体矩阵。网易也是国内的互联网巨头之一，其拥有的网易新闻、网易微博、网易云音乐、网易视频等产品形成了一个全媒体矩阵。

在矩阵式的传播下，媒体要做好的就是对新闻的拆分，也就是根据不同平台制作不同的新闻样式。比如一条完整的长新闻，可以放在电视媒体上播放，但是为了扩大其影响力，可以将这条长新闻拆分成长度不同的短新闻，放在不同的短视频平台上播放，达到传播效果。同样，媒体也可以把直播过程录屏拆分，进行二次创作，再把创作后的短视频投放在不同的视频平台，达到引流的目的。总体来说就是将同样的信息，根据各个媒体的特性和受众画像，拆分成适合不同媒体的信息，进行裂变式传播，在短时间内迅速传播信息，达到广泛覆盖的目的。

总　结

纵观电视新闻的发展现状，随着科学技术的发展以及媒体行业深化改革的进行，电视新闻已经突破了以往的发展格局。媒介融合传播已经成为现代媒体的主流发展方向，传播途径、传播方式、传播内容的变化使得电视新闻的制作已经不能故步自封。电视新闻一直强调的新闻传播质量、现场细节刻画、深刻的内容已经是常态化要求。在与网络媒体的竞争和合作中，怎么能够丰富电视新闻自己的内容形态，构建更好的叙事方法，提高新闻的融合性已经成为新的要求。作为电视新闻记者，在这个转变中也要跟上趋势，思维的转换成为最重要的事情。

电视新闻记者要对电视新闻中的符号有新的认识，这些符号已经不是简单的传播工具，它们在信息化的语言环境下已经成为一种媒介。用这些符号构造创新的内容，并且将这些内容与最前沿的媒介平台相结合，最后以多元化的方式传播出去，这是现代电视新闻记者在未来相当长的一段时间里需要认真思考的问题。

第一章　电视记者

从一般意义上讲，记者就是从事信息采集和新闻报道工作的人员。在过去相当长的一段时间里，新闻的采和编是两种职业状态。19世纪80年代对采访新闻的人的称谓多达10种以上，如探员、探事、访事、报事人、访员等。其中"访员"存在了较长时间，那时候报社招聘专任访员的大致要求包括访员应该熟悉城乡的各种社会情形，耳目灵通，并且能够说出新闻的原委。访员每天要到报社报新闻，可以写也可以口述，对文笔没有要求，如果内容好，报社的编辑会对内容再次加工，达到刊发标准。可见当时的记者与现代记者不是同一个概念。当时的访员只是为编辑搜集新闻事实材料的人，即他们只从事信息采集工作，把自己搜集到的事实材料或者在编辑的规划下搜集到的事实材料向编辑汇报，具体稿件是由编辑撰写的。今天的记者实际上同时扮演了过去访员和编辑的角色。首先，记者需要到处打听、访问他人，收集资料。其次，记者需要通过自己的思考，选择有新闻价值的信息，选择最佳报道角度，通过恰当的报道方式去反映社会现实。

可以看到，现代记者的首要职责是根据社会需求与媒介需求进行有目的、有计划的信息采集。在此基础上选择有新闻价值和宣传价值的事实加工成新闻成品进行传播，同时也要阐明事实的意义、前因后果以及发展趋势等。一个称职的记者会把受众需求放在第一位，力求做出群众喜闻乐见的新闻。同时，记者也要在自己的新闻作品中传递社会主流价值观。新闻的制作应该是追寻真实、坚持真理的。记者需要深入实际、深入生活、深入群众，反映社会主流，准确地报道新闻事实。记者是站在社会最前沿的社会活动家，记者的报道能对大众构成潜移默化的影响，记者应该帮助大众把握正确的政治方向。记者必须以维护国家民族的利益为己任，报道时要遵守法律法规，维护国家形象，珍惜民族和睦，巩固社会稳定。同时，记者也要有大局观，严守国家机密，坚持正面宣传为主，旗帜鲜明地维护国家利益、民族尊严和国家统一。

由于电视媒介的特性，其多符号的传播方式给受众带来的冲击力和影响力更强，传播范围和受众覆盖层次也更广。区别来看，视频在广度上是有优势的，而文字在深度上是有优势的。电视新闻可以通过横向的不同素材角度去还原现场，而文字报道可以从纵深的多个角度穿插叙述。在实际操作过程中，有时会根据一个事件同时出视频和文字报道，这主要是为了抢占新闻传播的高地，在传播上赢得先机，并没有二者的高下之分。因此，电视记者在新闻作品的制作水准、宣传导向、意识形态等方面和文字记者要求一样高，但在技术方面，对电视记者的要求更高，中等长度的视频和更加专业的团队生产的视频会成为未来的趋势。要想把电视新闻更长久地留在大众的视野里，甚至成为一个社会阶段、一个时代存在过的痕迹，就需要在制作过程中花更多的心思，记者也需要不断学习新的媒介技术，探索新的职业领域。从这个角度来看，电视记者的职业要求应该包括业务要求和素质要求两个方面。

第一节　电视记者的业务要求

记者进行新闻报道是一个完整的过程，采和编是互相融合的。尤其电视新闻对精确度要求较高，画面和声音贴合、文字对画面的解释等，差一秒都不行。因此，电视记者这一职业对个人业务能力要求较高，记者采访时必须有编辑意识，人物和素材的选择、采访的主题思想、成片结构等都要融入采访工作中。那么电视采访都包括什么内容呢？从电视新闻构成的符号形态来看，电视记者的工作就是要采集画面、声音、文字这三种符号，并将其编辑在一起，以最佳的方式传播出去。因此，电视记者的业务工作主要由画面采集、声音采集、文字采集和合成编辑这四个部分组成。

一、画面采集

画面采集是电视采访中不可缺少的一个环节，运用拍摄机记录现场情况是其主要工作，摄取的画面构成了电视新闻的主体，也决定了电视新闻最终的呈现质量。掌握摄像技术和技巧是对电视记者的基本要求，但只是拍摄，不知道拍什么也不行。电视记者应该具有可以将现场最有新闻价值的场景记录下来的敏感性，很多有价值的新闻画面转瞬即逝，稍有不慎就会留下遗憾。电视记者总说好的视频素材是可遇不可求的，但是最基本的画面摄取，记者还是应该做到，比如画面中要具备基本的新闻五要素、有一些标志性建筑帮助识别地区、呈现出完整的新闻事件等，这些都为记者随后的采访提供了方向和最基本的坐标系。同时，要注意对一些非采访画面的获取，比如在报道突发事件时获得监控视频是非常重要的，一是因为事件发生时记者的缺席，无法进行拍摄；二是监控画面的时间线、地点、事件都是非常清楚的，虽然可能模糊，但却是最有说服力和现场感的画面。与此同时，记者也应该具有面对复杂场景可以进行最优镜头选择的灵活性。新闻现场往往是复杂的，最有价值的画面往往隐藏其中，需要记者将其有效地分解出来。电视记者还要具有可以通过一些拍摄技法去表达画面意境的艺术性，优秀的电视新闻作品本身就是艺术作品，这些作品除了本身所固有的新闻价值，更蕴含着丰富的美学价值。电视记者也要明确各种采访形式的画面要求，拥有能够和各个工种配合完成访谈、交流、评述等采访任务的默契性。

对于一般的电视新闻来说，最重要的就是画面构图，也就是画面的形式结构。电视记者要运用恰当的形式结构，安排画面中的各种造型元素，去突出新闻主体在画面中的中心形象。这里的新闻主体并不是视觉上的画面框的中心位置，而是观众的心理视觉中心位置，这里就要了解位置、画幅、角度等三个构图的基本要素。虽然因为新闻的题材、类型、人物不一样，我们最初的拍摄逻辑会有所区别，但基本要求大体一致。

1. 位置

位置即主体在整个画面中所处的地方。拍摄时的第一件事就是确定主体位置，被拍摄主体在画面中的位置不同，所表达的画面语言就不同。通常来说，一幅画面中有三个基本位置，画面中心位置、画面边缘位置和画面上下位置。一般来说，将主体放在画面中心位置是拍摄时的常规选择，特别是我们看到的一些重要会议中的主席台、重要领导基本就是在这个位置，能够凸显主体的庄重和严肃。这个位置的缺点是较为"死板"，可调整性不高，如果要有更多的画面语言表达，需要和画幅与角度结合进行调整。

画面边缘位置的意义表达正好相反，一般而言，被置于这个位置的人物就是这幅画面中不重要的人物。比如我们看到很多记者出镜采访，被访者一般就在靠近中心的位置，而记者基本位于画面边缘，这就是被访者是"主角"、记者是"配角"的画面语言表达。如果画面中仅有一个人，且被置于整幅画面的边缘处，那就要结合画面中心的景物去界定画面语言表达。比如，一个人被置于画面边缘，结合景象是初升的太阳，那么所表达的意义就含有希望、对未来的憧憬等；如果同一个人，画面位置不变，结合景象是茂密的森林，那么所表达的意义可能就含有迷茫、对未来的踌躇等。

画面上下位置更多时候是为了反映两个关系人的画面语言表达。通常来说，位于画面水平线之上的人物在画面语言表现时是强势者，反之位于画面水平线之下的人物处于弱势地位。但是这种强势和弱势不一定是对立的，只是相对而言。比如一对母子在画面中先后出现，母亲一般就处于画面水平线之上，孩子处于画面水平线之下，这更多是一种爱护、庇护的画面语言表达。同样，如果是一些法治节目，警察和犯罪人员的画面交替时也会有类似的表达，但是画面语言的意义就会完全不同。

2. 画幅

这里所说的画幅，是新闻主体在画面中所占的面积。一个物体要想引起观众视觉上的注意，就要在画面中占有合理的面积。电视画面中呈现的内容终归是一种影像表达，所以在进行画面处理时，可以随着物体自身的大小、拍摄距离的远近以及镜头聚焦的长短做不同处理，比如两个身高差距很大的人，通过画面处理可以弥补这种差距，甚至出现感官上的颠倒。在拍摄中，要想给人物主体足够大的面积，主要就两种方法。

第一种方法：记者希望给予中心人物或者新闻主体突出的画面表达，那么此时就要学会用镜头去扩大主体的面积，以达到期望的视觉效果。比如，用一些小景别去突出主体的面积、在熙熙攘攘的人群中给主人公一个近景、给微缩雕塑一个特写等，这些都是通过小景别在有限的空间范围内突出主体面积的方法。如果必须选择大景别，可以把需要突出的人物放置于群体最前面，因为在电视画面中，距离镜头越近，物体成像面积就越大。同时，也可以在距离和聚焦不变的情况下，将主体置于视觉效果较窄的景象中，起到突出其视觉形象的作用。当然，画面不是完全固定的，拍摄者也可以通过摄像机的推拉摇移，找到自己需要的最佳画幅。

第二种方法：在面对一些本来就比较大的景物的时候，电视画框反而会限制观众对景物大小的真实判断，造成"看起来"没那么大的错觉。这时候我们就需要一些画面结合构图的方法，比如想凸显一座山有多大，不管怎么构图，可能都无法让观众获得符合实际的感觉。那么这时我们就可以在一幅画中用不同物体的大小来进行对比，比如一座山的全景先映入眼帘，现在画面下方会有一个非常小的放羊人赶着一群羊慢悠悠地经过，这时观众对于这座山的大小就会有非常直观的判断。另外，通过蒙太奇，在画面组接中呈现对比也能达到相似的效果，比如前一幅画面用小景别，画面空间小，物体占据画面的空间便显得大；后一幅反之，物体占据画面的空间便显得小。这种画面组接不仅让观众明白了事物的大小，同时也有着自己的语言表达。比如，第一幅画面是一片广袤的森林，观众看见几个人在森林中艰难前进。第二幅画面切到近景或者特写，观众看清原来是护林员在进行常规巡山检查。这样的画面对比立马凸显了中心人物，让观众明白在大山中护林员的重要性和他们工作的艰辛。

3. 角度

画面的角度主要包括摄像机镜头与被拍对象在画面水平方向上构成的侧拍和背拍，以及在垂直方向上构成的仰拍和俯拍。根据记者的不同需求，可以选择不同的拍摄角度去表达人物和景观。

从人物和观众的交流感来说，正面拍摄肯定是最强的，冲击力也比较大。但是在新闻拍摄中，对于侧拍的运用会多一些。因为在新闻中被访者基本是和记者交流，让被访者直视镜头会影响其采访状态，脱离人际交流的范畴，所以稍微侧着身子，让被访者和记者对视是新闻中常用的拍摄角度。如果记者出镜，那么一般是正面拍摄，因为记者出镜的交流对象就是镜头前的观众。正面拍摄使用得比较多的是晚会、演唱会这样的现场节目，晚会主持人在报幕或者串场时主要就是对着镜头叙述，而演唱会的歌手为了增加节目感染力，通常会寻找镜头，达到和屏幕前观众交流的目的。背拍是一种独特的表达方法，被访者背对镜头，观众只能看到他的背部和后脑，看不到表情和神态，视觉冲击力比较小，但观众的想象空间会比较大。比如在一些社会监督类的新闻报道中，我们的新闻当事人勇敢地站出来提供新闻线索，但又不愿意暴露自己的真实身份，我们就可以采用背拍的方式来掩盖被访者身份。当然在现实操作中，完全的侧面拍摄，打马赛克或者使用暗场拍摄都可以达到这种目的，主要还是看记者的成片风格和构图需要。跟拍也是背拍的一种，我们经常看到记者用背拍的方法跟随被访者进入新闻现场，这个过程也能凸显新闻的现场感。

在拍摄人物时，俯拍的被摄主体往往显得矮小，画面语言通常带有贬义；仰拍则相反，被摄主体会显得高大，体现对被拍摄对象的敬仰。这种带有主观意识表达的拍摄角度在新闻人物拍摄中很少用，除非是比较大的景别。比如，俯拍主人公穿行在茫茫人海中，表现生活的忙碌；仰拍石油工人勘探到油田的欢呼瞬间，表现成功的喜悦。现实中的仰拍和俯拍更多体现在对景观的表达上，比如仰拍城市的繁华，高楼林立，表现城市经济的快速发展；俯拍景区的美景，群山叠翠，表现大自然的鬼斧神工。在现实拍摄中，记者会根据体裁、环境、光影的不同选择合适的拍摄方法，风光片肯定会有大量的远景、大画幅的画面，人物传记则以特写和小画幅的生活场景为主。因此，记者很少通过单一的选择去决定拍摄方法，拍摄一定是结合了位置、画幅、角度的综合考量。

除了上述三个基本的构图要素，记者的拍摄还涉及对拍摄技术的选择，比如是架拍还是无架拍摄。架拍是指将摄像机固定在某一附属设备上的拍摄方法，最常见的是固定在三脚架上。这种拍摄方法的好处是"稳"，可以长时间拍摄，如果需要移动也可以架设在稳定器上，拍摄长镜头。无架拍摄是指不使用附属设备固定摄像机进行拍摄，最常见的是扛在肩膀上拍摄。无架拍摄的好处是机动性强、机位移动快，缺点就是稳定性差，不过现在也有很多节目要求使用无架拍摄，轻微的镜头晃动反而增加了画面的真实感。总之，画面的获取方法很多，随着技术的进步，无人机、运动相机、微型摄录设备在新闻拍摄中已经大量使用，具体的画面摄取需要记者视具体情况而定。

二、声音采集

在现代电视摄像技术的支持下,声音和画面基本是同时录制的,如果只是声音的采集,在技术上无须赘述,有什么样的画面就一定有什么样的同期声。这里的声音采集,更多是指对声音的筛选和获取。筛选针对现场同期声,有些声音是从自然环境中发出的,不以记者的意志为转移。比如,在会议现场,参会人员谈什么、说什么,不是记者能控制的。一场三个小时的会议,做成新闻不可能将全部内容报道出来。这时候记者就要挑选,谁说的哪句话是这场会议中最重要的、最具代表性的,这时候的选择就不是画面优先,而是声音优先。

声音的获取多指记者采访,美国学者杰克·海敦在《怎样当好新闻记者》一书中指出:"大约有99%的新闻是部分或全部以访问——也就是向人提问题——为基础写成的。"只有采访才能表现出新闻与人物的关系,这种关系的展现才能引起大众对事件核心的共鸣。在采访过程中,记者问什么,怎么问,提问的环境、时机、方法都是需要仔细斟酌的。与人交流是现代电视记者的基本功,随着媒介技术的发展和多元化传播方式的运用,记者需要更多地直面电视观众进行"交流"。在现在越来越多的直播和大型现场新闻中,这种"交流"最基本的方式是口播。电视记者需要预先进行判断,知道观众想要什么,然后把现场信息精准地传达给观众。更进一步的方式是现场评述,要求记者在极短的时间里判断新闻现场,总结被访者的语言,提炼出对信息的客观评价,引领大众的思考方向。

三、文字采集

有些人总是认为,文字采集在电视新闻中没有那么重要,因为电视新闻主要是声画符号的组合。但是只有通过文字的辅助，电视才能传递更多层次的视听信息。文字材料的使用主要体现在两个方面，首先是有些画面本身就以文字为主导，比如一些规章制度，画面和声音可以对其内容进行重点提炼以及帮助观众迅速理解，但是具体内容还是要用文字形式在画面中展现。其次是解说词的撰写，文字信息转化的解说词和画面的关系十分密切，要明白解说不是对画面的简单解释。一方面，它可以弥补画面表意的不足，同时可以整合信息，明确新闻中人、物、环境间的关系。另一方面，画面和同期声通常是比较直白的，我们看到什么就是什么，特别是在电视新闻中，时间上的限制和现实题材的制约很难让观众通过画面语言体会到新闻的内涵。通过解说词，可以调动观众的联想力，提升画面境界，并深化新闻主题。

需要注意，电视新闻中的文字运用需要建立在文字材料的基础之上，所有对画面的补充内容也都需要是记者调查得到的真实结果，这就注定了解说词需要与画面和同期声有机结合，而不能独立存在，也就是记者常说的写作要有画面意识。这种写作，通常并不要求文字的完美，它和一气呵成的文章不一样，只有结合镜头才能看出意义。但是好的新闻写作功底确实能让新闻受众有更好的阅读体验，恰当的文字材料运用、顺畅的逻辑表达、适当的气氛渲染，可以充分体现电视这种多元符号信息传播媒体的魅力。

四、合成编辑

电视新闻中的合成编辑其实不是某一项具体工作，这个工作贯穿于整个新闻报道的过程中。从前期的调研、策划，到具体实施的采访、拍摄，再到最后的编辑、制作，都考验着电视记者对电视新闻制作的整体把握能力。电视记者需要在节目初期通过调研对选题的新闻价值进行判断，并且要想好怎样采访能够突出主题，拍摄哪些镜头会有好的画面语言表达，怎样叙事能进一步凸显新闻价值。在拍摄和采访的过程中要时刻回溯新闻拍摄计划，确保不会偏离新闻主题思想，同时也要完成对成片的进一步调整，获取更加切合实际的镜头、语言、文字资料用于最后的编辑制作。现在的编辑制作已经不像以前记者从新闻现场拿回素材，编辑才开始审片编辑。为了确保节目的完成质量和报道现场的整体有序，记者在摄制中就已经开始进行后期工作。在制作大型新闻节目时，摄制组还会设置专门的现场编辑，在采拍过程中依据后期编辑需要，进一步决定素材的采集范围，根据现场的特殊情况制定应对方针，以及获取一些现场资料素材等。由此可见，电视新闻制作的各个环节是无法割裂的，记者必须根据最终的节目效果决定素材的取舍。

总之，从电视记者的业务要求来看，对新闻的采、拍、编、评、剪辑和对多媒体器材的使用都是其需要掌握的内容。随着时代的飞速发展，与媒体相关的新观念、新知识、新技术不断涌现，对记者的业务能力也提出了更高要求。比如，2020年新华社制作了移动新闻直播节目《巅峰见证——2020珠峰高程登顶测量》，该节目带领观众直击了中国高程测量登山队珠峰登顶测量的现场。新华社成为全球首家在珠峰峰顶完成5G+4K+VR直播的媒体，实现了中国新闻史上的一次突破。本次直播点设定共9路，其中，珠峰大本营4路：2路5G背包游动机位信号（高清）、1路5G固定机位（高清）、1路VR固定机位。5800米营地1路：1路VR固定机位。6500米营地1路：1路VR固定机位。珠峰峰顶3路：2路高清机位、1路VR固定机位。将VR设备架设在如此高的地方是本次直播的技术难题，但也正是VR技术的成功使用，让观众身临其境地感受到了队员们登顶的艰辛和喜悦。随着更广泛、更年轻的受众群体成为内容消费的主体，新闻工作者应该紧扣时代脉搏，不断提升自己的业务能力，从而适应飞速发展的时代要求。现在这个时代需要的是复合型记者，因此记者不能只会采访提问，或者只会写作，或者对剪辑、录音等业务一知半解，而是要熟悉和掌握多方面的业务知识，并且能够运用自如。

当然，电视新闻符号表达的多样性使得电视记者的工作系统而繁杂，由于技术设备原因，文字广播记者独立性相对较强，因而更强调独立采访的能力。而电视记者很难独立完成全部的新闻制作活动，协同工作是现代电视新闻媒体的基本需求。在电视新闻发展的初期，"采摄合一"是基本的工作形态。由于那时候没有那么多的电视新闻制作方式，新闻作品形态较为简单。但是到了近代，这种工作方式的弊端渐渐凸显，记者在工作中经常顾此失彼，容易忽略一些工作环节，同时也带来了采访质量下降、报道水准不高等问题，所以"采摄分离"成为必然趋势。现代电视新闻报道除了一些极简单的消息记者可以一个人应付，绝大多数报道都是团队协作的成果。一般情况下，电视新闻是由各个专业的采访团队共同完成的，一个团队少则2人，多则3—5人，工作会细致地分配给记者、摄像、录音、灯光师等人员，如果多机位还要考虑到主摄像、副摄像，到了后期还要考虑到编辑剪辑人员。在涉及一些大型报道时，甚至要动用上百人的拍摄团队。所以，对于电视新闻工作者的要求是术业有专攻，同时也可以独立完成基本的新闻采制工作。电视记者在特殊时刻还要强调单兵作战能力，比如在战地报道中，媒体不可能组织大规模的采访团队，一般就是2—3人的采访小组。遇到突发情况，当自己的同伴不能再继续进行采访任务的时候，就需要剩下的记者继续进行新闻报道，以保证信息不会中断。

团队协作中的电视记者，大致分为幕前和幕后记者。幕前记者需要具备更多采访方面的技能，包括电视新闻采访与写作的相关理论、技巧与艺术、新闻专业的相关理论、消息的来源与查证方法等。在画面拍摄方面，应具有独立拍摄新闻的能力、掌握恰当的拍摄技巧、可以用画面语言进行各类新闻体裁的表达等。幕后记者主要需要掌握电视画面剪辑基本理论、非线性编辑软件的使用技巧，以及电视编导方面的专业理论。但是不管是幕前还是幕后记者，都必须对电视新闻采制环节整体有所了解，这样在团队工作时的配合度才能高。比如，记者越了解电视画面剪辑，就越知道什么样的镜头是后期需要的，记者站位的选择、摄像拍摄画面的选取才会越合理。

总之，在电视或者以视频为主导的单一平台中，记者的基本工作环节就是围绕上述四点进行的。但是随着媒体融合时代的到来，电视新闻记者也面临着新的要求，记者需要具备更多的技能和能力，以适应新的媒体环境。比如，在媒体融合时代，新闻报道不再仅仅局限于视频本身，还包括图片、文字、音频等多媒体元素。以前文字是新闻人的基本功，拍摄是高阶技术。现在我们发现，在短视频和碎片化信息的冲击下，视频拍摄成了记者的基本功，能写好文字、文笔好的记者开始变得可遇不可求。记者的基本技能全能性开始被越来越多地强调，写、拍、采、编的全能型记者成为媒体的选择标准。记者的多功能化为媒体节省了更多成本，内容编辑也更加高效化，从选题到发布完全以单一创作者为核心的新闻制作模式，在一定程度上也保证了新闻产出的质量。当然，除了基本技能的精进，对新技术的掌握也是现代电视记者需要去学习的。首先，电视记者需要具备一定的网络编辑能力，在现在媒体多平台发布的理念下，电视记者除了要在传统媒体上发布新闻稿件，还需要在网络媒体上发布新闻内容。这就要求电视记者对网页排版、搜索引擎优化（SEO）、社交媒体推广等有一定的了解和掌握。只有熟悉网络编辑技巧，才能通过网络媒体更好地传播新闻，提高新闻的点击率和影响力。其次，在现代新闻报道中，数据成为新闻报道的重要组成部分，这也决定了记者需要具备一定的数据分析能力，要学会运用Excel、SPSS等数据分析工具对新闻事件进行深入分析，提取新闻报道的要点和亮点；同时还需要具备数据可视化能力，利用ECharts、DataHunter等工具将复杂的数据转化为直观、易懂的图表，使新闻报道更加有说服力和引人入胜。另外，电视记者还需要具备社交媒体运营能力，现在社交媒体成为新闻传播的重要渠道，电视记者需要学会使用微博、微信、抖音等社交媒体平台，通过发布新闻内容、与读者互动等方式来提高新闻的曝光度和传播效果，并且能够分析社交媒体数据了解读者的喜好和需求，以便更好地满足读者的信息需求。因此，随着现代新闻行业的迅猛发展、技术的不断进步，电视记者也需要具备越来越高的技术能力。在未来，随着 6G 时代的到来，可能出现以虚拟现实技术为基础的沉浸式通信、融合传感器和通信技术主导的通感一体化、人工智能技术开启的智能计算，这些技术都有可能在第一时间和信息的传播相结合，电视记者只有不断学习和提升自己的技能，才能在媒体融合时代立足，并不断创新和进步。

第二节　电视记者的素质要求

记者的业务能力只是决定了记者是否能够完成相应的工作，而工作完成得好不好、作品的质量如何、有没有思想性等，这些都是由记者的素质决定的。如果说业务能力决定了一个记者的下限，那么素质就决定了一个记者的上限。新闻采访是一项复杂的社会劳动，要对复杂的社会问题进行调查研究，在这个过程中，记者要对问题进行判断、分析、总结，并且具有引领大众舆论方向的能力，因而对记者的综合素质提出了较高的要求。这些素质主要包括政治素质、理论素质、知识素质、意志品质等。

一、强化政治素质

列宁同志早在 1905 年发表的《党的组织和党的出版物》一文中就首次提出了党的出版物党性原则的概念。毛泽东同志也于 1959 年 6 月在同《人民日报》总编辑吴冷西谈话时指出:"搞新闻工作,要政治家办报。"① 新闻作为宣传、教育、动员人民群众的一种舆论形式,总是直接或间接地反映我们党和国家的政治立场、政治主张、政治观点。因此,不论何种形态的媒体,包括电视媒体的新闻人,必须具有良好的政治素质,具有很强的政治鉴别力和政治敏锐性,必须树立高度的政治责任感。

任何一个记者,在新闻采访中,都需要思考用什么样的立场去选择新闻事实,用什么样的政治观点去解读新闻事实,用什么样的政策理论去呈现新闻事实。新闻记者必须明白坚持党性原则,最根本的是坚持党的领导,要坚持马克思主义新闻观,树立党的领导与人民群众的利益一致性的原则,要坚持正确的舆论导向,必须牢记新闻舆论工作的职责和使命,时刻提醒自己做人民利益的维护者。

记者要有较高的马克思主义理论水平。从宏观上讲,当今国际形势变幻莫测,每天都会出现许多新情况、新事物、新问题,这些问题都需要在理论上给予说明。记者需要能说明当代世界问题、说明中国现实问题,如果没有马克思主义科学理论支撑,在面对复杂的现实问题时,很有可能报道的思想水平不高,甚至出现政治方向上的错误。从微观上讲,具体到每个新闻作品,记者的政治素质和报道水平又有着密切的关系。政治素质高的记者政治站位高,看问题更深刻,更有思想深度,作品更能呈现不一样的内容。而政治素质较低的记者,看问题可能会比较肤浅,只能就事论事,不能做到有效解读,结果做出来的报道就大不一样了。

要提高马克思主义理论水平,必须认真学习我国各时间段重要会议的精神以及相关文件,这些内容可以说是指导阶段性新闻工作的原则与核心。比如,每年的两会,会议中每一件人大议案和政协提案都与社会发展和公众生活息息相关,讨论的问题也反映了党和国家在这个阶段工作的主要内

---

① 毛泽东新闻工作文选 [M].北京:新华出版社,1983:216.

容。这些议题不仅是新闻记者的思想指导,也是未来工作的开展方向和选题来源。学习会议精神和相关文件的过程也是学习马克思主义思想、不断提高马克思主义素养、丰富马克思主义理论的过程。将理论与实际结合,在新闻报道过程中合理运用,才能有效改进记者观察和分析问题的方法,提高其认识问题的水平。

同时,记者还需要学习相关的政策法规。每个记者在自己的报道中谈论的内容不管是关于政治、经济、文化、农业还是其他,都会涉及相关的法律法规。如果记者对相关内容不了解,不仅有可能抓不住报道重点,甚至有可能出现报道失误。比如有这么一个案例,记者偶然听说某乡几个村的村民把自己种植在承包田里的2000多棵泡桐树砍伐殆尽,他们的毁林行为是得到乡党委许可的。从这个新闻事实本身来说,砍伐自己承包田里的树,好像没有什么问题,自己种的树自己砍伐貌似也没什么错,但是真的这么简单吗?森林资源因其作用特殊,且生长周期较长,采伐以后在短时间内难以恢复原貌,容易导致采伐区域的生态系统受损,因此对于森林资源的管理就较为特殊。《中华人民共和国森林法》第56条规定:"采伐林地上的林木应当申请采伐许可证,并按照采伐许可证的规定进行采伐。"第57条规定:"农村居民采伐自留山和个人承包集体林地上的林木,由县级人民政府林业主管部门或者其委托的乡镇人民政府核发采伐许可证。"因此,在没有申请并取得采伐许可证的情况下,即使是自己种植的林木,也不能随意砍伐。如果执意砍伐,林业主管部门可以按照《中华人民共和国森林法》的规定,责令补种,同时处以罚款,构成犯罪的,还要依法追究刑事责任。那么第二个问题就是乡党委到底有没有权力批准村民砍伐承包田里的树木呢?显然也是不行的,在《中华人民共和国森林法》中我们可以看到,采伐许可证是林木采伐单位和个人采伐森林时,必须获取县级人民政府林业主管部门核发许可采伐的一种法定凭证。就算是委托下一级部门发放,首先也要通过县级林业主管部门审核,其次对采伐面积、采伐蓄积、出材量、完成更新时间等都会有明确的规定。从这个角度去解读这条新闻就会清楚很多,新闻事实的问题出在哪里、怎么去采访、报道重点在哪。如果不清楚这些法律条文,记者可能很难入手,就算入手,也有可能会犯经验主义的错误。在这里并不是要求记者必须将这些法律法规背得滚瓜烂熟,而是在采访前要有这样的法律意识,遇到有争议的问题先查一查相关资料,找到与选题相关的法律条文,而不是想当然地凭自己的主观判断去操作。可以说这些法律法规是我们做新闻的"保护伞",它能保证我们的新闻作品在大方向上的正确性。

二、提升理论素质

理论素质更多是指新闻工作者的专业理论素质,主要是对一些新闻传播理论知识的储备。具备扎实的新闻传播理论知识,在记者采制新闻的各个环节都有着非常重要的作用。扎实的新闻传播理论知识能够帮助记者更好地发现新闻。全媒体时代,面对琐碎的新闻线索,新闻工作者必须具有高度的新闻敏感性,利用专业的理论知识对这些线索进行筛选、辨别、判断,这样才能够分辨众多信息素材的真假,并挖掘出具有一定价值的新闻线索。扎实的新闻传播理论知识能够帮助记者提升新闻作品的传播效果,通过科学的方法去引导受众接收信息后在知识、情感、态度、行为等方面发生的变化。记者不能只靠迎合受众,去采制一些琐碎的新闻,通过低俗无聊的娱乐、窥私,或者只限于感官的满足去获取受众关注。记者的浅俗化不但让新闻越来越成为易碎品,而且也阻碍了自己视野的提升。扎实的新闻传播理论知识能够提升记者的新闻解读能力。受众在如今的信息传播环境中,早已不满足于对新闻的知晓,而是希望媒体能够提供更为全面的事件背景、更为翔实的事件经过细节,以及更为灵活全面的事件剖析。所以媒体不能仅仅以新闻的搬运工要求自己,特别是涉及重大国际事件,受

第一章 电视记者

众希望看到事件对中国的影响、中国在事件中的角色等更为深刻的内容，而不是一段普通的新闻翻译。具备良好的新闻传播理论知识能够让记者从不同角度对新闻事件进行分析，使受众可以从不同角度看待新闻事件和新闻问题，从而正确把握大局，传递出具有一定政治高度的高质量新闻。除此之外，记者还要多关注一些外国传播学理论、学界的相关研究成果等，这些也是理论知识的重要组成部分。记者应该花时间阅读一些新闻传播类的期刊，浏览业界和学界的相关研究成果，借助这些理论研究成果，了解受众的心理需求，知道社会的发展实际。这有利于记者寻找采访方向，并且更加深刻透彻地了解事实，准确细致地反映事实。

对电视记者来说，对专业理论的储备不只局限在新闻传播理论方面，其他学科专业理论也必须有所涉猎。在这里强调理论而不是知识，是因为理论是一个经过时间积累形成的具有一定专业性的知识体系，该体系在全世界范围内，或至少在一个国家范围内具有普遍适用性。相对于一般分散的、零星的知识，理论的系统性、指导性更强，记者能够更好地吸收并运用在新闻采访当中。比如，在当今的媒介环境下，普通的信息采访受到新媒体快捷信息的冲击，重要性正在被消解，现代采访的重心开始偏向注重对人物内心进行挖掘的个性采访。为了提高采访效率，达到采访目的，记者应遵循一些心理学的认知规律，面对不同人群，选择得体恰当的态度和采访方法。因此，记者必须对采访中的一些心理学理论有充分的认知，从而采取正确的方案对策。再比如，现代电视新闻体裁越来越多样化，信息的内容和获取方式呈现极简化趋势。电视新闻纪录片作为电视新闻的一种，具有独特的文化品位和文化深度，是现代新闻信息的有效补充。电视新闻纪录片通过各种艺术手段对拍摄的内容进行处理，成为新闻信息的重要表达方式，深受大众欢迎。这种新闻比起普通电视新闻，在注重真实性的同时更加注重艺术性，比如长镜头、蒙太奇等影视美学手法在新闻纪录片中都有大量运用。在这里，这些概念就不能只是当作简单的知识去理解，而是要深入艺学理论体系当中去认识它们。因此，学习一些相关理论能够帮助记者通过多种艺术展示手法，体现新闻的影响力和感染力，从而引起人众共鸣。

除此之外，随着时代的发展，传播方式、传播内容、传播平台的多样化，对电视记者的要求也会不断提高，还有很多理论知识和技能需要他们掌握。比如，在全球化背景下国际新闻报道所涉及的外交、公共关系相关理论；在一些数据新闻制作中需要的社会调查和大数据理论；在多平台的传播环境下，电视之外的其他媒体的新闻传播理论。这些都考验着电视记者在新的媒介环境下的学习能力和适应能力。这些基本技能和知识是记者安身立命之本，需要牢牢掌握，以适应新闻工作的要求。

三、注重知识素质

记者到底应该具备什么样的知识素质？曾在人民日报社担任社长的老新闻工作者范长江说过，"广博的知识，丰富的思想，广阔的活动天地，这对于一个记者是非常非常重要的"。"记者做到最后，一定要博。记者写一篇报道需要有广泛的知识，深厚的积累。"因此，记者的知识一定要广博，只有尽可能地学习更多的知识才能更好地胜任采访工作。

首先，现代社会是一个知识体系日益丰富庞杂的社会，记者每天要面对各种各样新奇的事情，记者的知识越丰富，做出的报道敏感性就越强，对信息的判断就越准确，对信息的解答也就越深刻，也就能制作出更加客观公正的新闻报道，从而适应各行各业各种信息传播的要求。其次，丰富的知识是记者和被访者之间交流的基础，采访绝不仅仅是念大纲的简单问答，确切来说它是一种带有目的性的人际交流。但是记者与被访者之间的陌生感、被访者对采访环境的不适应等问题都有可能给最终采访目标的实现带来困难，如果只是提纲式的问答，那么这段采访注定是生硬的、没有情感的。为了尽快和被访者建立情感关联，采访话题外的"寒暄"是必要的。让被访者感觉到舒服，记者就要通过"寒暄"围绕着被访者或者被访者的知识结构组建话题。当话题开始的时候，记者需要对被访者进行有效的回应，在这个过程中完成从普通人际交流向采访人际交流的转换。相反，如果记者知识贫乏，就容易造成难以与人沟通的尴尬局面，更不用说深入挖掘有价值的新闻事实了。最后，记者要涉猎一些社会知识，这些知识可能不是从书本上学来的，但是采访作为一种社会活动，这些知识有时候可能尤其重要。比如，记者如果掌握了一些社交礼仪知识，那么当他在和不同人群打交道的时候就会顺利很多。再比如，只有记者了解一些地区的风俗民俗，才能有效地和当地群众交流，采访也能更加得心应手，报道也更加合乎情理。

更为重要的是，广博的知识是专业知识的基础。那么记者在一个专业领域中需要具备怎样的知识水平呢？"专家型记者"这个词应该很能说明问题。在自媒体时代，人人都可以发声，短平快已不是一个记者的能力所在，受众对专业记者的需求在于其对专业领域的解释性报道。专家型记者会使新闻报道更加准确，报道的内容更多来自专业的解读，而不是主观的臆断，能够更清楚地认识到问题的核心所在，这是受众对信息的需要，也有利于媒体公信力的增强。除了准确传递信息，记者的专业性还表现为对行业的了解，行业里有任何风吹草动，记者都应该敏锐地察觉到，甚至可以做出预测性的判断，从而提前进行报道准备，第一时间抢得新闻资源。

应该说，电视记者的职业特点就是要不断储备新的知识。社会越发展，受众对信息的质量要求越高，实质上是对记者的知识要求也越高，记者应该看到自己身上的重任，重视知识积累对采访的重要性，在平时舍得下功夫，多阅读、多做资料收集的工作，履行知识传播者的使命。

四、磨炼意志品质

意志品质包含很多方面，坚强的意志品质代表着一个人在社会行动中具有明确的目标，不会屈从于周围人的压力。而记者的调查活动就是要按照自己的信念、知识和行为方式行动，因此坚强的意志品质对记者成功进行采访来说，也是一项非常重要的素质。

电视记者要有吃苦耐劳的决心。对电视新闻来说，由于其画面性，所以去现场是记者的基本工作要求。发达的网络可以帮助记者逼近现场，但是信息的真假、信息是否全面网络是无法保证的，信息当中可挖掘的细节等也是网络无法提供的。过度依赖网络也会导致记者所做的都是二手新闻，新闻的时效性和价值大打折扣。电视新闻就是要带来鲜活的现场信息，这就是电视新闻的媒介特征，因此不去现场是不行的。但是有些新闻现场情况比较复杂，崎岖的山路、泥泞的村庄、寒冷的极地、抗洪抢险时的激流险滩，这些都是记者常常要面对的环境，如果没有吃苦的精神，就拍不到精彩的画面，如果不深入生活的底层，就采访不到最精彩的新闻素材。

电视记者要有不怕挫折的勇气。记者采访遭到拒绝是常有的事情，比如关键的受访者不接你的电话、拒绝接受采访，或者不回答你的问题，甚至在采访中遭到辱骂殴打，报道的过程困难重重。这里有一个经验法则，越难讲述的故事，越有可能成为了不起的新闻报道。如果故事很容易讲，那么没准其他人已经率先报道了。不轻易放弃是记者的重要素质，当报道一篇重要的新闻时，可能会遇到许多困难，不要气馁，尝试着去弄清楚报道的阻碍在哪里，因为这个阻碍也有可能成为一篇新闻的核心。有时候，一个选题持续的时间会很长，特别是一些法治案件，从案发到判决短则几个月，长则数年，这对记者是一种考验。有许多案件在调查中还会出现情况的反复，刚开始看起来很有价值的新闻，随着调查结果逐渐明朗也就没有那么特别了，甚至跟踪了很久的选题，最后出于各种原因只能放弃。这个时候记者不能灰心，要明白跟进新闻的这个过程就是收获和获得财富的过程，这些都为后续报道积累了经验。记者应该有一种愈挫愈勇、穷追不舍的精神和不达目的不罢休的劲头。

新闻记者要有不畏艰险的精神。比如，中央广播电视总台3·15晚会就是维护消费者权益，规范市场秩序以及传播国家法规政策的强大平台。晚会中反映出的一些问题在实际采访中是十分困难的，在接到这样的采访任务后，记者可能会处于极其艰辛和危险的境地。在调查期间，一个小小的失误、一个步骤走错，都有可能导致选题夭折，同时给自己的人身安全带来威胁。没有坚忍的意志品质，记者是无法将这些被当地严密封锁的事故真相一一揭露出来的。再比如，2019年末，一场新型冠状病毒疫情在全国蔓延开来，每天上报的数据表明疫情的严重程度。为打赢这场疫情防控攻坚战，全国人民顽强斗争，医护人员奋战一线，交通部门出台应对措施……但是有一个群体却经常被遗忘，那就是新闻人。公众获得的所有与疫情相关的重大信息其实都是媒体人采制的，在人们都避之不及的情况下，一些记者却冒着被病毒感染的危险，深入病区一线采访拍摄，获得了大量一手材料，满足了大众的信息需求。

记者的素质涉及很多方面的内容，这些素质都体现在记者长期积累、准备的过程中。媒体环境的变化对记者提出了越来越高的要求，记者对自身素质的完善应该是一个永无止境的过程。

总 结

业务能力代表着电视记者的核心竞争力，素质要求代表着记者在新闻创作中的思维方向和行为方式，二者共同决定了电视记者制作新闻的水平。但是记者不是全才，再好的技术能力，再多的知识储备也不能解决所有问题。现代社会过于复杂，发展非常迅速，宏观的能力培养可以帮助记者应付绝大多数新闻场景，但是面对自己不熟悉的领域或者在一些新闻细节的处理上，还需要记者狠下功夫。这个时候就需要记者对个别问题进行突击准备，包括对事件采访和人物专访的背景调查、资料阅读、材料收集等。由于电视新闻形态多样，新闻的选题不同，记者的采访方式不一样，突击准备工作的方向、重点也会稍有不同，在之后的章节我们会花更多的篇幅去具体讨论。

第二章　电视采访的前期调研

电视采访的前期调研是新闻生产的基础工作，主要指通过各种调查方式系统客观地收集信息并研究分析，从而确定新闻选题以及选题角度的过程。采访前的前期调研工作是做新闻非常重要的一个环节，前期调研得越充分，采访就越有可能达到预期的效果；反之，如果前期调研得不充分，往往事倍功半，甚至完不成采访任务。总体来看，新闻的前期调研分为调查和研究两个部分。首先，新闻的基本原则是真实性，任何新闻报道都不能信口开河，拿到一个线索就不假思索地创作。在调查工作中，其宗旨首先是确定新闻线索是否真实可靠，并有针对性地收集与之相关的素材，为之后的正式报道做准备。其次，要对调查结果进行研究、分析，在这个过程中确定新闻的选题和报道的方向。电视新闻这种直观呈现方式，对于前期调研的要求极严，成片的素材丰富与否、可视性是否强、报道是否完整都基于扎实的调研过程。如果把调查和研究再做拆分，电视新闻的前期调研需要经过前期调查和选题研究两个工作环节，具体来说主要由事件调查、收集资料、确定选题和选择选题角度等四个部分组成。

第一节　前期调查

一、事件调查

事件调查就是要了解事件的大致过程，具体方法有很多，不管是远程的网络采访了解还是深入实地走访调查，最主要的目的有两个。其一是确定选题。新闻线索有很多的不确定性，事件到底是真是假，其中有多少有用信息，这些信息之外有没有更具特色的新闻点，都是需要记者去验证的。新闻线索也是一个非常靠感觉的东西，对于有些社会现象，记者会先入为主地判断它，应该会有意思、可能有很多可延展性等，这些都是记者可能会有的初步判断，但是这些判断和现实情况是否相符，是需要在事件调查的过程中确定的。

因此，核实新闻线索很重要，造成新闻失实的原因主要有两种，即非故意性失实和故意性失实。非故意性失实是记者在采编新闻的过程中，没有察觉到自己报道的事实与实际情况不符。这种失实主要是媒体从业者的专业能力不足造成的。有的记者采访不深入，以讹传讹，造成失实；也有编辑把关不慎、核对不严造成新闻失实。相反，故意性失实就是明明知道自己所写的新闻与实际情况不符，却明知故犯，造成新闻失实。其原因较为复杂，有新闻队伍内部原因，也有社会原因。当然，排除故意造假，只是从记者的业务能力来看，造成新闻失实的原因包括记者采访不深入、考虑不全面、得到的新闻素材不扎实等。还有记者出现常识性、原则性错误，对新闻信息源提供的信息内容断章取义、错误解读。这些问题只要记者加强职业自律、提高综合素质都可以避免。虽然在现代专业媒体内部，随着媒体监管机制的进一步成熟和完善，故意造假的新闻已不多见，但社交网络的繁荣、公众参与新闻生产、利益团体的斗争等使得纯粹的假新闻层出不穷。同时，在网络时代的技术赋权下，虚假新闻的链条上往往是新闻网站、客户端、微博、微信公众号、传统媒体等形态各异的媒体。从内容形态的角度出发，以图像、视频为主的融合新闻产品逐渐占据新闻生产和传播的主体地位，不同表现形式的虚假新闻"异彩纷呈"。一些事件尽管热度高，但基本事实模糊、有效信息简陋，且都是当事人一面之词，这种信息肯定是需要媒体去验证的。因此，在现在的信息环境下，怎样保持新闻传播的效率，并做好核实信息的工作是新闻工作面临的全新挑战。

其二是确定拍摄采访的大概内容。比如，事件到底是怎样的逻辑顺序，突破点在哪里，该怎样展现，等等。这个环节对之后成片非常重要，文字媒体在最后作品呈现上可以做反复调整，但是电视媒体的调整余地是有限的，有些事实必须有镜头，有话语，所以在最开始逻辑线的梳理上一定要精准。

四川广播电视台制作的电视新闻评论《小区里的民宿之争》聚焦了2018年在成都锦江印象楼盘由共享住宅引发的矛盾。小区里的住宅被以民宿的名义大量出租，人流量大、噪声扰民、无法确认住客身份带来的安全隐患，都成为小区业主与这些民宿的矛盾点。记者由动态事件切入，通过采访和画面镜头向观众真实呈现了矛盾冲突点。之后记者根据走访调查，配合一些专业数据说明该楼盘呈现的矛盾并非个案，共享住宅作为新生事物，挤占小区资源，给小区住户带来安全隐患是城市中普遍存在的问题。最后就共享住宅是否合理合法，记者又采访了成都市人大代表、律师及专家，从法律及社会学层面获取论述依据。整个节目逻辑清晰，从个案入手，由小见大。结构上层次分明，通过横向及纵向的阐释让作品具备宽度和深度。

从这个节目的内容展现来看，事件的调查工作是做得非常到位的。首先新闻聚焦共享房屋这样一个新的理念，它受到许多旅游沙发客的推崇，但是针对这个理念的法律规范是缺失的，导致各种乱象丛生，要么是相关职能部门缺乏监管依据，要么是缺乏明确的监管部门，这种不匹配所引发的社会矛盾是可以想象的，它的新闻价值、立意就凸显出来了。在调查中，记者结合专业数据发现了这个情况的普遍性，同时也找到了一个具有典型性的小区作为个案，可以说事件的真实性在这里得到了印证。事件中的当事人，不管是业主，还是租客都非常愿意在镜头前表达自己的观点，这就为节目中的矛盾冲突和镜头素材提供了保证。可以说，正是在前期事件调查中确定了这些情况，才最终保证了这个电视新闻片的质量。

在事件调查过程中，虽说我们注重记者的韧性，但是知道什么时候放弃也是记者的重要素质。新闻本来就是有选择性的，记者不可能把世间发生的一切都带给受众。有些新闻线索极具迷惑性，说得像模像样，记者只要稍微加工一下就能完成报道；或者记者遇到了几年一遇的好线索，从内容看只要刊播就能有较大的影响力。这些可能都会影响记者的判断，让其为之付出大量努力，最后发现有问题时已经耗费了大量时间，甚至有可能影响其他新闻的制作进度。所以，记者还是要掌握一些基本的调查常识，比如先从关键证据入手，如果始终找不到，这则新闻就很难做下去了。

二、收集资料

记者在基本确定选题后，首先要做的就是收集资料。资料的收集大致分为两种情况，一种是作为前期调研的一部分，如果资料丰富，选题就能做下去；如果资料和选题方向不一致，可能就要换选题方向；如果资料收集很困难，那么选题可能就做不了了。前期收集的资料越丰富，记者的选择性越大，甚至可以影响最终成片的体裁选择。所以，资料的收集情况也是判断选题的依据之一。另一种是大致确定选题后，为了丰富报道素材做的收集工作。

首先，为了判断选题是否成立，记者要收集大量现实资料，包括可能要拍摄的素材、文字支撑材料等。比如，上海广播电视台拍摄的《第五空间》是国内第一部聚焦网络安全的电视新闻专题片，全片从个人、社会、国家等三个维度，全方位地分析网络安全现状。在拍摄《第五空间》的过程中，记者深入阿里巴巴、腾讯、百度、360等公司的网络安全部门，进行了大量调研，揭秘支付宝、QQ背后的安全保障团队如何运作，数据如何勾勒个人画像和社会图景，深度前所未有。同时，记者还前往俄罗斯、美国、英国、比利时等国家，走访全球网络安全巨头卡巴斯基实验室，全程直击全球顶级网络安全盛会"黑帽大会"，独家对话"棱镜"事件报道者——英国《卫报》记者尤恩·麦肯斯基，独家披露我国遭遇境外黑客组织攻击并与之对抗的过程，其丰富的拍摄资料让人震撼。我们可以想象，如果记者没有收集到这些资料，没有得到国内互联网公司网络安全部门的支持，没有联络到这些全球网络安全巨头企业，其片子的质量会大打折扣，或者能不能做下去都很难说。

其次，为了丰富报道素材，记者需要收集到可能涉及报道的所有相关资料，包括与事件相关的背景材料、历史文献材料、人物材料以及与之相关的同类事件等。比如，青岛电视台制作的电视新闻访谈节目《我的四十年——许振超·工匠精神的践行者》。这期节目紧扣改革开放40周年主题，选择典型人物讲故事、谈感受。在访谈中巧妙地使用了明、暗两条线。"明线"是许振超讲述自己40年来由"工人"成长为"工匠"的经历，以点带面地展现出改革开放以来产业工人技能素质、社会地位、生活质量等各方面发生的变化；"暗线"则是改革开放40年来青岛港如何由支线小港成长为世界第七大港的发展历程，以及青岛这座城市所发生的巨变。节目在传统访谈形式中加入了记录手法，记者在前期材料收集过程中花了大量时间，使用了很多20世纪八九十年代的视频资料，并有机地融入了主持人视角的讲述，节目播出后产生了很大的社会反响，增加了节目的纵深度，以小见大展示改革开放的历史性变迁，许多观众留言表示"看过节目后备受鼓舞，深感振奋"。在这里记者就是要大量获取事件背景材料和历史文献材料，片子中穿插的视频资料只是一方面，文字资料在梳理逻辑关系、撰写解说词方面有着不可忽略的作用。因此，资料的收集是全方位的，有了厚实的资料做基础，才能达到丰富成片的目的。

再次，资料的收集也来自现场的观察。必须到现场是电视新闻记者的特性，身临现场、仔细观察，是电视记者获得正确见解的前提。主题的确定往往也是在现场通过观察才能得到深度开掘的路径，角度也可能会更新颖。观察首先基于人物，人物是故事的核心，观察角度不同，故事可能千差万别。比如，2022年湖南日报社主办的新湖南客户端推出的"今年我10岁"系列新闻短视频，听起来就是讲一群孩子的故事。10岁的孩子讲什么？亲子、成长、教育，好像只有这些。但是这个报道却另辟蹊径，以"10年·10人·10岁"的时代概念作引领，以党的十八大召开之年（2012年）出生的孩子的成长故事为主线，以10个平凡却不普通的10岁孩子身上的动人故事为根基，向受众展现了这十年整个湖南经济发展和民生改善的缩影。在一个个孩子成长的故事中表现了重大的时代主题，构思十分巧妙。接着就是观察细节，现代新闻对于细节的需要是前所未有的。当"公民记者"体现的"参与式新闻"理念成为常态，记者就注定不再是新闻现场的唯一传播者。我们能看到很多文字新闻下面的评论区，会有网友贴出现场的图像、照片甚至是视频，因此现场画面不再是珍贵资料。电视记者和现在的"公民记者"的最大区别就是可以更接近现场，有采访的权利，可以深入事件当中。因此，电视记者要提供的就是更加细致的内容，大到事件中的盲点，小到人物的微表情，都是电视记者应该去注意观察和记录的。

最后，资料的收集不仅仅是对一些显而易见的成品资料进行收集，经过科学方法加工过的资料往往更有价值，也更贴合新闻主题。在互联网发达的信息社会，很多数据是公开的，记者要有基本的意识——从哪里能获得这些资料。比如，当某种疫情在全世界大规模暴发，与之相关的数据就会在世界卫生组织的官网更新。一般每天世界卫生组织会出具一个疫情报告，在报告中会有全世界范围内各个国家当天的疫情情况以及总体情况。如果要做某个国家疫情发展情况的相关报道，记者就应该收集最近一段时间在这个表格中与该国相关的所有数据，根据报道内容把原始数据变为精确数据。记者可能还需要完成绘制疫情变化图表等相关工作。另外，对于一些关于社会现象的观点，比如支持率、认同感等，如果没有专业数据支持，就需要记者使用一些社会学的调查方法去做观点印证。最基本的方法是发放调查问卷，然后根据新闻需要，用专业的数据分析工具对问卷结果进行加工，最终明确大众的观点倾向。这些方法为新闻提供了更多数据方面的支持，使其更具精确性，同时也对记者的职业素质提出了更高的要求。

需要说明的是，这几种资料收集的情况并没有那么泾渭分明，只是目的稍有不同，其主要工作过程是一样的。首先是大量获取材料，但是获取材料并不只是对材料的简单运用。之后主要做的工作是对材料进行分析，怎样做出和别人不一样的新闻，功夫主要花在这个环节。占有的资料越丰富，记者看待事物就越全面，越能看到事物的各个发展方向。记者需要在材料中找到蛛丝马迹，寻求新闻报道的突破口。现实中大量的新闻报道最开始都是一个概念或者方向，最终的选题是记者在分析材料后才确定的。特别是一些涉及题材广泛、背景资料庞杂的专题新闻，对材料的分析会深入制作的每一个环节，成片中的资料如何分配、每部分画面的设计、稿本的修改，都是在对材料的细致分析中完成的。

第二节　选题研究

一、确定选题

在做了大量的前期调查工作之后，记者就要确定新闻报道的选题。除了新闻线索的真实性以及新闻素材是否丰富，选题的确定还要考虑以下几个因素。

  首先是选题的新闻价值。新闻价值是事实所具有的满足社会与公众对新闻需求的要素的总和，包括新闻的时效性、重要性、显著性、接近性、趣味性等基本需求。在某一则新闻当中，各个要素之间的关系并不是均等的，有的新闻凸显的是重要性，有的新闻趣味性更强，当某个新闻具备的要素越多，新闻价值就越大。当然，新闻价值也不能这么简单地去判断，我们还要结合一些其他因素，比如新闻体裁。一个电视消息，通常具有时效性且真实就可以了，时效性对于新闻消息尤为重要。但是一个新闻专题片如果只有时效性就显得太单薄了，甚至这种体裁的选题方向与时效性无关，专题片的制作时间肯定长于新闻消息，它的选题方向与信息的可挖掘度相关，不是消息中直接展现出来的内容。因此，所谓的新闻价值只是一个参考的尺度，从定义看，我们应该把注意力集中于选题要满足社会与公众对新闻的需求，也就是观众希望从新闻中看到的东西、他们感兴趣的东西。

  其次是与新闻价值对应的宣传价值。宣传价值是新闻事实中所具有的有利于传播者、能够证明和说明传播者主张的素质。宣传价值有两个层面，第一个层面是刚性的宣传任务。一个媒体每天都能接到各种各样的"指令"，希望相关栏目对某件事情进行报道。这些事情包括政府的重要会议，会议中通过的决策、方针、计划，等等。虽说是硬性要求，但是这些信息内容基本是和公众的公共利益相关的，关系到未来公众的社会生活和社会发展，所以作为喉舌，媒体在这个时候也必须发出声音，起到让公众知情的作用。第二个层面是媒体对公众的引导，引导就是对信息的解释和解读。一般宣传任务，电视新闻通常以新闻消息的方式报道，让公众知晓。对信息的解释经常由后续报道负责，解释的任务就是让公众对宣传的信息有更深刻的认识和了解，并且可以形成社会讨论，促进政策的实施和改进，所以形式大多为专题片和评论谈话节目。我们在确定选题的时候要知道自己的宣传任务是什么，根据宣传任务的宗旨去确定选题的操作方式。

最后，记者做电视新闻还要考虑到选题和自己栏目的匹配度。匹配度首先是由栏目定位决定的，电视栏目定位是指节目制作人员对节目设置的目的和宗旨所作的事先规划，包括节目的思想内容、目标受众、栏目风格等。定位决定了一个栏目与其他栏目的区别，是这个栏目能否在市场竞争中取胜的关键。如果细分，电视栏目的定位可以分为宏观定位和微观定位。宏观定位是指一个栏目的总体定位。比如，法制频道的大部分栏目都是与法律相关的，如果所有栏目都讲一样的法律问题，甚至用同样的方式去讲，那么为什么还要分栏目呢？所以，定位会把一个个栏目独立出来。同样是法制栏目，到底重心在舆论监督还是深度调查？表达方式是直接将新闻事实呈现出来还是融合评论讨论？栏目的受众群体有哪些？是面向全社会的普法栏目，还是针对儿童或妇女的法律专栏类节目？我们的选题要在这个栏目宏观定位的大框架之下。微观定位是指某一时段或某一期节目的定位，有时候媒体会有一个阶段性任务，比如在某一阶段，我们党和政府的路线、方针、政策就是定位的依据，媒体可以以这个阶段党和政府的工作重点为报道重点，制作新闻节目。这个阶段少则涉及一两期节目，多则涉及几年的节目，因此节目选题需要都往同一个方向去靠拢，通过这种方式保证对这一阶段最重要的新闻做出最有效的解读。

选题与栏目是否匹配涉及的因素很多，有时还要考虑一些现实因素，比如节目时长。现在大部分电视栏目都有自己固定的时长，每个时段播出什么都有严格的设计。除了像《新闻联播》这样的栏目，当有特殊情况时，总台会根据新闻的重要性、新闻的数量等临时调整其时长，其他节目规定得都比较死，因为一个节目无端地延长或缩短，会影响后续节目的编排，也会影响中间广告的插入。特别是广告，每个广告什么时段播出，播出几秒，前期都是签了合同的，不可能轻易改变。所以新闻节目时间的准确性也十分重要。有的选题看起来很好，但是想要把这个选题讲清楚，可能在有限的时长里无法做到。有些选题虽然具备各种新闻价值要素，但是情节简单、话题单一，如果硬要做，反而可能会变成情节不够采访来凑的"水"新闻。因此，记者要有看到选题后推算出大致新闻时长的能力，一般的时间差距我们是能够通过一些叙事方式和稿本撰写技巧来弥补的，但是在时间差距太大的情况下，还是需要另做打算。

选题的确定主要是这三种因素的结合，但是必须承认一些有新闻价值的信息未必有宣传价值，有些有宣传价值的信息有时新闻价值又比较少。所以在确定选题时我们还是要根据实际情况，以观众的兴趣为参照点，在满足栏目匹配度的情况下，选择价值倾向。

二、选择选题角度

在现代的媒介环境之下，媒体面对的是大量同质化的信息，就是同一个选题，许多媒体都会做，那么怎样才能在大家都做的情况下做出不同，做得出彩呢？这就要谈到前期调研中的最后一个步骤——选择合适的选题角度。同时，选择合适的选题角度，也是新闻报道的常规要求。新闻报道作为有目的的传播活动，不可能面面俱到，抓住一点或一面进行报道，突出事物本质特征，便是最常规的选择。

如果说选题决定了我们做什么，选题角度就决定了我们怎么做。选题角度是记者挖掘和表现新闻事实的切入点，前文我们提到过，新闻价值的各个要素之间的关系并不是均等的，因而只有选择好角度，才能准确鲜明地表现事实最有新闻价值的部分。前中央电视台新闻中心评论部副主任、著名电视人陈虻曾系统地提出电视新闻创作的四次选择，其中在谈到角度选择时他经常举这样一个例子：

我们大家都知道，有一幅照片获得了普利策奖，拍的是 1986 年 1

月美国挑战者号航天飞机升空爆炸。可以想象，当这个新闻事件发生的时候，全世界至少有几百台照相机在现场拍摄，但是只有一位摄影师的照片获奖，因为他拍的不是爆炸的瞬间，他转过身来，拍的是人们惊恐的表情。转身，就是一种选择。在同样一个新闻现场，由于所做出的选择不一样，有人拍摄的就叫流水账，有人拍摄的就是新闻获奖作品。差别在哪里？前者拍下了事件的过程，而后者抓住了在这样一个过程中人们的感受。这种角度的变化，不仅改变了信息，还改变了信息的价值。

所以创作过程本身就是一种选择的过程、选择的艺术。其实在任何一个现场，你都有很多种选择的可能性。是否真的意识到还有其他的可能性，是否真的意识到哪一种可能性最有价值，这是影像创作中最重要的事情。

可见，好的选题角度能够最大限度地吸引受众，尽可能使新闻事实的社会影响力最大化。那么如何确定选题角度呢？我们要先分析一个新闻事实中不同的元素有哪些，然后从这些元素中寻找突破口。

首先，新闻中最重要的组成部分是人物。新闻因人而动，新闻就是要讲人的故事。香港新闻工作者联会副主席孙玉胜认为，"人物是可以而且足以同时承载理性与感性的，从人切入是一个巧招"[①]。在电视新闻中，正是人物在事件当中的行动赋予了事件意义。选择一个好的采访人物，往往能够将新闻的核心价值最大化。同一新闻中的不同人物的选择会给新闻带来丰富的变化，但不管选择谁，首先要符合中心人物选择的基本要领。在新闻中，中心人物是具有典型性和代表性的人物，他们一般都是新闻当事人，这些人在新闻中具有一定的角色、经历，并且有深刻的感受。记者可以通

---

① 孙玉胜.十年：从改变电视的语态开始[M].北京：生活·读书·新知三联书店，2003：15.

过他们的语言、行为将他们的经历和情感展现出来。

中心人物的选择首先基于现场情况，有很多新闻刚开始记者只是想做一个常规报道，但是如果在现场能发现好的人物，就有可能改变原来的报道思路，如《南浦大桥成为上海人民心中的丰碑》这则获奖新闻。1991年南浦大桥作为中国第一座"叠合梁斜拉桥"建成。从此，从浦东到浦西，坐车过江只需7分钟，南浦大桥也成了当时上海著名的旅游景点，参观的游客络绎不绝。记者去报道大桥通车的剪彩仪式，在现场众多游客中，记者敏锐地注意到了一位盲人，报道也由此展开。报道开头映入观众眼帘的就是这位盲人掩饰不住内心激动，在大桥上用手摸着桥的斜拉柱，跨步丈量着桥的宽度。这些行动的特写画面生动地展现了人们对大桥通车的喜悦之情，给观众留下了深刻的印象。

往往在一则新闻当中，存在多个中心人物，每一个人物都会在事件中起到不同的作用，新闻的选题角度大多与这些人物相关。我们要做什么样的报道，阐释怎样的主题，就要去找相关的人物，好的中心人物的选择一定是记者精心挑选的结果。比如，2018年济南广播电视台制作的电视消息《"棉花姑娘"们收获新喜悦》，这是一则反映改革开放40年来济南乃至我国农业农村制度变化的报道，这样一则有着宏大主题的新闻到底应该怎么做？在有限的时间里怎么去表达？记者在资料收集过程中发现了这样一群人，1979年济南的十三位"棉花姑娘"喜迎棉花丰收的照片在《人民日报》发表，题为《棉花姑娘们的喜悦》，这是党的十一届三中全会之后我国农村分配政策改革兑现最早的图片报道，被收入了伟大的变革——庆祝改革开放40周年大型展览，成为改革开放40年来的经典历史瞬间。记者找到了当时照片中的人物代表，以"棉花姑娘"赴北京参观展览，穿越40年与拍摄者的会面作为新闻由头，通过他们生活的变迁表现出大集体、家庭联产承包、农业税减免、农业补贴、土地流转等农业农村生产关系的发展沿革。在报道中，"棉花姑娘"们的荣誉感、幸福感、获得感映衬了改革开放 40 年来我国农民群体、农业农村发生的翻天覆地的变化。其实与这个主题相关的人物有很多，政策制定参与者、实施过程中的落实者、政策落实后的感受者都可以来反映新闻主题，这也是大多数记者都能想到的。这则报道的记者在照片中寻找到了中心人物，虽然这些人属于政策落实后的感受者，但这种选择很好地突出了人物的典型性。她们是普通人，但是又有点特殊；和观众具有接近性，但是又能引起观众的兴趣。

其次，素材也是新闻的重要组成部分。为了拍摄一段电视新闻，记者要积累数倍于播放量的新闻素材，在众多素材中，哪段视频最能体现新闻价值，哪段同期声可以作为整个事件的概括语，这些素材也许就是我们选题的切入点。

青海广播电视台制作的电视消息《三江源国家公园惊现 70 余只野生白唇鹿渡江奇观》，该新闻消息以当地生态管护员提供的完整视频为线索，第一时间约采目击者完成新闻并及时发布，呈现了白唇鹿渡江奇观。三江源自然保护区是我国面积最大、世界高海拔地区生物多样性最集中的自然保护区，地处青藏高原腹地，位于长江、黄河和澜沧江的源头地区，也是我国海拔最高的天然湿地和三江生态最敏感的地区。从 2000 年开始，三江源地区的自然保护问题就是西部大开发中生态环境建设的一大战略任务。白唇鹿是典型的高寒动物，也是国家一级保护动物，70 余只野生白唇鹿过江的场景可以说难得一见。这是首次在三江源拍摄到大规模野生白唇鹿种群迁徙的影像，它展示了三江源地区生态系统和生物多样性整体修复的成果。

反映一个地区生态建设成果的方式有很多，宏观方面有很多案例和数据，微观方面也有很多参与其中的典型人物，这篇报道则另辟蹊径。只看题目，这则新闻消息就是对自然现象的简单展现，但其深层次的主题则是环境保护带来的生存环境的改善。记者正是使用了新闻素材中最具有说服力的一段资料，通过一个基本常识诠释了这样一个主题，侧面展示了三江源国家公园体制试点以来人与自然和谐共存的景象。

最后，新闻事实本身就是具有多面性和复杂性的，同样的新闻，我们对其不同侧面进行展现，得到的新闻传播效果也会有所不同。因此，选取新闻事件的某个侧面作为切入角度，并将这个侧面作为新闻整体的诉说方向，是常用的选题角度切入手法。通过故事本身去寻找侧面需要我们对信息有足够的了解，并且能够运用联想思维将点和面连接起来。利用新闻故事中的矛盾冲突寻找侧面是基本方法，因为矛盾越激烈，对比也就越强烈，新闻特质自然就会越突出。

比如，江西广播电视台和萍乡广播电视台制作的电视消息《寒酸的县委办 不寒酸的民生》反映的是莲花县作为国家级贫困县，县政府却十分重视民生建设，在投入上大手笔频出，这引起了记者的浓厚兴趣。通过半个月的调查采访，记者挖掘出了这一新闻现象背后的故事。

记者在走访过程中注意到了政府机关办公楼，老旧寒酸，内部很多设施都已经坏了，成了名副其实的最"古老"建筑。于是记者从县委办公楼的修葺入手，以莲花县多次停建办公楼，把建楼资金改投民生工程为典型事例，通过新与旧的对比，抠门与大手笔的对比，干部心声与百姓评价的对照等，充分体现了莲花县干部几十年来艰苦奋斗、心系百姓的执政理念。这篇报道就是记者在新闻事实中找到了一个侧面，甚至是与新闻事实相对应的反面，然后用正反对比的方法充分展示了事物之间的矛盾，突出了新闻事实的本质特征，同时也加强了报道的艺术效果和感染力。民生建设是所有地方政府的重点工作，如果没有这个对比，而是直接报道出来，新闻价值就会降低，观众会觉得这没有什么稀奇的，也就无法突出县干部核心的执政理念。

如果说矛盾点的寻找是对新闻事实的横向考量，那么有时我们也可以把新闻事实的延展性作为考量方向。万事万物都是有联系的，有些新闻事实的发生可能是一瞬间的，但也有因有果。这些因果关系都可以作为我们考量的不同侧面。比如，2010年新闻联播报道的电视新闻《[回眸十一五展望十二五］西安：让"遗址里的百姓"不遗憾》，报道介绍了大明宫国家遗址公园建成的问题，如果只是看主题，我们能想到的大概就是剪彩仪式、群众游园、领导讲话这样一些常规性的画面，但是如果从遗址公园建设的前因后果这个侧面来讲述，新闻的深度就不一样了。这则新闻首先从一年前大明宫遗址和当地人的居住环境之间的矛盾，延伸到了文物保护与城市发展之间的矛盾。从这两点出发，很好地解释了遗址公园的建设目标和规划方案，从而又延展到了未来遗址保护和促进文化、旅游产业发展的关系。显然，这样的报道方式就把整个新闻的立意凸显了出来，给新闻带来了更为丰富的历史内涵，形成了区别于其他报道的特别之处。

总之，电视新闻选题角度的切入主要还是以独特性为主要方向，不管从人物出发，还是从素材出发，或是从新闻故事本身出发，最终还是要达到三者的契合，相辅相成。需要说明的是，独特不代表猎奇，选题的独特还是要以抓住新闻事实本质特点为依据。太具有猎奇性的角度看起来很新奇，但是完全没有考虑新闻中最主要的价值，报道因此陷入平庸化，甚至低俗化，忽略了新闻的整体性，这不是我们所提倡的。

总　结

电视新闻的前期调研是一个完整的过程，缺一不可。从前期调查和选题研究这两个工作环节来说，两个环节存在着互相交融的地方，决不能割裂开来看待。从拆分后的四个实操部分来看，虽然独立性更强，但终究是一个完整的过程，只是有时候侧重点会有所不同。比如，一些做政法专题的记者，新闻线索可能来自当地检察院的公开文件，这种文件的真实性是毋庸置疑的，此时新闻前期调研的侧重点就应该放在资料收集和选题切入点的选择上。

做好前期调研，也是帮助记者扩展新闻延续性的有效方法。从新闻的横向延伸来讲，记者可以在前期调研过程中，利用各种机会，滚动获得大量线索，同时做出两三篇新闻报道。从新闻的纵向延伸来讲，很多报道在取得了较好的社会效应，或者观众有更多与之相关的信息需求时，记者就要考虑去做后续报道。此时我们的前期调研做得越好，后续报道也就越精准，否则受报道影响的现实环境的变化会影响记者的二次调研，甚至会让报道过程变得艰难。

第三章　电视新闻策划

　　做电视新闻策划代表电视新闻节目已经进入筹拍阶段，做策划要根据前期调查的结果，经过充分的思考和判断，在充分尊重新闻真实性的情况下去完成。"新闻能否被策划"在20世纪90年代中后期一度成为新闻学界热烈争论的话题。支持者认为新闻策划能够有效提升新闻品质，增强新闻作品的竞争力。反对者认为新闻如果可以策划，就有制造新闻的嫌疑，是对新闻真实性的损害。随着现代媒体的发展，媒体通过新闻策划不断提升新闻产品的质量，扩大着自身的知名度和影响力，以内容为王为宗旨的媒体早已将新闻策划内化为新闻工作者的专业理念。当然，在这个过程中，媒体对新闻策划的概念认知也越来越清晰。

　　首先，新闻策划不是制造新闻，新闻策划要遵循实事求是的理念，按照新闻的规律办事。我们必须承认，新闻媒体确实出现过为了完成任务，或者为了获得更高关注度而去制造新闻的情况；也出现过运用非正常拍摄手段，诱导新闻发生的情况，这些都是在新闻策划中违反了新闻规律的表现，应该被杜绝。

　　其次，我们所有的策划都应该是有可行性和可操作性的。做策划要量力而行，不要好高骛远，明明时间有限，却制订了远远超出时限的拍摄计划，明明拍摄条件达不到，却围绕这种拍摄条件大做文章。策划不能做得太空泛，不能仅凭一些背景资料和前瞻性的看法就去草率撰写。每一个环节都应该反复论证，因为一旦出现问题可能就会给拍摄工作带来困难，甚至导致整个方案落空。策划也不能做得太花哨，不能只是求新求异，一些看起来文字性很强的东西其实距离成片还相当远。策划要结合自己的栏目类型、节目选题去撰写，比如一些严肃的硬新闻就不太适宜用过于绚丽的声画符号去表现。

最后，记者要明白策划只是我们做新闻的一个方向，最后的成片不一定是对策划的精准还原。新闻本来就是多变的，拍片过程中有太多的不确定因素，设计好的场景拍摄那天无法拍摄、联系好的被访者突然拒绝采访，甚至有时候新闻事实随着调查的深入都会出现与预想不同的结果。实践证明，时间越长的电视新闻片最终和策划的差距越大，因此策划只是我们拍片的指导，出现具体情况时还是要灵活应对，在实际拍摄中要不断调整方案。

电视新闻策划应该是新闻策划中难度比较高的，其工作可以具体到采访对象的选择、提问方式的选择、镜头设计、画面表达等。大体上我们可以把它划分为拍摄计划和拍摄方案、节目策划、采访提纲设计、问题设计的技巧等几个方面。我们将分别对这几个部分进行讨论，目的是能够更有针对性地讲解，但是在真正进行策划时，这几个部分的关联性是很强的，需要记者综合考量。

第一节 拍摄计划和拍摄方案

一、拍摄计划

拍摄计划是指记者要对拍摄过程中可能出现的现实性问题有所准备，首先是采访时间的确定，哪天采访，采访几天。有的新闻选题比较小，用半天时间就能完成拍摄。但是要拍新闻专题片、新闻纪录片、系列报道这种大的主题就会花费比较长的时间，甚至要跑很多不同的地方，在这种情况下，摄制组的住宿、伙食也要落实到位。其次是采访地点的选择，是邀请被访者到摄影棚录制，还是记者去被访者的住所。现在采访越来越人性化，很多专访都开始户外化，采访环境选择得好能给被访者带来更多的舒适感，同时环境也能突出被访者身份，让电视画面更好看。最后就是邀约采访对象以及需要采访对象做一些准备工作，比如告知被访者着装的要求，或者有时候需要被访者携带相关材料，以便在镜头前展示。

需要注意的是，拍摄计划前期应该紧凑一点，尽量给后期留一两天的时间，这样才能有更多的时间对成片进行调整，如果在最终的剪辑过程中发现素材不够，记者还要想办法去处理，比如补拍一些空镜头，或者用一些其他的画面表现方式来补充。同时，要注意一些战线较长的选题，有些事件是阶段性的，虽然非常有价值，但是在这个阶段只能展现出事件的某个方面。要对事件进行完整报道可能需要记者多次前往拍摄地采访和取景，那么这时候就需要合理安排，对事件脉络进行完整梳理，关注事件进程，做好随时出发的准备。

二、拍摄方案

拍摄方案主要是指拍摄的内容，比如需要什么样的空镜头，什么镜头能证明所说的事实，什么镜头能表达某种意境等。一般我们拍摄的镜头量都要多于成片的时间量，因为解说词是采访完成后才撰写的，针对不同的解说词选择的画面就有所不同。因此，记者在现场一定要尽量多拍摄镜头。经常会有记者自己也不知道拍的某个镜头会用在哪里，当时只是觉得特殊、好看而已，但是最后可能就成了成片的点睛之笔。另外，电视新闻的画面切换速度通常比较快，新闻的表达方式与影视剧不同，通常是多种语言符号的综合运用。影视剧会用一些画面的艺术表达去帮助叙事，在叙事的同时还要表达情感和完成隐喻，长镜头和特殊镜头的运用会比较多。但是电视新闻讲求效率，希望能在比较有限的时间里将故事讲清楚，配合解说词的画面表达会帮助观众大大降低信息获取的难度，所以我们看到电视新闻的画面切换一般在3—4秒之间，固定镜头相对较短，移动镜头可以稍长一点。而且在解说词的帮助下，画面不用太在意衔接过程中的连贯性，只要和解说词配合得合情合理就可以。在这种情况下，大量拍摄镜头才可以支撑最后的新闻呈现，虽然一些表意镜头可以以不在场的方式补拍，但这并不是后期制作的常态。有经验的记者还要考虑画面的表现形式，毕竟电视新闻是以三种传播符号为主的信息表达方式，要兼顾这几种符号的使用，并且达到理想的传播效果。为了说明这个问题我们以江苏省广播电视总台制作的电视新闻消息《〈南京市国家公祭保障条例〉是怎样炼成的》为例，该报道围绕《南京市国家公祭保障条例》（简称《条例》）的出台始末以及重要时间节点，重点提炼《条例》中对公祭活动进行保障、对"精日"行为划定"法律红线"等条文亮点，体现了地方立法对中央要求和社会关切的及时回应。以下是整篇报道的声画内容对比。

表1 《〈南京市国家公祭保障条例〉是怎样炼成的》声画内容对比

\multicolumn{3}{c}{《南京市国家公祭保障条例》是怎样炼成的}
序号	画面及时长	声音
1	网络资料图片 5 秒 "和平"雕塑 3 秒 侵华日军南京大屠杀遇难同胞纪念馆（以下简称"纪念馆"）内全景 3 秒 游客参观纪念馆远景 3 秒 南京市全貌 3 秒 纪念馆外部雕塑 2 秒以及雕塑特写 1 秒 纪念馆正门特写 5 秒 南京市第十六届人大常委会第七次会议会场全景 9 秒 南京市第十六届人大常委会第六次会议会场全景 2 秒以及中景 2 秒 《南京市国家公祭保障条例》手册特写 3 秒 政府办公室工作场面中景 2 秒以及近景 4 秒 《南京市国家公祭保障条例》评估报告特写 3 秒 《南京市国家公祭保障条例》建议稿特写 4 秒	【配音】近年来，"精日"事件频发引起社会广泛关注。今年3月，南京的全国人大代表和全国政协委员在"两会"上呼吁立法严惩"精日"分子。4月，全国人大常委会法工委在南京调研《中华人民共和国英雄烈士保护法》时，对国家公祭保障工作立法提出建议。5月，《南京市国家公祭保障条例》被追加进今年的立法计划。10月，《条例》在南京市人大常委会上二审全票通过。11月，经省人大常委会批准，12月13日正式生效。为保证立法高质量，南京市不仅首次成立立法工作领导小组，还首次委托第三方机构进行立法前评估和草案文本建议稿的起草。

续表

序号	画面及时长	声音
\<《南京市国家公祭保障条例》是怎样炼成的\>		
2	采访画面 8 秒 纪念馆外部雕塑 2 秒 纪念馆外部景色 2 秒 市民参观纪念馆中景 2 秒 市民参观纪念馆特写 2 秒	【同期】南京市人大法制委主任委员 姚正陆。 国家公祭不是一时一事，是百年大计，有必要上升为法律规范，成为全体市民的行为准则，才有一种刚性的保障。
3	动画展示字幕：第二十一条 国家公祭场所管理区应当保持庄严肃穆、环境整洁，并禁止实施下列行为： （一）开设娱乐场所； （二）设置与悼念主题明显不相适应的门牌店招、标识标志、广告等； （三）擅自摆摊设点，进行销售、游艺、表演、乞讨等； （四）其他有损国家公祭场所环境与氛围、违反公序良俗的行为。	【配音】《条例》明确，以纪念馆为核心划定一定范围的管理区，管理区禁止开设娱乐场所，禁止设置与悼念主题明显不相适应的门牌店招等，禁止擅自摆摊设点。全市的丛葬地也被纳入《条例》的保护当中。
4	动画展示字幕：第十二条 （一）在主城区道路上行驶的机动车停驶鸣笛致哀一分钟，火车、船舶同时鸣笛致哀； （二）道路上的行人、公共场所的所有人员就地默哀一分钟； （三）机关、企事业单位和人民团体工作人员、在校师生就地默哀一分钟。 第八条 市、区人民政府应当为南京大屠杀幸存者提供生活帮助，鼓励社会各界以各种方式关爱幸存者。 第三十四条 市教育行政主管部门应当将国家公祭主题教育纳入本市中小学地方课程，组织教材编写。	【配音】同时，"默哀一分钟"被写入《条例》，规定在举行国家公祭仪式鸣放警报时，主城区的机动车停驶鸣笛致哀一分钟，火车、船舶同时鸣笛致哀；行人、工作人员、在校师生等就地默哀一分钟。鼓励社会各界以各种方式关爱幸存者，将国家公祭主题教育纳入南京中小学地方课程，实现民族记忆的世代传承。

续表

《南京市国家公祭保障条例》是怎样炼成的			
序号	画面及时长		声音
5	采访画面3秒 动画展示字幕19秒：第二十八条 禁止任何单位和个人歪曲、否认南京大屠杀史实，侮辱、诽谤南京大屠杀死难者、幸存者，编造、传播含有上述内容的有损国家和民族尊严、伤害人民感情的言论或者信息。 第二十九条 禁止在国家公祭设施、抗战遗址和抗战纪念馆等地使用具有日本军国主义象征意义的军服、旗帜、图标或者相关道具，拍照、录制视频或者通过网络对上述行为公开传播。 第三十条 禁止任何单位和个人侵害南京大屠杀死难者、幸存者的姓名、肖像、名誉等合法权益。		【同期】江苏三法律师事务所合伙人杨博炜。 对民众特别关切的精日行为，给它画法律红线。并且在法律责任这边，我们也有所突破，参照《中华人民共和国英雄烈士保护法》的规定，在精日行为已经构成了寻衅滋事、扰乱社会公共秩序的情况下，应当按照《中华人民共和国治安管理处罚法》的规定，对他予以惩治。
6	采访画面9秒 祭奠特写镜头5秒		【同期】江苏省人大法制委副主任委员、江苏省人大常委会法工委主任王腊生。 通过这部地方性法规，在全社会营造一个爱国主义教育的良好氛围，弘扬社会主义核心价值观，应当具有非常重要的意义。

这篇报道是运用了画面、声音与文字等三种符号的综合性报道。我们可以看到，为了突出内容主题，主要的实地外拍是在侵华日军南京大屠杀遇难同胞纪念馆附近及场馆内部进行的，这也是成片中国家公祭话题的主要表意镜头。在谈到《条例》的立法计划问题时，记者准确切入了南京市第十六届人大常委会第六次和第七次会议会场画面，为事实提供了佐证。同时，在谈到立法前的评估过程时，镜头又切入了政府办公室工作人员紧张办公的场面，并且配有《条例》手册、评估报告和建议稿的特写镜头。最终在做一些《条例》内容重点提炼的时候，为了凸显严肃性，专门用动

画的方式提供了具体条例的全屏字幕。

有经验的记者其实在拍摄之前对于大概要什么画面已经了然于胸，不用把要拍什么都一一罗列出来。但是年轻记者经验比较少，拍摄容易疏漏，所以拍摄前一定要弄清楚一些问题。首先是报道画面形式的表现，画面怎么编排，哪些内容配什么样的画面。比如，在前面的案例中，对《条例》内容进行重点提炼时到底配什么画面，是空镜头的展示，还是实体文件的特写，还是动画的全屏字幕？这就是记者要选择的。其次就是要弄明白必须拍到什么，希望拍到什么，拍不到怎么办。比如，案例中的《条例》手册、评估报告和建议稿就是必须拍摄的内容，这是南京市政府立法工作领导小组在立法过程中的工作依据。再如，当谈到《条例》在南京市人大常委会上二审全票通过的内容时，记者肯定希望用人大常委会会议现场的画面，但是如果没有这个画面怎么办？能不能用一些其他的专题会议画面替代？最后要考虑的就是记者是否出镜，以什么方式出镜。在案例中并没有记者出镜，因为这个新闻属于一个总结性的新闻，现场感不是很强。有些新闻属于过程性的新闻，有明确的新闻现场，在这种情况下记者出镜的效果就会好一些。

拍摄方案的策划主要就是要结合记者最初构想的电视视听表现来做，当然也会有在拍摄过程中发现新的新闻事实，或者需要切换选题角度的情况，这就要求记者可以迅速调整拍摄计划，自如应对。如果调整不及时，后期就需要通过补拍获得镜头，这种方法对于有些新闻适用，但是有些现场感极强的新闻，可能就没有补拍的机会了。

第二节　节目策划

节目策划是一个电视新闻节目的总体构架，主要包括节目的主题思想、结构形式、层次划分、悬念设置等。好的节目策划可以凸显新闻的价值，新闻的思想性高，才能产生好的社会效应。电视新闻需要有可视性，说简单点就是要好看、精彩，通过矛盾、悬念的设置让观众看了能记住，并且有好的反馈。同样，做电视新闻需要有好的逻辑性，在展现丰富的素材的同时，观众还能看懂，知道你在说什么，并且能够和你的思想意图产生共鸣。因此，节目策划就显得十分重要。

一、主题思想

主题和选题是两回事，我们在确定选题时，大概就是对其新闻价值的初步判断。但是怎么把新闻的价值最大化，就要有一个适用的主题思想。主题思想的确定一般是在策划环节中去完成的，有了主题可以帮助记者确定新闻深入的方向，甚至会影响记者对镜头的选取、对采访人物的选择和问题方向等。有的新闻主题思想非常明确，选题和主题思想的关联度很高；有的新闻选题覆盖面较广，就需要我们找到契合度最高的主题思想。

前一节提到的《〈南京市国家公祭保障条例〉是怎样炼成的》这个案例，主题思想和选题的关联度就很高，基本不用去寻找，按流程做下来就行。而下面这个案例就需要记者去判断了。2017年山东广播电视台制作的电视新闻消息《海尔：全球家电巨头的小微化转型》，讲述了海尔集团主动颠覆传统组织架构，通过培育小微团队，让每个人都直接面向市场、面对客户，精准对接用户需求，更好满足人民对美好生活的需要。海尔从一个出产品的企业蜕变为出创客的平台，而它孵化出来的小微公司也不断演进，变身为新的平台，形成生生不息、共创共赢的生态圈。这个过程反过来也推动了老牌家电企业海尔华丽转身。这个新闻乍看就是一个关于企业创新发展的报道，如果没有好的主题引导，也许做出来就是一个普通的经济类新闻。但是记者敏锐地捕捉到了我国经济已由高速增长阶段转向高质量发展阶段，传统企业到底如何实现高质量发展这一重大主题，并抓住海尔孵化出来的小微公司雷神科技上市这条线索，深入挖掘，将海尔转型的全过程渐次展现、娓娓道来。显然这样的制作方法将整个新闻事实的立意点烘托了出来，有了这样的主题之后，不管是采访的设置，还是节目方向的把握，都会清晰很多。

当然，在一些大型媒介活动中，也不排除先有主题思想，或者配合主题思想活动的情况。党的十八大以来，以习近平同志为核心的党中央把脱贫攻坚摆在治国理政的突出位置，作出一系列重大决策部署，近年来各大电视台推出了一系列围绕脱贫攻坚主题的新闻报道。

2017年七一前夕，湖南广播电视台新闻中心《湖南新闻联播》栏目组制作了系列节目《为了人民》，栏目组派出八个摄制组，组织近30名记者、摄像，分赴湖南省的脱贫攻坚的主战场武陵山片区和罗霄山片区，与扶贫队员同吃同住，多次往返拍摄，行程近万里，用镜头分别讲述了八位驻村扶贫队长扎根一线、甘于奉献的扶贫故事。这一系列节目就是在脱贫攻坚的主题思想下，把相关的报道组织在一起，《为了人民》分为8个节目，报道方向非常鲜明，展现了扶贫队员们作为共产党人全心全意为人民服务的情怀。应该说正是在这样统一的主题思想下，才制作出了融思想性和艺术性于一体的好作品。

主题思想并不全是宏大的，简单来说，主题思想就是新闻事实体现的基本观点和中心思想。主题思想可以在收集资料的时候获取，也可以在选题确定过程中去摸索，它可以立意很宏大，也可以只是表达作者的某种看法或主张，在现实生活中我们也能看到许多主题思想并不宏大但是很精致的新闻报道，这两者并不冲突。应该说，主题思想在新闻报道中是不可缺失的。

二、结构形式

电视新闻的结构形式就是电视新闻节目形态，如果仅仅是信息的传递，其实不需要太复杂的设计。但是在现代信息环境下，信息表达方式日益增多，简单的信息传递已经不能吸引受众，受众流失将影响媒体的生存，因此构建更吸引观众的话语表达体系，是现代媒体必须面对的挑战。

现代媒体最常用的方法就是"讲故事"，新闻报道故事化已作为一种报道方式被广泛运用，渗透到新闻报道的各个领域。何谓新闻报道故事化？比较公认的定义来自美国普利策新闻奖得主富兰克林："用故事化手法写新闻，就是采用对话、描写、场景设置等，细致入微地展现事件中的情节和细节，突现事件中隐含的能够让人产生兴奋感、富有戏剧性的故事。"故事本身在传播中就有着无可替代的作用，我们每个人有着不同的价值观、不同的生活经历、不同的知识结构，注定对事物的认知和判断会有所不同，因此完全诉诸理性的传播方式在现代多元化、个性化的社会状态下并不能取得比较好的传播效果。故事有趣的地方在于，除了价值观的表达，它对这种价值观的来源做了合理性解释，并且加入了大量的情感表达。比如我们耳熟能详的"狼来了"的故事，核心思想就是做人要诚实，不要骗人。用故事去表达就可以说清楚这个价值观的来龙去脉，为什么要诚实？骗人的下场是什么？故事中农夫们对于放羊娃经常骗人的情感表达也让故事更加容易被接受，因为虽然每个人读的书不同，所处的文化环境也不同，但是都有着一样的七情六欲。这个简单的故事虽然出自《伊索寓言》，但是现在已被全世界的人所接受，这就是故事的魅力。特别是面对国际舆论斗争新形势和国际政治格局新发展，中国要着力强化话语体系建设，在国际舆论场优化中国表达、中国修辞、中国话术，讲好中国故事具有其自身重要的意义。

新闻报道故事化在国外最早出现于美国的《60分钟》栏目，该节目很早就用一集三个故事的方式构建自己的栏目。在我国，早期对于新闻报道故事化的探讨来自纸媒。中央电视台《东方时空》栏目中的纪录片子栏目《生活空间》最先把"讲故事"理念代入新闻报道，从而一改电视新闻在观众心目中单一、刻板、平铺直叙的形象。特别是这类故事往往贴近实际、贴近群众、贴近生活，使新闻不只是报道国家大事。这些片段反映的一般是基层情况，甚至是百姓身边的人与事，可以说新闻故事体现了个体在公共事务中的参与感，播出后取得了较好的社会效果。这之后，用故事化的手法来表现新闻事件和新闻人物的理念在中国得到迅速普及，一大批优秀节目出现，充斥着媒介市场。历经发展，我们也淘汰了一些完全仿照美国模式的节目，现在各类节目对于新闻故事的把控已经日趋成熟。

那么对于新闻故事我们到底要用什么方法去讲述，用什么方法才能让这个故事产生应有的效果，这就需要我们找到适合这个故事的结构。电视新闻不仅要讲故事，还要表达主题思想，有时候还要有情感的升华，所以在策划过程中，结构形式的确定就至关重要。有些记者在这个环节做得不到位，大部分作品就是解说词贴空镜头，当然，有些新闻用这个方法确实更贴切，但是如果都用这种方法去做新闻作品就会使节目简单化、形式化。因此，记者需要掌握一些电视新闻的结构形式，只有这样在面对不同的新闻内容时才能灵活运用。

1. 倒金字塔结构

倒金字塔结构就是把最重要的信息放在消息最前面，把次要内容放在后面，依照材料的重要性依次排列。这种起源于 19 世纪 60 年代美国南北战争时期的新闻报道方式是新闻媒体最常使用的消息报道方式。虽然在现代新闻注重故事化的背景下，倒金字塔结构自身的缺陷使其重要性不断被消解，但是随着网络媒体新闻时效性的不断加强，以及受众碎片化的阅读习惯的建立，倒金字塔结构的新闻在移动终端的新闻媒体时代仍有其重要价值。

四川广播电视台制作的电视新闻消息《驾驶舱玻璃高空脱落 川航客机安全备降成都》就是典型的倒金字塔结构。2018 年 5 月，川航 3U8633 航班飞机因风挡玻璃爆裂脱落而紧急备降，面对这一重大突发事件，记者在获得消息后迅速赶赴机场和医院，持续开展追踪采访。本片在节目的最开头，并没有拖沓的节奏，用最快的速度，配合当时乘客手机拍摄的视频，介绍了事件发生的时间、地点、初步调查情况、乘客的安置情况、伤亡情况等重要内容，然后才转场到了成都市第一人民医院、四川航空股份有限公司总部等地带来了更为详尽的报道。

该消息抓住了大众对此类信息的核心需求，以最快的速度将信息中最受关注的内容报道了出来。虽然结构很简单，但是作品综合运用电话连线采访、飞机照片、航线动画示意图、网站权威消息发布网页画面等多种表现形式，对观众关心、关注的问题进行了及时回应，叙事简洁流畅。

2. 金字塔结构

金字塔结构就是在新闻开始时，从一个小的切口切入，循序渐进地展现出新闻全貌，将事实结果和最重要的材料留到最后才显示出来的消息结构。金字塔结构非常适合新闻故事的展开，是依据事件发展的顺序来制作新闻的，可以很好地保持新闻故事的完整性。同时，在叙述故事的过程中，将新闻的主题思想融入进去，这是一种新闻故事化的常规思路。

兵团广播电视台制作的电视新闻消息《阿卜杜许库尔·果加木尼亚孜：我家脱贫了》，其主题内容是为帮助新疆南疆地区贫困人口脱贫，新疆各级党委和政府、兵地双方采取了诸多积极有效、切实可行的举措。例如当地园区落地援疆企业解决了大批南疆喀什地区、和田地区富余劳动力就业问题，不少贫困户通过在园区企业务工实现了脱贫。本片记者开始并没有进行宏观的讲述，包括政策的实施、领导的重视等都没有。而是深入企业，选取具有代表性的阿卜杜许库尔·果加木尼亚孜作为采访对象，讲述了他和妻子响应政府号召外出务工，由农民转变为产业工人，最终实现脱贫的故事，最终落脚点是元旦假期，夫妻俩回到家乡，第一时间与家人分享脱贫的好消息的场景。在这期间巧妙地把政府、企业在帮助贫困人口脱贫的过程中做的工作举例讲了出来。

记者要知道，大众在接受信息的时候，不仅想看到信息内容，还想知道这个信息到底和自己有什么关系,到底会不会影响到自己的生活。特别是现在的一些政策的颁布,宏观的描述很难引起大众兴趣,反而可以在政策落实的终端找到一个承受者,通过他的体验、他的故事让观众对宏观概念有更深刻的理解,这就是这种结构的意义。比如,案例中的这个新闻作品播出后,在阿卜杜许库尔·果加木尼孜上班的企业、家乡都引起了热烈反响,村里人纷纷表示要向夫妻俩看齐,也要外出务工,依靠勤劳的双手创造幸福美好的生活。案例中的新闻作品对政府的决策起到了很好的解释作用,同时夫妻俩的故事也起到了积极的引领示范作用,该作品产生了良好的社会效果。

3. 倒叙结构

倒叙结构是根据表达的需要把事件的结局或某个最重要、最突出的片段提到片子的最前边,然后再从事件的开头按事情先后发展顺序进行叙述的消息结构。这种方式经常在电影和小说创作中使用,近年来在电视新闻创作中开始越来越多地使用这种叙事结构。倒叙结构和倒金字塔结构不同,倒金字塔结构是把新闻全部重要信息先展现出来,而倒叙结构展现的是某个画面,这个画面并不影响观众对结局的期待,反而可以把观众更快地带入新闻现场。

2015年12月25日,山东平邑玉荣石膏矿发生坍塌,多名矿工被困井下。5天之后,救援组探测到4名被困矿工。由于井下巷道坍塌,专家组决定采取钻孔救人的方法营救被困矿工。2016年1月29日,在被困36天后,4名矿工被成功救出。山东广播电视台记者在现场拍摄记录了整个救援过程,并制作了以《36天生死营救 平邑矿难4名被困矿工成功升井》为题的电视新闻消息。这篇报道的开头并不是按照时间顺序去交代救援的过程,而是一开始就给观众展示4名被困矿工成功升井获救的瞬间,然后才对整个救援过程展开叙述,包括使用的救援方法、救援过程中遇到的技术困难等。这种方法使新闻作品结构富于变化,避免了平铺直叙,同时开篇最具冲击力的几个镜头以最快速度将现场交给了观众，让整个作品更能吸引观众的注意力。

倒叙结构还能给观众带来更多的期待，比如报道一个家庭纠纷事件，先把这场纠纷中最激烈的矛盾画面展现出来，观众会想到底是因为什么使原本和睦的一家人走到了这一步。其实这也是新闻悬念设置的一种方法，能激起观众观看新闻的兴趣和欲望。

4. 复线结构

复线结构是在叙述情节的过程中，安排两条或两条以上的线索，将人物活动、相关情节、各类事件、有关细节贯穿起来，构成一个有机的整体以揭示主题。对于一些新闻专题来说，可能事件本身比较复杂，并且参与人物众多，内容较为丰富，单一的表达方法没有办法将事件很好地展现出来。为了丰富人物性格，深化新闻的主题，我们会安排多条线索齐头并进，互为参照。

《沧江日夜东》是重庆电视台新闻频道专题部为庆祝改革开放40周年打造的新闻专题片。要在内容上反映重庆市在民营经济、民生改善、交通建设和创新发展等领域取得的长足进步，显然按照时间顺序去讲述，用一个专题片的时间量是不够的。本片选取了四个故事，以四个代表重庆城市形象的建筑物为切入点，同时在时间上涵盖了改革开放的早期、中期、近期，串联起了改革开放40周年重庆市的发展和变化。本片采用了四条线分离叙事的方法，从罗中立美术馆到洪崖洞，从解放碑到千厮门大桥，通过人物追逐梦想的生动经历，折射出新中国40年来的社会变迁。

有些新闻专题片还会使用更为复杂的复线结构，就是以几个线索共同展开的方式，配合大量场景穿插叙述故事。比如，一些法制类新闻涉及警方、受害者和嫌疑人三个主体，从案件的发生，到调查，再到侦破，每个时期每个主体在案件中都承担着不同的角色。如果只是按顺序讲述，很难让观众看到事件的全貌，这个时候就需要用复线结构将事件串联起来。在这里要注意的是讲述时要分清主线和副线，结合主题做到主副线明确，比如在一个案件中，我们要突出的主题是展现警方的工作成果和精神面貌，那么警方的办案过程就是主线。如果我们要突出的主题是通过对这种全新犯罪手法的展现达到警示大众的目的，那么嫌疑人的犯罪过程和其心理就是主线。

除了上述几种主要的电视新闻结构形式，随着现代电视新闻内容和平台的多样化，电视新闻作品的结构形式也越来越灵活多样。对电视新闻的结构而言，它们的关系并不是一成不变的，相反，电视新闻的结构应该遵从现阶段与中国国情相符合的中国特色社会主义核心价值观下正确思维的指导，并不断求新求变，从而不断丰富中国电视新闻在结构和语言上的内容。①但是无论使用怎样的结构形式，展现新闻报道的真实性和还原性，体现新闻在重现事实方面的价值是我们的根本目的。同样，各种结构形式没有优劣之分，也没有万能的架构方式，电视新闻记者还要结合新闻内容以及受众需求，去寻求和新闻本身契合度最高的结构形式。

三、层次划分

电视新闻中的层次是指作品思想内容的表现次序，在电视新闻中，记者需要把事物发展的每个阶段切分出来，从而对事物进行完整的展现。新闻和其他文学作品不同，完整的新闻需要展现事件各个不同的矛盾侧面，但是电视新闻有时候又因为拍摄的延迟性，不能完全记录某些现场画面，因此，好的层次划分就显得尤为重要。同时，层次划分是在记者决定选用什么样的结构形式后进行的，因为有些层次划分会比较适合某一类结构形式。电视新闻的层次划分主要是按时间推移、方位变换和时空交错这三种方式布局的。

---

① 张娴. 浅谈电视新闻结构设计的重要性［J］. 大观周刊，2013（5）：123.

时间推移的层次布局是电视新闻中最常用的方式，事件的起因、经过、结果，按照事件的线性逻辑去划分层次。只是在一些时间跨度比较长的事件中，会出现很多的反复、阻碍，这里就需要记者在构思的时候做层次的二级划分，比如在事件经过里出现了多少波折，每一个波折能划分几个小层次。时间推移的层次布局常被用在时间性比较明显的新闻中，但是有的新闻时间性并不明显，它突出的是新闻的主题性或现象性，需要更多的观点表达来进行新闻解读，这时候我们经常会使用方位变换的层次布局，通过对不同地点以及不同人物的描述去刻画同一事实。比如之前我们提到的新闻专题片《沧江日夜东》，就是对四个不同地点的串联，四个不同地点又有四个不同的代表人物，显然在这里每一个地点和人物，以及他们所代表的时间都是一个层次划分，这种方位变换的层次布局是在做复线结构的电视新闻时常用的手段。

时空交错的层次布局则是在保持新闻的连续性的前提下，对事件发生的时间和空间进行重构的过程。这种方法既可以把同一时间、不同地点发生的事情串联在一起，也可以把同一地点、不同时间发生的事情串联在一起，也可以更复杂。现代电视新闻面临的一大问题就是没有现场的第一手视频资料，第一手视频资料很多都是现场网友拍摄的。虽然互联网为记者获取信息提供了极大的方便，但是如何利用这些信息，如何将非专业的网络视频和专业的媒体资源有效结合成了关键。

辽宁广播电视台制作的电视消息《"与死神赛跑"的120秒》，就是以时空交错为层次去设计的报道。2018年7月19日下午，在家属的陪同下，乘坐D11次列车的81岁乘客崔永龙从锦州南站一站台下车，下车后不久，老人便突发疾病倒地不起，出现休克。听到车站急需医护人员的广播后，正准备上车的丁慧立即折返奔向老人，通过观察发现老人已无呼吸，于是跪在地上为老人进行人工呼吸和心肺复苏。经过四组心肺复苏，老人逐渐恢复了心跳和呼吸，丁慧跪地救人的暖心事迹瞬间刷爆了网络。一时间,"最美大学生"刷爆微信朋友圈及微博。在这则报道中,辽宁广播电视台新闻节目中心第一时间将网络视频进行编辑处理,采用双线索的叙事结构推进故事。第一条是以当时网络视频为主要内容的时间线索,从救人大学生丁慧出现开始,到老人身体慢慢恢复。这条线的任务是推动情节发展。第二条是以对丁慧进行事后采访为主的心理线索,让救人大学生丁慧讲述当时在营救的关键时间节点上的感受和她所观察到的老人的恢复情况。这样的层次处理很好地把两个时空的内容联系在了一起,让观众在切身经历了一次扣人心弦的援救过程的同时,对事件当中的人物、细节也更为了解。这则新闻为我们提供了很好的范例,时空的交错不仅没有让新闻混乱,反而给观众带来了多元的信息解读。

这里提及的三种方式只是最基本的层次划分方法,在一些复杂的大型新闻专题节目中,层次的划分会更加细致。比如,一则反映大型诈骗犯罪团伙的新闻,从新闻的整体结构上我们可能会将它分为三个部分。第一个部分属于现象,就是要结合受害者去介绍这件事情的始末,这个部分我们用时间推移去做布局,这样可以把事件交代得更清楚。第二个部分属于解密,结合警方的调查去报道犯罪团伙的犯罪手法、动机、利益链条等。这个部分比较复杂,运用时空交错的方式布局可以将这些散乱的内容串联起来。第三个部分可以做一个反思,反思事件关涉的各个群体的观点展现,这里利用方位变换就可以实现在群体间的切换。总之,好的层次划分有利于记者的叙事,也有利于观众对作品的理解。

电视新闻中层次之间的转换过渡也非常重要,清晰的转场能够让观众分清楚段落与层次,进而理解新闻的内容与含义。关于电视新闻的转场,记者可以汲取一些影视艺术作品的经验,比如用蒙太奇剪辑,也可以使用一些技巧转场,比如淡入淡出、叠化、划像以及3D转场等。这种技术用得好可以给电视新闻增色不少,但是在没有把握的情况下还是建议通过添加演播室的过场解说的方式去处理,这样会更直观一些,也不影响对电视新闻的报道。

四、悬念设置

悬念是小说、戏剧、影视等艺术作品中的一种重要创作手法，是吸引观众眼球的重要艺术手段。悬念这个概念源于文学中的叙事方法，但文学中的悬念与广播电视中的悬念在表达方式和呈现机制上都存在着较大的差异。从新闻传播学的规律来看，大部分受众普遍都有"猎奇"心理。因此，看到一个带有"悬念"感的内容时，会极大地吸引受众继续观看。给新闻设置悬念是媒体经常采用的写作手法，在保证新闻真实的前提下，媒体人如果能够针对新闻素材有效进行悬念设置，将对信息传播有良好的促进作用。

电视新闻的悬念设置可以体现在三个环节，标题、导语和正片。对于标题，主要是突出亮点，就是把此次报道内容最吸睛的部分放在突出的标题位置，让受众直接接触到最关心、最关注的信息。比如贵州省黔南广播电视台制作的新闻评论节目《"半吨"重的工资》，讲的就是求助者成朝莲在讨薪过程中遇到的一系列问题，包括用人单位对务工人员的为难，银行对普通储户求助的推搪，甚至管理部门将群众诉求转达之后，依然有人认为这是在"找事儿"。标题中就提到了工资，将事件核心摆了出来，但是并没有谈及事实，而是在工资之前加上了"半吨"这样的修饰词。"半吨"这个词确实指代了成朝莲收到的工资都是硬币这样的事实，同时，这个词也代指这件事的艰难。

通过导语设置悬念也是电视新闻常用的手法，主要方式就是找到新闻当中最重要的内容进行详细描述或者隐去。比如，有这样一条导语："机器声轰鸣，吆喝声不断，其中还夹杂着几声哭喊，昨晚11点左右，在邹平市高新街道小果村附近，近百人聚集在这里，让我们去了解一下到底发生了什么事情。"事实是一位八十多岁的老人不慎掉入了村头的枯井中，消防人员和村民们在合力营救老人，最终老人被成功救出，只是受了点轻伤。在导语设计中，几句话就勾勒出一幅让人紧张又疑惑的画面，详细描述了当时的场景，但是又没有透露关键信息，引起了观众的好奇心，让观众迫不及待地想了解后面到底发生了什么。

正片当中的悬念分为两种，一种来自新闻本身。有的新闻，特别是一些法制新闻，本身内容就比较有戏剧性，矛盾冲突比较多，不用过多的设计就可以做出非常吸引观众的报道。另一种需要记者根据内容进行设置。大多数的事件其实没有那么多矛盾冲突，记者需要对内容结构进行重置，在一个个细节当中，用心用脑去找到其中的联系，进行一些悬念的设置。比如在我们前面谈到的电视新闻结构形式中，倒叙结构就是比较好的悬念设计方式。

第三节　采访提纲设计

采访提纲的设计是节目策划的最后一个环节，我们的采访目的、采访要求、采访步骤、采访方法都是和片子的主题思想、结构形式等环环相扣的。所以，当前期工作完成之后，这个环节主要就是结合前期工作设定记者要问的问题。每一种电视新闻表达方式都有自己的问题设计方向以及提问重点，在后续章节中将进一步探讨，这里我们主要讨论的是问题设计的总体原则和基本方法。

一、问题设计的总体原则

美国学者杰克·海敦在《怎样当好新闻记者》一书中指出："大约有99%的新闻是部分或全部以访问——也就是向人提问——为基础写成的。"提问是记者必备的基本功，也是记者不可或缺的能力。怎样设计出一个好的采访提纲是很多初学者头疼的问题，好问题的提出除了需要记者对被访者足够了解、对背景资料非常熟悉，还需要被访者配合。就算再了解被访者，如果对方不愿意说，或者说不到点子上，记者也无能为力。为了建立良好的交流渠道，我们还要对问题设计的总体原则有所了解。

电视采访作为一种目的性很强的人际交流方式，其问题设计的最终目的是在采访过程中通过相互沟通，获得答案。问题设计的总体原则是以被访人物为主，简单来说就是记者要知道自己的被访者是谁。很多年轻记者在提问时，问题方向并没有错，问的问题也没有不合时宜，但就是差点意思，被访者提不起兴趣，观众也没有沉浸感。为什么会发生这种情况？其实就是没有将问题和被访者相关联。我们试想，如果记者问的问题没有针对被访者，是一个谁都可以回答的问题，那么得到的答案注定不会令人印象深刻。杨澜在采访中国杂交水稻之父袁隆平时，问了这样一个问题："我想可能就是像您这一代人，年轻的时候都经过三年自然灾害，饿肚子的那段时期，那段时期对您从事水稻方面的研究是不是产生了很大的影响呢？"看似烦琐的问题，其实从本质来看就是问被访者"是什么影响了你从事水稻方面的研究？"后者看起来明显更简洁、高效，但这个问题就变得极为普通，也就是拿这个问题问任何从事水稻方面研究的专家都可以。在谁都可以回答的情况下，这个问题就缺少了针对性和独特性，不能凸显袁隆平的身份，不利于被访者叙述时带出自己的故事。正是因为杨澜选择了前者那样的提问方式，才得到了袁隆平如下的回答。

是。其中有一个因素，就是在这三年困难时期，粮食特别紧张，粮食没有了，什么事情都干不成，我又是学农的，搞水稻的，有一次见到个农民从很远的地方去换"谷种"，湖南话讲就是"调种子"，跑到一个山区去"调种子"。我就问："你为什么跑这么远去调种子？"他说，种子好，就可以提高产量，肥料、劳力等其他投入都是一样的，就是把种子调一下,它就能够增产,所以给我很深的印象。我是学农的,我也是搞遗传的,我就应该在改良品种上面做点贡献。[1]

这段回答非常生动,带出了袁隆平自己在三年困难时期的亲身经历、他自己的所感所想,观众也进一步理解了为什么研究种子才是当时提高农产量的出路,而不是种植技术或者其他。这是被访者结合自身经历才能给出的唯一答案,而不是一些空话套话。很多记者虽然对被访者的背调做得很充足,材料也很丰富,但是一问问题就是大白话,完全没有将资料和问题相结合。因此,好的问题一定要基于被访者本身,脱离了被访者的问题都是苍白的。当然,在实操过程中,并不是每一个问题都要用这样的方式去构建,记者会用不同的提问技巧去丰富问题的层次,但是这种问题组织思维是记者提问的基础。以上谈到的是问题设计中的共性规律,关于问题设计还有一些需要注意的地方,以下几个方面可以作为问题设计的总体指导。

第一,记者的提问要紧扣采访需要。无论是什么样的采访类型,都要依据采访需要、观众需要去设计问题。当然,记者也要根据主题表达的需要设计一些与此相关的问题,以使采访内容更加丰富,满足受众对信息的不同需要。在人物专访中我们还能看到为了获取人物性格的漫谈式采访,这种采访初期看似没有什么目的性,但是最终总会有一个落脚点让记者去体现采访的价值意义。可见,不管什么样的采访,记者都必须头脑清楚,知道从被访者口中需要得到哪些信息,才能阐明所报道的主题。记者在采访过程中肯定有前期铺垫,要明白这些铺垫都是为最重要的问题做准备的,不只是为了拉近和被访者的关系那么简单,不能问到哪算哪。

第二,记者的提问要准确地传递给被访者。这就要求采访问题的设定

---

[1] 杨澜. 渴望生活[M]. 北京:现代出版社,1999:121.

要明确、具体，不能含糊不清。要让被访者知道你想要什么样的答案，而不是让被访者猜测我是不是该说这方面的内容。这样就算记者得到了答案可能也不是自己想要的，从而导致采访失败。比如，某个地方发布了新政策，记者想去了解情况，上来就问领导"请您谈谈对新政策的看法"，这个问题就显得特别模糊，被访者不好回答，到底什么看法？从哪个方面说起呢？这就需要记者在对政策有所了解的基础上进行有针对性的提问，我们要明白各部门相关负责人员对政策的理解也是有针对性的。我们可以问"新政策与原先的政策对比改进在哪里？之后落实的过程中有没有什么具体的配套措施？我注意到其中一点，是……，那么我们专门提出这一点的具体原因是什么？"，这样设计的问题就很清楚明白了，采访对象也比较好回答，可以跟随记者的思路，递进思考进行回答。

第三，记者提出的问题要考虑观众的接受度。关于接受度有两个层面的要求，第一个层面，就是要求采访问题的设定要简洁明了、通俗易懂，最好不要用过于深奥晦涩的语句表达，毕竟大众传播是要做给大众看的，要满足社会中大部分人的信息接收程度。电视采访与文字媒体采访不同，文字新闻的呈现是基于材料的二次创作，记者的采访过程很少会在文字中呈现出来。电视新闻由于一些节目的需要，会把大量的资料获取过程呈现在镜头前，采访也是其中一部分，特别是人物专访就是以双方面对面交流为主的新闻表达方式，记者怎么问的，问了什么也会出现在电视上。这里就要求记者的提问不仅被访者能听懂，观众也可以听懂，所以语言尽量简洁是非常重要的。

第二个层面，就是记者要清楚我们的观众是谁，精准定位。在这个大众传播转向小众传播的时代，有些做精准信息服务的媒体其实并不排斥记者专业化的采访，这些媒体的关注者大部分是对此类信息有兴趣和需求的群体，他们需要的就是更加有深度、有特色的内容，专业化的采访恰好能满足这部分受众的需求。这就要求记者可以用一些专业化的语言和被访者进行深入探讨，但也要掌握专业化的尺度。

有时在做大众话题的时候，记者会遇到采访内容比较专业，或者事件对记者和被访者来说比较熟悉，但对观众来说有陌生感的情况。为了更好地维持交流的气氛，不至于让被访者觉得记者啰唆或者业余，这时候记者必须用一些比较专业或者更加简略的语言去提问。作为辅助措施，此时电视新闻可以通过一些多媒体手段去补足因为信息不足而给观众带来困惑的缺陷，但太多的插入内容会把采访切得支离破碎，所以除非必要情况，还是要考虑到受众的接受度。

二、问题设计的基本方法

在谈这个问题之前，我们首先要了解记者在采访过程中要获取什么。记者在日常采访中，接触最多的就是信息采访、观点采访、个性采访这三种类型的采访。

信息采访主要针对具体发生的事件，被访者主要是新闻当事人、目击者，他们是对事件最有发言权的群体，这种采访的主要目的是对新闻事件进行进一步了解，并获取与新闻相关的信息。电视新闻中的信息采访大多是在一定的现场环境下进行的，所以和现场事件的发展贴合度较高，记者只有熟悉事件的发展状态，才能有合适的问题设计。针对这种情况，美国内华达大学新闻学教授拉鲁·吉尔兰德设计了一个辅助采访问题设计的公式"GOSS"。这个名称是取了四个英文单词首字母拼接而成的，其中，G 代表目的（Goal）、O 代表障碍（Obstacle）、第一个 S 代表解决方法（Solution）、第二个 S 代表开端（Start）。吉尔兰德教授认为，任何人或他所处的组织有所行动，是要达到一定目的或者取得某个结果。在行动的过程中，又总避免不了遇到一些困难和挫折，这就需要找到克服这些困难和挫折的方法。问题解决了，目的也就达到了，事情自然有了结果。但是，这个目的总是由某一个人或一群人出于某种想法最先提出来的。搞清楚了这些问题，记者的采访任务也就完成了。

因此，吉尔兰德教授把新闻采访中的提问分为目的、障碍、解决方法和开端这四个组成部分，基于它们之间的相互联系，记者在采访过程中围绕这四个部分依次提问，就可以在较短时间内采访到足够多的适用素材。比如，记者要采访关于城市道路建设的问题，大概就可以按照以下逻辑去提问：

目的：这次城市道路建设要解决什么问题？建设完毕后会给市民带来哪些便利？

障碍：我们在道路建设中遇到了什么困难？目前最大的阻力是什么？

解决方法：我们是否有解决这一问题的计划？现在有没有应对方案？

开端：这个计划当初是怎么构想的？现在看还有什么需要完善的地方？

这个公式的运用需要在就事论事的基础上，所以非常适合帮助记者进行信息采访的问题设计。同时，如果是突发性事件，记者事先没有任何准备，这个公式也能帮助记者迅速建立事物的逻辑关联，避免采访的时候问不出问题。但是要注意，这个公式只是年轻记者从事新闻采访的入门工具，是一个辅助公式。新闻现场中大量的问题还是要依靠记者根据所掌握的材料去设计，如果盲目使用公式，也许采访不会出错，但是注定也不会太精彩。

观点采访主要是获取被访者对于某一事物的态度、看法。被访者主要是一些社会代表、与事件相关的专家，他们对于事物有比较客观的认知或深入的了解，这种采访的主要目的是引发观众对社会现象的多重观点和对新闻事件的印证。对于观点采访问题设计的基本方法我们可以借鉴吉尔兰德教授的分析模式。从事物发展本身的规律看，任何事物或者现象的出现，都会在社会中折射成为具体的事实，记者要先找到事实的切入点，这就是现象引起的表象。通过这个表象我们能看到这种现象给社会带来了什么，引起了什么，这就是现象的延展。那么这个延展到底是什么引起的，有没有什么深层次的原因？它的未来发展趋势如何？这几点就是一个社会现象发展的基本过程，总结起来就是表象、延展、原因、发展这四个组成部分，同样记者在采访过程中围绕这四个部分依次提问，就可以获得被访者对事物的大致观点。比如记者要采访一个网络文化现象的兴起，大概就可以按照以下逻辑去提问。

表象：最近我们经常从网上看到……，您关注过这件事吗？这里面还有什么细节是我们不知道的吗？

延展：我们看到关于这件事的很多说法，比如……，那么您怎么看？您持什么样的态度呢？

原因：这种现象的产生有什么深层次的原因吗？我们应该怎么解读它呢？

发展：您怎么看这种文化现象的未来发展走向？它会不会成为一种普遍趋势呢？我们是否应该提倡这种文化的发展？

与具体的事件不同，社会现象的复杂程度更高，所以针对具体的现象需要有不同的问题设计方法。比如有的文化现象在社会中展现出非常明显的具体形态，或者形态非常多样化，那么我们在设计问题时就要在这个层面做更多的延伸。有的文化现象属于亚文化，是一个局部的文化现象，可能目前在社会上没有什么延展性，那么问题设计的重点就应该放在其产生原因和未来发展上。

个性采访主要是针对一些人物的内心状态进行的挖掘。被访者主要是一些社会名流、明星艺人，他们在社会上有比较高的关注度，采访的主要目的就是展现被访者最真实的一面。个性采访主要出现在人物专访当中，这其实是一个人际关系快速建立的过程，和通常建立人际关系不同，记者需要在有限的事件里获取对方信任，从而引出有价值的话题。对于个性采访问题设计的基本方法，我们可以先看一下人际关系的建立与发展过程。奥尔特曼和泰勒认为，良好的人际关系的建立和发展，从交往由浅入深的角度来看，一般需要经过定向、情感探索、感情交流和稳定交往等四个阶段，这四个阶段放在采访的语境中有不同的解释。

定向阶段就是交往的选择阶段，在通常情况下，只有那些具有某种会激起我们兴趣的特征的人，才会引起我们的特别注意。所以记者一定要知道被访者的哪些特质是会引起自己和大众兴趣的，这是交往的基础，也是记者要做的前期工作。情感探索阶段需要彼此探索双方在哪些方面可以建立真实的情感联系，而不是仅仅停留在一般的正式交往模式。在采访的语境中，这个阶段更多处于一种互相判断的过程中，被访者会判断记者够不够专业，能不能把我的话很好地表达出来，记者也会判断被访者好不好交流，用什么语气、态度去交流会更好。这是营造双方信任感的过程，记者在这个过程中能做的就是通过最初的一些问题铺垫，或者从被访者的一些亲身经历入手去设计问题，给被访者留下"我很了解你"的印象，快速建立双方的情感联系。待双方的人际关系安全感确立，就进入了感情交流阶段，谈话内容也开始广泛涉及被访者的多个方面，并有较深的情感卷入。这时候记者的问题就不能只针对表象，而是要去寻找这些表象和被访者内心之间的深层次联系，或者去寻求被访者与他人、与社会之间的情感关联。等最后到了稳定交往阶段，人们心理上的相容性会进一步增加，可以允许对方进入自己高度私密性的个人领域。在采访的语境下，很少有人建立这一情感层次的关系，甚至在真正的人际交往中都很难达到，所以依靠前三个阶段的交往关系，其实就可以完成采访任务了。

纵观整个过程，可以把个性采访问题设计的基本方法理解为一种由远及近的递进，或者由表及里的深入过程。情感的增进是循序渐进的，我们每个人了解他人其实也需要经过这样一个情感建立的过程。因此，这样的问题设计结构既符合记者和被访者之间的交流意愿，也符合观众的收视习惯。

结合之前谈到的三种类型的采访，我们能看到不管是信息采访、观点采访还是个性采访，在设计问题时不可避免的是对逻辑顺序的梳理。采访问题的整体设计一定要有逻辑性，不管是根据时间关系做线性提问，还是根据情感关系做纵向提问，采访问题之间必须是有联系的。总体来说，就是记者要有提问思路，不能漫无目的，这样观众才能看懂，被访者也乐于接受采访，最终保证采访的质量。如果遇到这三种类型都会涉及的采访，就要求记者确定一个明确方向，或者有一个重点方向。比如记者做的是信息采访，但是被访者在谈信息的时候总是会结合自己的观点去诉说，这时候就需要记者准确分辨哪些是信息，哪些是观点。如果将三者杂糅在一起，最后的采访效果肯定是不好的，什么都想谈，什么都没有谈透彻。

第四节　问题设计的技巧

遵从采访的逻辑性是问题设计的基本要求。逻辑性能使记者的采访更加顺畅，但是采访是否精彩，则取决于记者对问题技巧的运用。每个人都是不同的，他们有不同的社会背景、文化程度、人生履历，所以注定了同一个问题问不同的人会有不同的效果。就算是同一个人回答同一个问题，心境不同、状态不同，做出的回答也可能不同。记者只有掌握多种多样的提问技巧，灵活运用，才能接近被访者的内心世界，获得较好的采访效果。

一、问题类型

用什么类型的问题提问，是记者在问题设计时首先需要面对的。问题的类型分为开放式问题和闭合式问题，其实在一般的人际交流中，人们也使用这两类问题交流。只不过人际交流比较随便，问题问不清楚可以做更多的说明，所以不会去严格区分。但是在采访的语境中就不一样了，开放式问题和闭合式问题是有其特殊作用的。

开放式提问就是一种比较概括、抽象、范围限制不是很明确的提问方式，给对方以充分的自由发挥的余地。常用的提问词语包括"为什么""怎么样""如何"等，被访者可以从很多方面去回答问题，这种问题有助于记者搜集情况、开拓话题。在话题需要转换的时候，开放式提问也可以帮助记者自如地转入其他话题。另外，当采访气氛比较紧张、话题不易继续下去的时候，开放式提问也可以缓解记者或采访对象的压力。

一般开放式问题都比较简单，记者也容易组织语言。但是只提开放式问题是记者水平较低的表现，因为这种问题回答起来比较自由，被访者可以选择一种避重就轻的方式回答问题，记者经常在这种回答里找不到谈话的突破口，所以很难形成一些深刻的答案，整个采访显得平淡无奇，不够精彩。

闭合式提问是一种指向性强的提问方式，给予被访者的回答空间较小，要求被访者表达自己的明确态度。常用的提问词语包括"是……还是……""……是否……""……或者……"等，被访者必须在选择的过程中做出具体的回答。回答方式可以简单到只需点头或摇头，但是加上表态过后的解释性语言，就非常容易从对方的回答中得到实质性材料。在新闻实践中闭合式提问会被记者大量采用，特别是深入采访往往都是靠闭合式提问来完成的。使用闭合式提问的优点是记者可以更加接近自己想要的答案，看起来有些问题用开放式提问也能问，但是范围一旦扩大，被访者的回答是不是记者所需要的就很难控制了，可能需要通过更多的追问才能明确主题。

记者提闭合式问题比较吃力，需要花费较多的精力。因为闭合式问题不是泛泛而谈，需要"小中见大"，问题中有一个已知的切入点，并且这个切入点是记者精心选择的。因此,记者必须事先掌握大量材料,花大力气熟悉情况,反复思考,进行综合分析,才能把问题提炼出来。同时,被访者在回答这类问题时,基本上有明确的方向,比抽象、分散的问题回答起来容易得多。但要答得好,往往需要一番思量,因为有些闭合式问题相当尖锐,甚至其中充满陷阱,仅仅表态可能很难抉择,想回答好更不容易。记者问题设计得不好,还容易造成比较严肃、紧张的交流气氛。

一般来说,采访是开放式提问和闭合式提问的结合,记者要清楚什么时候用什么样的问题效果最好。比如,我们可以用开放式问题去做采访的开场,以减轻采访对象的紧张感。当没有话题的时候我们也可以用开放式问题寻找话题和线索,一旦找到,再用闭合式的问题去深入话题。采访中记者要对两类问题做好区分,不能像普通人际交流般想当然、随便问,如果问出模棱两可的问题,会给被访者造成困惑。总体来说,想要接近事件的核心本质,闭合式问题所占的比重应超过开放式问题。

二、提问技巧

在人际交往中,我们都有这样的经验,出于各种因素,有的问题不是直接问出来就好。为了让被访者可以对问题有更深刻的理解,或者更好地接受采访,我们经常会对问题做一些处理。在采访中,这个处理就是对采访技巧的运用。真正的采访过程追求顺畅,问答速度很快,记者的注意力可能会更多地集中在被访者的回答和追问上,那些巧妙的提问,大多是需要记者在采访大纲中准备的。

在新闻采访中如何把握好提问技巧,是做好新闻采访工作的重要基础。首先,好的提问技巧可以让问题更精确化,就算是闭合式的问题有时候也会很模糊,技巧的运用既可以给问题圈定更加确切的范围,也可以放出小的切口让被访者朝着记者需要的方向去回答问题。其次,好的提问技巧可以达到包装问题的目的，全是直来直去的提问会让观众和被访者厌烦，问题的美感和艺术性也是记者应该考虑的。最后，一次高水平的采访，不仅能体现出记者的水准，也能展现记者的个性和魅力。特别是在电视专访中，观众看到的不仅仅是被访者，他们同样也在对记者做着评判。在镜头和话语不多的情况下，记者就是靠提问来展现自己的人格魅力，如果记者的提问足够精彩，他就会成为一个受人敬重的记者。他的采访会受到大众欢迎，他的新闻报道也会被大众信赖。因此，对提问技巧的掌握是新闻从业者应不断探讨提高的重要方面，以下这些技巧就是国内外记者对采访实践经验的总结。

1. 正面提问

正面提问即从正面直接提问，直截了当地讲明采访目的，开门见山地提出问题。直奔主题，无须拐弯抹角。在采访中，特别是一些海采中，其问题大多是由正面提问组成的。

2017年10月，中央电视台做了《时间去哪儿了》特别节目，在其中一期节目中记者设计了两个主要问题，一是"这几年，你的时间过得快吗？"，二是"你身边的变化大吗？"。记者直接用这两个问题问不同的人群，包括农民、商户、儿童等。通过不同人的回答形成对比，反映了近年来人们生活的变化以及社会各方面的进步。正面提问要求记者对于事物有一个很好的判断能力，只要问出来就一定是最核心、最关键、最能触及事物本质的问题。在海采中，记者要面对不同的群体，要让每个群体在听到问题后都知道记者要获得什么，因此有时候提问越直接越好。

在电视专访中，正面提问一般是和其他提问技巧配合使用的，并且更多地是起到辅助的作用。电视专访中的提问是一门艺术，艺术就要注意艺术表现。电视专访和平面媒体专访最大的不同就在于在电视中我们是可以看到、听到记者的问题的，而在平面媒体中由于新闻写作的需要，这一部分往往会被忽略，只展现被访者的观点。因此在电视专访中，除了要问到需要的重点信息，还要考虑节目是否好看，其中有一部分就在于记者的提问是否精彩。当一个好的问题出现时，观众也会在电视机前拍案叫绝，同时也会引起观众对节目、事件以及人物的兴趣。

同时，采访作为一种人际交流，除了提问、传递信息，我们还要感知信息、反馈信息，这样才能建立一个有效的交流场景。在一个专访当中如果充斥着大量的正面提问，那么就会让观众感觉很生硬，甚至让被访者有种被拷问的感觉。因此在电视专访的提问设计中一定要注意对技巧的运用，通过这些技巧更好地铺垫、反馈、穿插，从而达到理想的采访效果。

2. 侧面提问

在所有教科书中都谈到过一个问题，到底怎么开始采访？基本统一的答案是循序渐进，从最简单的问题开始。因为被访者在刚开始面对镜头的时候往往会有紧张感，这种紧张感是普遍存在的，除了那些经常接受采访的人，大多数人都会有这种感觉。所以在采访初期最好问一些对被访者来说比较简单的问题，这样的问题回答起来没有什么压力，可以很好地帮助被访者进入采访状态。还有一个原因就是在专访中，记者和被访者的关系是偏向对立的，记者是一个探寻者、挖掘者，被访者更多处于被动防御的状态。在采访初期多提一些简单的问题可以掩盖这种对立的关系，消除了这种对立感，才可以建立下一步谈话的基础。

这种简单的问题到底应该问什么呢？特别是在一些重要人物的专访当中我们常常陷入这样的矛盾，第一个提问太简单会显得记者没有做好充分准备，甚至会让被访者认为记者很业余。第一个提问太专业不利于被访者进入采访状态，也不利于营造一个理想的谈话环境。在这个时候，侧面提问就体现出了它的价值。侧面提问就是从侧面入手，通过聊天攀谈的方式稍做迂回，然后逐步将谈话引入正题。侧面提问大多用在采访的前期，帮助采访对象消除紧张感，或者在采访对象有所顾虑，一时不知该怎么进行谈话的情况下使用。因此在这种情况下，侧面提问的内容应该是采访对象比较熟悉的、感兴趣的，甚至是最简单、最平常的，对方几乎不需要思考，张口即答。这样的内容包括被访者自己的一些经历、曾经表达过的观点等，通过对经历和观点的求证，双方就能建立进一步交谈的基础，然后逐渐将谈话引入正题。

比如，在2024年6月《高端访谈》节目中专访世界银行行长彭安杰时有着这样的对话。

邹韵：彭安杰行长，感谢您接受《高端访谈》的采访。

彭安杰：谢谢邀请我，很高兴接受你们的采访。

邹韵：您此次来中国是参加中国发展高层论坛，此次论坛中国政府高层领导、全球商界领袖以及像您这样的国际组织代表会聚一堂，探讨世界和中国发展中一些最紧迫的议题。您最关心哪些问题呢？

彭安杰：这是我时隔两三年再次访华，我以前经常参加中国发展高层论坛。我认为该论坛是私营部门与中国政府及其政策展开互动的一种方式，讨论中国新的发展理念和目标。中国一段时间以来采取了一种特定的增长模式，并且成效显著。我认为我首先关心的是将来会怎样。第二个我关注的议题是绿色发展，如何在注重环保的同时实现经济增长。这是我关注的两个议题。

在这段对话中，记者并没有就具体的焦点问题直接发问，而是从大议题出发采用了迂回式的发问，给了被访者充足的选择。被访者可以把自己最熟悉的议题作为出发点去回答，也可以把自己感兴趣的议题作为出发点去回答，给予了被访者充分的选择。

在专访过程中记者还要面对另一种情况，就是话题的转移。除了对具体某一事件的采访，我们在人物专访中不可能一个话题从头至尾，观众需要了解一个人物的方方面面，所以话题的转移是必须的。那么如何开启一个新的话题，也是记者在采访中要非常注意的技巧。话题转移不能太突然，观众可能会跟不上采访的思路，所以很多节目在切换话题的过程中会用"解说词+事件画面"的形式给予观众一些交代。但是在和被访者的交流过程中我们没有这样的方法，要让被访者感到自然、舒服、不突兀，侧面提问也是一个非常好的处理方式。在这里我们可以用一些其他人对被访者的评价，或者从其他途径获得一些有关被访者的信息来做话题转移。比如，《鲁健访谈》的记者鲁健在采访著名影视剧演员游本昌老先生时，就问了这样的问题。

鲁健： 您年轻的时候没有过那种名利之心吗？尤其是《济公》大火的时候，可能很多演员去走穴、出书、拍广告、商业演出。您那时卖掉房子，然后去排弘一大师的故事，亏着钱排。

游本昌： 值啊！钱是干吗的？钱是你的目的吗？站在钱上头是财主，跪在钱底下是财奴。钱是手段，要做明白人，中国的传统文化，中国的哲学传统就是让我们明白，所以明白的时候，你的信仰就正确了。

在这里记者通过被访者曾经做过的事情设计了一个问题，在这个问题之前，两人的话题一直聚焦于对游本昌老先生出演的电视剧角色的探讨，这个问题很好地把话题转移到了游本昌本人的价值观上，既达到了转移话题的采访目的，也通过这个问题让观众看到了游本昌老先生对于财富的理解。在这里我们要注意的是，我们所探寻的并不是被访者到底做了什么，而是他为什么要这么做，在做这件事的过程中他的想法、观点以及理念。

侧面提问还有其他的一些妙用，比如一些敏感话题，记者不好单刀直入地去问，通过旁敲侧击的方式问出来会有比较好的效果。比如，2009年《可凡倾听》记者在采访台湾作家李敖的时候就问了这样一个问题：

记者：那您特立独行的这种人格特质，不仅反映在为人为文。其实你在爱情上也是这样，你是不是在爱情方面也是比较充满浪漫的人？

李敖的爱情和他的文学一样出名，其中和著名影星胡因梦的一段四个月的婚姻最为出名，在整个过程中由爱人到仇人，再到后来的对簿公堂是旁人所看不懂的。在采访前记者很难确定被访者对这个话题的态度，直接去问，被访者万一很反感甚至有可能破坏整个采访的气氛，使得采访难以继续下去。所以记者用了这样一种提问方式，李敖在之后的回答过程中也自然地谈到了他和胡因梦之间的一些事情以及他对于爱情的看法。其实这种问题也是给被访者一条退路，不想说什么可以不说，虽然记者可能没有得到想要的答案，但是对于整个电视采访流程来说是有帮助的。

在专访过程中还会面对这样的情况，有些问题是社会热点、是观众所关心的，观众希望从被访者口中听到他对这件事情的看法，但是这些问题却不在这次采访的主题之内，那么记者该怎么办？这个时候也可以采用侧面提问的方式，在采访的最后借助观众之口问出来，比如"有些网友向您提出这样的问题……""您的支持者很关心……"。用这样的方式能够自然地将不在采访主题之内的问题问出来，并且也不会引起被访者反感。

3. 追问

追问是采访中一种常用的提问方法，是记者根据被访者的现场回答做出的即兴提问。追问非常考验记者的临场应变能力，其目的在于获取事件更多的细节，尤其适用于质疑、求证的过程当中。比如，有时候被访者会给出一些态度模糊的信息，被访者没有对事物进行明确的判断或评价，如这件事是对或错，这样的结果是好还是坏。

有时候被访者会答非所问，这可能是主持人提问题的方法不正确造成的，或者是被访者没有理解问题或理解发生了偏差，这类信息可以通过追问来解决。比如，2012年《高端访谈》的记者在采访斯里兰卡驻华大使兰杰特·乌杨高达时就遇到了类似情况：

记者： 斯里兰卡将采取怎样的措施来吸引更多中国游客？

大使： 斯里兰卡这个国家本身风景秀丽，也因此得名"印度洋上的明珠"，地理位置很适合中国这样的国家的游客前往旅游，搭乘直航仅需七至八小时即可到达。我们和北京之间开通了每日直航，上海与科伦坡之间有四条直飞航线，广州与科伦坡之间也有四条直飞航线，因此直飞航线总数达近二十条。

被访者没有回答斯里兰卡将要采取的措施方面的问题，只是讲到了去斯里兰卡的方便快捷，显然跑题了。所以追问在特定的采访环境中是必须使用的，它可以帮助我们完善那些缺失的信息，大部分情况下只要做到这一点就可以。因此有的记者会说追问要适可而止，过多的追问会引起被访者的抵触情绪。诚然过多的追问会让被访者有疑虑，甚至会产生不被信任的感觉。但是在新闻实践中我们发现大段的追问其实也能起到很好的效果，至于具体的用法还是要根据现场的情况、被访者的情绪或者所选的主题由记者自行判断。比如，《鲁健访谈》的记者鲁健在采访著名钢琴家郎朗的时候就用了大量的追问。

鲁健： 少年成名，整个人生历程除了父亲对你的严苛，我觉得你最大的挫折，可能也就是9岁的时候，那个老师，你说的"发脾气老师"对你的否定。我觉得，最大的挫折也就那一次了，然后你说几个月我就不想弹琴了。你觉得你的人生有挫败吗？

郎朗： 实际有很多挫败的时候，只是自己心里难受自己知道。

鲁健： 能想起来吗？

郎朗：我在每个阶段有时候都有这些问题。比如说，在十几岁的时候，就没音乐会，怎么都没有，也没人想要我。然后想演奏他们都会说"你太年轻了，后边儿站着去"。在我人生中，比如说第一次在一些重点的城市演奏的时候，遇到了一些特别大的问题，所以就是那个时候也很痛苦，我觉得可能克服不过去了，可能以后这个国家也来不了了，就觉得不受欢迎，这种弹法或者什么都有。

鲁健：这在我们听来，觉得都不算特别大的挫败。

郎朗：这几乎就是，他如果上来没有承认你的话，或者认为你弹得不好，你就没下次了，就再见了。

鲁健：可能对艺术家来讲，成长的过程当中不被人认可，这其实是一种很大的挫败感。

郎朗：但是这种挫败感还是有，就觉得我行不行？实际上人生就是，经常自己和自己说你行还是不行？实际几乎就是这种斗争。

这段采访发生在 2020 年 9 月中央广播电视总台中秋晚会彩排的时候，在这段采访中最核心的问题就是在郎朗成长的过程中有没有遇到过挫折，但是在实际提问时我们却看见记者通过追问去拆解了这个问题。首先记者将被访者的人生经历作为问题的导入，然后通过追问去激发，让被访者进一步去回忆自己面对的挫折。接着在追问的过程中让被访者求证自己的话语。最后总结提炼对方的观点以达成和被访者的一致。

通过整个采访，观众在被访者的回答中看到了大量的对现实问题的解释、事件细节和被访者的心理活动，使观众对整个事件有了更深刻的认识。同时，在这段采访当中我们感受到了一种力量，到底是什么原因让郎朗坚持下来，成为一个伟大的钢琴家。当然，这些内容我们也可以用插入"解说词＋事件画面"的方式传递出来，但是现在的大众对这种强硬的信息灌输方式已经不再感兴趣，使用不当就会拍成一个宣传片。这种力量只有在对话当中，在对一个人的深入了解当中才能传达出来，才能让观众感觉到真实，感觉到电视里的是一个活生生的人。所以作为记者一定要善用追问，用好追问。

4. 带背景的提问

我们经常说问题设计要简洁明了，所以记者在提问的时候往往会省略一些基础性的内容，只展现事实问题。但是我们也能注意到很多记者在电视采访的过程中会在问题中加入一些事实背景，再进行思想和观点层面的询问。这种背景的代入真正的意义其实有两个方面：对于被访者的意义在于限定。对于观众的意义在于交代。从被访者的角度讲，记者有时候需要为问题的答案划定一个大致的范围，特别是一些比较大的题目。比如，2015年《杨澜访谈录》专访美国国务卿克里时即采取了这种方式：

杨澜：让我们在更大的背景下看待两国关系，随着中国经济的崛起，它有可能在接下来一二十年超过美国，成为世界最大的经济体，有人就美国对华总体战略展开了争论。美国外交关系协会今年早些时候发布报告说，美国应该修改对华总体战略，专注于平衡或抑制它不断上升的实力，而不是协助它往上升。当然了，你同时又听到其他声音，希望加强深化两国的互相依存关系，因为这对未来的世界非常重要。你对此持什么观点？

在这里，记者先加入了中国经济发展的背景，交代了中国经济崛起可能对美国产生的影响，以及在这种状态下对两国关系的一些不同的声音。在问题中通过背景的交代很好地把答案限定在了一个基本范围之内，一个大的范围是在经济领域里，小的范围是对被访者观点的询问，到底应该抑制中国发展还是深化中美两国合作。这种提问常用在一些高端访谈当中，因为被访对象都是身居高位或是知识水平、阅历丰富的精英人士，如果没有一些限定，记者的问题很容易被巧妙地避开，或者只是得到一些空话、套话。

从观众的角度讲，作为电视记者要记住一个最基本的概念，我的采访是给电视观众看的，并不只是自己求证的过程，所以一定要让电视观众看懂、看明白。在采访过程中其实有很多话题对记者和被访者来说是心照不宣的，特别是被访者的一些人生经历，或者其所熟悉的领域，记者在前期准备的时候肯定也是了解过的，在这里如果很简单地问出来被访者也能回答，但是作为电视观众就不一定了解了，所以记者在这里要做一个交代。比如，《高端访谈》的记者在专访时任美国商务部部长骆家辉时提了一个这样的问题：

> **记者**：部长先生，我们知道，中国仍是一个发展中国家，中国的工业化进程时间尚短，在这种情况下，我想我们仍然需要技术上的援助或者经济上的支持，说到技术，美国的商务部在技术转让上有一定的限制，您会不会放宽这些技术转让政策的限制？

在这个问题中我们能看到关于技术转让的限制显然大多数电视观众都是不知道的，通过背景式的提问很好地对这个问题做了交代，加深了观众对这个问题的理解。

当然，对于带背景的提问还有很多处理方式，比如在《高端访谈》记者专访前联合国秘书长潘基文时，当问到联合国怎么应对全球的极端贫穷问题时，记者先拿出一张关于非洲饥荒的照片，然后抛出了世界银行研究报告的数据，最后才展开了问题，通过这样的展示不仅向观众交代了问题的背景，还说明了问题的严重性，一举两得。还有一些比较复杂的背景，不便于放置在问题当中，会让问题显得过于冗长；或者是被访者非常熟悉的背景，放在问题中会影响双方的交流节奏。这些背景在电视中也常用

"解说词＋事件画面"的形式展现出来，既不用出现在问题中，也给予观众更多的真实感。

5. 假设性提问

记者在对有关资料进行比较准确的分析和预测的基础之上，在问题当中设计一个假定的情景，让被访者在这个情景下做出回答，从而得出更具真实性的答案。拉里·金在自己的自传《非凡旅程：拉里·金自传》里提到了曾经邀请当时的美国副总统丹·奎尔做节目嘉宾的事，这里他采用了一个假设性的提问：

> 我记得有一次副总统丹·奎尔来我的节目做嘉宾。奎尔是反对堕胎的。我问他："如果有一天您的女儿抛给您那个让所有父亲都害怕的问题，您会怎么处理？"
>
> "我会为她提供建议，和她交谈。"奎尔回答说，"并且支持她做的任何决定。"
>
> 第二天，新闻头条用大号黑体字写着："奎尔会支持女儿堕胎"。
>
> 我并不是想让他难堪。我只是想让他设身处地地思考一下这个问题。

很显然，在这个案例中如果记者没有提出这样的问题，我们是不可能得到那个答案的。有些时候我们会面对一些比较固执的被访者，他们的一些观念经常会掩盖其内心的真实想法。还有一些身居要职的人物，他们在回答记者提问时会有很多顾虑，甚至会顾左右而言他，所以这种假设性提问也是给被访者一个换位思考的途径。

这种提问方式的作用不仅于此，有时候记者还会在假设性提问之后适当地加入一些追问，从而使被访者的回答显得更加真实。比如，2017 年《面对面》的记者在采访山西省朔州市工商局副局长郝如翔时，谈到了他有

一次去一个老年健康讲座骗局现场做卧底,把手机藏在衣服口袋里,全程录音的经历。对此,记者提出了一个假设性问题:

记者:你想过没有,假如人家不让这么干,您被发现了那会怎么样?

郝如翔:发现了我当时也不怕他,他如果明上,我当时也不怕他,因为我随身带着执法证,我把执法证亮出来以后,他保证不敢动。

记者:但是人多势众,他那时好几个年轻力壮的小伙子,您就一个人?

郝如翔:我从来没有想过怕他们。我自己在会场里,就是要把他们的证据完整保存下来,尽快把他们这个团伙打掉。

记者提出了这个假设性的问题,并且在之后巧妙地加上了一个追问,引出了郝如翔的回答,得到了郝如翔如果面临危险,可能会有的处理方法,同时也更加体现了他揭开坑老骗局的决心以及当时的心理活动。这段对话让整个采访中郝如翔对其行动的描述和动机更加可信。

6. 引导式的提问

在新闻实践过程中,为了让被访者更清楚地说明事件真相、所持观点或者事件具体细节,要求记者通过启发引导,帮助被访者对新闻事实产生回忆或者做出判断,这些问题往往是跟进性问题。这种方法最常用的就是询问例证,比如"您能举个例子吗""具体怎么说",这些问题能让被访者的回答更加具体化,从而让观众更好理解。比如,在视频新闻《好书不怕巷子深,"老刘旧书店"做了32年循环经济!绿会融媒访谈》中,记者采访老刘旧书店的主人刘德明时就有着这样的对话:

记者:我刚才看到前面那位年轻人买走了一批书,包括《古文观止》等等，是不是仍然是年轻人居多？

刘德明：现在年轻人多。我感到很欣慰。读书人很有礼貌、很有素质。中国应该有希望，会崛起。农民工也喜欢读书。

记者：农民工人也喜欢来您这里买书？多吗？

刘德明：他们喜欢文学、诗词、对联、书法……很多。

记者：您能举个例子吗？

刘德明：例子还是比较多的。他们有时候在长沙打工，喜欢文学方面的书、对联书、书法书。每年临近春年，就有农民工写对联，我就提供笔墨，他们自己写春联，带回去。

记者：我看到您这里也有文房四宝……

刘德明：我这里随时可以写。爱好书法的人，可以随时写。看起来比较乱，但是还是有文化氛围。想画画可以画画，想写字可以写字。

该视频新闻主要介绍了坐落在长沙城南书院路天心街的老刘旧书店，这家旧书店见证了长沙城过去三十多年的发展，主人公刘德明开设这家旧书店的初衷是解决生活困难、养家糊口；后来随着读者群越来越多，不只是附近的学生，甚至绕半个城市的人都爱来这里看书，还有很多农民工来这里购书，能够这样为社会服务，让他觉得这是一份令他很有成就感的事业。在这组问题中，记者首先对被访者谈到农民工也会在这里买书提出了一个跟进性的问题，之后通过例证让被访者很好地解释了农民工在这个书店中的具体需求是什么。我们可以看到，这种提问其实更多地希望被访者对相关事件产生联想，通过联想去印证新闻当中的细节或者被访者的观点。这种启发式提问可以利用事物之间的相似性，使得采访对象通过一个事物想起另外一个事物。在问题的跟进过程中记者可以提到被访者熟悉的一些具体的事例，或者某个具体的年份、场景，通过这样的描述引起被访者的联想。比如，2017年《面对面》的记者在采访哈尔滨排水集团女子清掏班班长荀笑红时有这样一段对话：

记者：内心障碍那坎儿怎么过？因为你一个年轻的女孩子，要在那么脏、平时很忌讳的地方工作。

荀笑红：可能当时工作的时候，就是一种责任心，责任在那儿你就得去做，没想太多。

记者：但天然的排斥是会有的。

荀笑红：那倒是，比如说虫子，我怕。老鼠，我最怕的。我们有一次在西河沟抢险的时候，当时腿陷到泥里头拔不出来了，西河沟那河床像沼泽一样。当时一个老鼠从我腿边上"嗖"就过去了，我当时浑身起鸡皮疙瘩，已经觉得头发根都竖起来了，当时也挺害怕的。

当采访进行到讲述被访者怎么适应这个工作的时候，由于被访者从事了多年清掏工作，很多东西在她看来很自然，所以记者并没有得到想要的答案，同时这个答案也是不客观的。所以记者对问题进行了跟进，选择"天然的排斥"这个切入点，让被访者很好地联想到了工作中的不易。在启发的过程中记者还可以列举一些性质上相反的客观事物，引起被访者对另一事物的联想或者对当下事实的判断。比如，2023年4月，《鲁健访谈》的记者鲁健在采访著名影星成龙的时候就有这样的对话：

鲁健：其实现在在网络上还经常能刷到你谈到和斯皮尔伯格的一段交流，当时你问他，你怎么把人、恐龙、山组合到一起的？他说就是电脑按完一个键再一个键。然后他说你是怎么从一个大厦飞到另一个大厦的？你说就是三个词：开始、跳、进医院，那现在这三个词过时了吗？

成龙：过时了，你不能拿人命不当命，而且现在科技那么发达，也不需要那么去拼命。如果今天我要再跳，你就可以从这个椅子上跳就行了，椅子一摆，绿布景一摆，就是40楼了。我就不用从鹿特丹那个大厦滑下来了，我可以滑一个小板，卡通的就可以了。因为大全景，你根本看不清楚。你看美国的那种超级英雄电影，在这边也非常卖座，全世界卖座，那些演员做动作了吗？演完戏一动就卡通了，从这个大厦飞过来飞过去，完了就"咔"。我看完之后，又好看又刺激，动作找替身演员替他们打。

鲁健：全是特效啊！

成龙：全特效全卡通，现实生活是拍不出来的，只能靠这些特效。

当时成龙的电影《龙马精神》刚上映，记者对于入行60年的成龙现在在做什么；即将年满70岁的成龙还打算"拼"多久；中国功夫电影的黄金年代是否已经过去；面对种种挑战，我们如何传承和发展中国电影等诸多问题进行了探讨。在谈到成龙对于当下动作片拍摄的看法时，记者引用了成龙以前和斯皮尔伯格的对话作为启发点，并希望以此对成龙以前的观点做出求证。显然随着技术的进步，这是一种对反向观点的探索，采访不仅让我们看到了被访者对自己观点的求证，也体现出了成龙对现代科技在电影工业中的运用的看法。

需要注意的是，有时候记者在采访过程中会有先入为主的观念，也就是会要求被访者的回答符合记者的既定答案。启发是为了让答案更具体、更能被观众所理解，应该让被访者表达出更多的真情实感，而不是"诱导"。这种"诱导"在娱乐新闻和体育新闻采访中很常见，明星这个群体普遍带有很多的话题性，而在体育竞赛中存在大量的冲突，包括比赛本身、裁判的判罚等，所以被访者很容易在某一种情景下说出情绪化的语言。在这种情景下怎样对问题做出更加合理的设计，也是记者要去思考的问题。

7. 激发式提问

这是一种在记者对采访对象或者新闻事实充分了解的基础上，在提问中加入一定的刺激设问，促使对方在态度上发生变化，激发被访者回答的方法。这种提问没有语言上的固定搭配，更多是根据采访内容去发问。常用于那些谦虚的、有顾虑的被访者。这种提问有两种方式，一种是激问，即在提问时带有一定强度的刺激，迫使被访者不得不回答。比如意大利记者法拉奇在采访前利比亚最高领导人卡扎菲时问了这样的问题：

  法拉奇：既然人民这么爱戴你，为什么你还要那么多护卫呢？我是足足被武装士兵从头到脚仔细搜查了三遍才来到这里的。而您住所的门口甚至还有一门大炮对准街面。

在这个案例中，记者就是在问题中加入了刺激设问，这种刺激绝不是言语上的刺激，而是从事实出发，由事实中发现不寻常的现象去设计问题，激发被访者回答或者给予解释。

激问一般是带有攻击性的提问，有时会带有一些"质问"的性质。记者应该明白的是，这种提问绝对不是故意刁难，有时候过分的刁难也会让观众不理解，而且这种提问用不好被访者还能轻易地回避掉，甚至岔开话题。所以激问一定要遵从事实，这些事实甚至应该是简单的常识，观众一看就明白，比如在案例当中门口的大炮这是谁都能看见的，这就是再简单不过的事实，没有人能辩驳，这种方法比抽象的比喻和罗列大量数字要好得多。所以使用激问一定要慎重，也就是问题一定要建立在事实的基础上，这样观众会很轻易地明白，被访者也无法回避。

另一种方法就是错问，即记者从采访对象或者与事实相反的方向提问，简单说就是记者给出错误的答案，迫使被访者去解释的方法。比如，2018年《面对面》记者在采访"电梯劝烟猝死案"中的当事人杨帆时问了这样的问题：

记者：很多人会质疑说，如果没有一些刺激到老人的言语或举动的话，老人会有那么大的情绪变化吗？

杨帆：我没有啥言语上的刺激，我只是给他讲公共场所不能吸烟，吸烟是不对的。因为从电梯里的监控看是没有声音的，在电梯里就两分钟左右，第一，这个老人我不认识；第二，陌生人我不可能上去侮辱老人、骂老人，也不现实。

在这里记者就用了一个错问，从整个案件的证据显示来看显然和记者的提问是截然相反的，但是记者通过错问让被访者通过更真实的细节进行回答，从而让观众感到自然、可信。我们要注意的是该方式的刺激程度是比较大的，所以记者一定要谨慎使用，或者在设计问题时再三考量。在这个案例中记者就很聪明地从大众疑惑的角度进行提问，既问出了问题，又减少了问题本身的尖锐感，使得被访者能够专注于对问题的回答。

上述的七种技巧是问题设计当中常用的，作为电视记者一定要学会使用，并且习惯使用。如果记者只会问"怎么样""怎么看""有什么想法"这样的问题，他注定在记者的路上只会越走越窄。这些技巧刚开始使用起来可能比较困难，记者也不能准确把握使用时机，但是随着采访经验的累积，对被访者的判断越来越准确，这些技巧就会内化为记者真正的提问技巧，而不只是存在于采访大纲上。

总 结

电视媒体想要在这个时代站稳脚跟，想要在激烈的媒介市场竞争中赢得自己的位置，必须结合自身的媒介特性，做好新闻策划工作。新闻策划的好坏决定了一个节目的质量高低，作为电视记者，面对新闻要有策划意识，并且掌握新闻策划的工作环节，面对不同的情况有灵活的应变能力。从微观层面说，新闻策划可以提高记者自己的新闻作品质量，获得好的传播效果。从宏观层面讲，新闻质量的提高，对于媒体自身提高品牌知名度，获得更高的市场占有率是有益的。但是要记住，新闻策划的最终意义在于能够有效地运用和配置现有的新闻资源，从而取得最好的传播效果，最终能够有效地发挥新闻报道的社会功能，取得最佳的社会效益。虽然好的新闻策划可以带来巨大的商业效应，但是记者在做策划时，还是要把社会效益放在第一位。

第四章　采访和电视新闻稿本创作

电视新闻稿本写作是电视新闻制作过程中的一个必要环节。任何一个电视新闻节目都离不开稿本，从本质上说，稿本就是为成片的制作而写的。同任何文章相比，电视新闻稿本从初期构思到中期形态，再到后期的表述，都有自己的鲜明特征。它既不同于纸媒的新闻稿，写好了就可以直接传播，也不同于广播媒体或者电视新闻中穿插的播读稿件，在最短的时间里用最简洁的语言、最快的速度把真实的事情传播出去。电视新闻稿本写好了不能直接播出，需要转变为与另外一种视听符号相结合的形态，通过电视的听觉、视觉通道传输出去。在稿件的形成过程中，记者的文笔很重要，同时对采访素材的使用也极为重要。

第一节　电视新闻稿本写作概述

一、什么是稿本

稿本是成片之母，在形式上依然是文字表达，其目的是将设备记录的声画素材转化为完整的节目成品，简单来说，它就是将画面和同期声串联成节目成品的媒介。从创作过程来看，一定是先有稿本，后有电视新闻成片。所以稿本的出现，在很大程度上提供了画面无法表达的内容。特别是对于新闻节目来说，讲求客观、真实，任何信息都不能出现误差。它不像虚构的影视艺术，通过画面组接的蒙太奇，可以带给观众无限的联想，每个人对于剧中的人物表达都可以有不同理解，这就是所谓的"一千个观众眼中有一千个哈姆雷特"。画面是构成电视语言的最基本的元素，但是，画面不是万能的。比如，两个人在讨论问题，画面传递的语言可以告诉我们，这是两个人在说话，两个人的样貌、穿的衣服、所在地的大概背景，这些内容我们可以看到。但是画面却不能告诉我们这两个人是什么关系，是朋友，同学，还是同事？这是一天当中的哪个时段？具体的谈话地点是哪里？所以，他们之间的关系等一些详细信息，只有通过其他手段才能准确传递给观众。因此，稿本的基本意义就是补足电视画面无法呈现的内容，主要表现在以下五个方面：

1. 补足新闻的基本要素

比如新闻的 5 个 W，画面有时候只能表现某个场景和大概的信息，而具体的时间、地点、人物身份、事情及原因等都无法精确地表现出来。特别是一些非事件类的新闻，比如政策的发布、行业的动态等只能用大量表意镜头来表现，具体内容的传达其实就是依靠稿本完成的。

2. 补足事件的原委

电视新闻的最大特点就是以现场画面为主要素材，但是很多时候记者赶到现场，事件已经发生，对于事件过程记者可以获取到大量素材，但是事件发生的原因却无法用画面证明。所以，现在很多电视新闻为了弥补这种缺憾，采用事后"表演"的方法进行情景再现。但哪怕"表演"得再逼真，也仅仅是"模拟再现"，而不是当时真实的情况，因此一定要用其他方式补充信息。

3. 补足对事件的展望

在一些关于经济趋势、社会发展的新闻报道中，总会涉及未来展望的话题，但实际上这些与未来相关的事情并没有发生，自然也不会有现场画面。画面对于未来的描绘有两种方式，一种是表达意义的空镜头，另一种是虚构的图片、动画或者图表。但不管是哪一种，都没有办法用画面语言直接表达出准确的含义，所以这时候就需要稿本来进行文字补充，让解说词来承担表达的任务。

4. 补足人物内心世界

在电视新闻报道当中，人物的内心活动单凭画面是无法准确表现的。首先，新闻没有那么长的篇幅去交代人物的生活状态，只凭一个画面切片很难准确表达情绪。其次，人的情绪表达有很多相似的外在表征，比如我们看到一个孩子哭，他可能是因为孤单，也可能是因为悲伤，或者是因为恐惧。一个人开心，我们可以看到他脸上洋溢出幸福的微笑，但是开心的程度，我们不得而知。在这种情况下，语言的解释往往可以帮助我们对画面中的人物情绪有比较直观的理解。

5. 补足人物感知体验

感知是人的心理活动的基础，分为两个层次，一方面是感知受到的外部刺激，影响人的感觉器官，这就是我们所说的知觉。比如，吃到一份食物，酸甜苦辣咸，到底是什么味道。所谓"色香味俱全"，画面可以看到颜色，但是依靠嗅觉的气味和依靠味觉的味道就需要画面和解说词的共同配合来呈现了。另一方面就是通过内心体验和心理行动来影响人的心理活动，简单来说就是人到底是怎么想的。比如，画面中我们可能看到一个男子眺望远方，此时他到底是在对过去怅然若失还是满怀期待憧憬未来，可能除了对新闻故事本身的建构，只有准确的解说词表达才能让我们更了解新闻人物的内心世界。

由此我们可以看到，新闻中的画面语言是有其局限性的，稿本的基本意义就是补充画面缺失的意义表达。在这个过程中，文字语言转化为解说词和画面语言的关系十分微妙，能写一手好文章，未必能写出像样的电视专题稿本。这两种文体表达的思维过程及构成表现方式是完全不一样的，如果对电视新闻制作的思维过程不了解，就无法做到画面语言、解说词和同期声的有机组合。

二、电视新闻稿本的形式

电视新闻稿本没有一定的形式，因为稿本属于电视新闻报道制作的前期程序，并不公开发表，所以只要满足制作就可以，比如单位内部约定俗成的一些称呼，各岗位能够明白，不至于引起歧义就行。主持人的词可以叫"主持词"也可以叫"口播"，解说词也可以叫"旁白"或"画外音"。当然，稿本的形式也和节目形态相关，比如有的新闻只有一分钟，并没有同期声的穿插，那么稿本形式其实就等同于解说词；有的新闻专题片独立成片，并不是新闻节目中的一部分，因此就不用考虑主持词的撰写；有的新闻纪录片侧重于同期声的运用，撰写时就要注意同期声的组合和衔接，解说词的地位就会降低。由此可见，电视新闻稿本是一种非常灵活多变的文本形式，内容呈现取决于最终成片需要。在这里我们选取2022年江苏省广播电视总台（简称"江苏广电总台"）制作的电视新闻专题片《溜索女孩的人生之桥》的稿本做一个解读。

《溜索女孩的人生之桥》

【主持1】

今天的封面人物，是一个我们非常熟悉的身影，云南怒江溜索女孩余燕恰。15年前，因为被媒体拍到溜索过江而受到了关注，那拍下她的人正是我们江苏广电总台的记者。为了帮助像余燕恰一样的溜索孩子过江，当时，咱们联合全国20多家媒体发起了爱心行动，在怒江上建起了三座爱心桥。15年过去了，余燕恰也已经大学毕业了，她选

第四章 采访和电视新闻稿本创作

择了回报家乡,成为一名医务工作者。当年记录下她飞索求学的摄制组也再次赶赴云南,走近这位溜索女孩,见证怒江之畔的沧桑巨变。

正片开始:

同期声 余燕恰:8岁那年,我学会了溜索过江去上学。我一直以为世界就是布腊村这样的,直到我第一次走到桥上。现在,我已经走过了非常多的桥,世界也不一样了。

同期声 记者:是不是燕恰?我们刚一路走过来都快认不出来了。

同期声 余燕恰:这边变化太大了。

同期声 记者:很好,很好,新盖的房子特别漂亮。

(画面:余燕恰8岁溜索原始画面,布腊村的发展,记者和余燕恰见面的实时画面)

【解说1】

时隔15年,我们和余燕恰在布腊村再次相见,她刚刚大学毕业,一边帮妈妈干农活,一边等待怒江州人民医院的入职体检通知。如果不是余燕恰介绍,我们很难把眼前的两层小楼、错落的民居和15年前的布腊村一一对应,来到余燕恰的卧室,墙上贴着的一张照片,依稀记录着15年前的生活碎片。8岁的她背着滑轮正要滑溜索去江对面上学,当时住在江边的孩子想上学都要先学溜索。2007年我们在怒江边采访时,抓拍下余燕恰溜索上学的小小身影,由于体重太轻,余燕恰靠惯性只能溜到江心,像一片风雨飘摇的树叶,双手不断攀拉钢索,才能把自己拽向终点。

同期声 余燕恰:有的时候小孩子是绑不好的,(绳子)就容易脱下来,(有一次)我手放开了就滑下去了,我的小伙伴就一路追着,用棍子让我抓住,把我一路拉上去的,雨水打到眼睛上,眼睛睁不开。到了江中间,手也非常地滑,就溜不上去。

同期声 你四堆(余燕恰的妈妈):当时跟孩子说害怕也要溜索,

不然上不了学，不管多少困难都要去上学。我没什么文化，孩子学文化才有出路，才能养活自己。

（画面：记者去余燕恰家的路上，两人的交流，余燕恰家中陈设，现在和当时布腊村的照片对比，余燕恰溜索的原始画面，实时采访画面，2007年拍摄的原始生活画面）

【解说2】

溜索女孩余燕恰和当地人们的生活状况引发全国关注。很快，江苏广电总台联合全国20多家媒体，筹集140多万元善款，在怒江州福贡县建成了三座人马吊桥，其中一座就在余燕恰上学的路上。

同期声　余燕恰：这（爱心桥）就是我们布腊村第一座吊桥，当时那座桥，是我一直以来走过的第一座桥。后面（有了桥）过桥以后，大家都是一起背着书包，在桥上边玩闹边去上学，就觉得比以前快乐了很多。

（画面：当时筹款活动原始素材，第一座桥的画面）

【解说3】

布腊村有桥了，但怒江大峡谷绵延300多公里，这三座桥微乎其微。怒江劈开山峦，撞击出最神秘奇险的东方大峡谷，狭窄通道里，滚滚白浪如万马奔腾，造就了壮丽奇观，却也成为阻碍孩子求学、制约当地经济发展的天堑。高山峡谷间，依然有走不出大山的农产品、有病送医难的村民、年轻人不愿意回来的空心村，以及很多像余燕恰一样溜索上学的孩子。

（画面：当地自然景观，空镜头，段落分割）

【解说4】

福贡县交通局工程师余友光，曾是当地的溜索设计者，2007年他全程参与了爱心桥的建设，2012年国家启动溜索改桥工程，他的工作越来越忙碌。

同期声　余友光：当时我是参与了爱心桥的设计施工管理。2012年国家启动了（溜）索改桥（工程），第一批的（溜）索改桥（工程）福贡境内就建了7座。到目前为止建了16座（新）桥，每隔2.5公里就有一座江面桥梁，因为我们在福贡这边长大，天天看着，一天一个样，一年一个样。

（画面：余友光介绍画面，桥上的空镜头）

【解说5】

2016年，怒江州溜索改桥工程完工，江面上的溜索全部被桥梁代替，获益于交通的便利，余燕恰和同学从村小转到了乡里的完小就读。

同期声　蔡学军：孩子们可以很方便地来到完小上课，教学（质量）肯定好了很多。2012年我们完小又建了两栋新的教学楼。

同期声　余燕恰：之前也是没有从任何地方了解得到外面是什么样子，就觉得世界都是这样的。

同期声　记者：哪样的呢？

同期声　余燕恰：世界都是过溜索呀，（后来）发现外面的环境也不一样，世界很大，就想以后能够靠自己走出去。

（画面：实时采访画面，小学环境空镜头）

【解说6】

桥有了，路通了，走出去不再只是梦想，但真正实现梦想，横亘在面前的不只有怒江天险。怒江州曾是全国脱贫攻坚三区三州之一，贫困发生率居全国之首。马吉在傈僳语中是指不好的地方，马吉乡方圆几十公里，除了山就是江，村民们曾以种植玉米为生，产量仅够果腹。2010年余燕恰的爸爸因车祸去世，大姐外出打工，二姐初中毕业后和妈妈一起务农，余燕恰是否能迎来不同的人生？

（画面：当地自然景观，余燕恰生活画面，段落分割）

【解说7】

7月18日,周一,是马吉乡赶集的日子,余燕恰坐着二姐的车和妈妈一起来到集市,母女三人买了肉、花生、西瓜,一趟转下来花了362块钱。这样的采购每月4次,让一家人手头宽裕起来的,是长在山坡上的红果子:草果。

　　同期声　余燕恰:暑假我就在草果林除草,现在差不多有10亩。

　　同期声　记者:大概有多少棵?

　　同期声　余燕恰:大概有1000棵,现在都结果了。

　　(画面:当地集市的画面,果林的画面)

【解说8】

草果是一种可以做成香料、果酱、果酒的经济作物,适合生长在气候湿润的山谷,扶贫干部反复上门推荐,燕恰妈妈决定少种一点试试看。

　　同期声　你四堆(余燕恰的妈妈):十年前,国家给我们免费草果让我们种。当时,村干部说一定能卖出去,卖不出去有国家帮助我们,也就没什么好担心的了。

　　(画面:采访实时画面,果林里种植的画面)

【解说9】

随着山坡上的草果田越来越多,县里开起了草果烘干、草果加工厂。草果成熟季,扶贫干部如约带着企业上门收购。

　　同期声　张帝:2017年以后全县的草果产业发展起来了,群众的收入也有了明显的增多。现在大家种植草果都是一把好手。

　　同期声　你四堆(余燕恰的妈妈):现在每年种草果能有人均一万元收入,现在生活过得很好很幸福了。

　　(画面:采访实时画面,草果特写画面,工厂加工画面)

【解说10】

种草果的收入,加上政府对建档立卡户学生的各项帮扶资金,余燕恰不必像姐姐那样，早早背负家庭的重担。凭借优异的成绩，她从县中一路读到怒江州重点高中，每次放假回家，沿途所见都不一样。原本从马吉乡坐大巴到怒江州州府，要颠簸一整天，"美丽公路"通车后，同样的路只需要4个小时，山村从没变得这么快，最让她意外的是2016年村里的一件大事。

同期声　余燕恰：我上学（放假）回来就发现房子变了，有了自己的房间，之前是没有的，之前都是跟着妈妈一起睡。后面有了自己的房间，也有了姐姐的房间，就挺开心的。

（画面：余燕恰一家幸福生活的空镜头，采访实时画面，"美丽公路"空镜头）

【解说11】

眼前的二层小楼，是余燕恰的第二个新家。早在2013年政府帮扶建造了混凝土加石棉瓦的房子，这让一家人告别了漏风漏雨、常有蛇虫闯入的竹屋，从山上搬到了山下。2015年底，国家启动实施新时期异地扶贫搬迁工程，政策很快惠及偏远的布腊村。

同期声　迪仕才：绝大多数老百姓都比较愿意就地安置。我们（村）就在2016年，启动实施异地搬迁，燕恰家占地面积是60平方米，总建筑面积是120平方米。

同期声　你四堆（余燕恰的妈妈）：这个房子是2016年盖的，当时国家出钱给盖了这个房子，自己不用掏钱，住得很开心、很满意。

同期声　记者：哪里最满意？

同期声　你四堆（余燕恰的妈妈）：哪里都满意。

（画面：新老居住环境对比，采访实时画面，村民在新房中现代化生活的空镜头）

【解说12】

种着10亩草果，住上120平方米的新房，2017年余燕恰家脱贫，

2020年布腊村整村脱贫。

同期声　余燕恰：没有想象过家乡会这么快地改变，如果能够用一个词来形容（家乡的变化）的话，我觉得是"难以置信"。

（画面：村民们致富的空镜头，采访实时画面）

【解说13】

脱贫攻坚，为布腊村建起通向幸福生活的桥，见证着这样的变化，幼年想要去看看世界的余燕恰暗下决心，继续用读书为自己架一座人生之桥。

同期声　余燕恰：我靠的是那种苦的方法，不停地做题，像做数学题的话我一直做不出来，就一直做一直做，做到（凌晨）两三点都有的，我反倒觉得这些（困难让我）比城里的孩子多一份动力。

（画面：余燕恰生活画面，学习镜头，采访实时画面）

【解说14】

2018年，余燕恰以568分的成绩，考取昆明医科大学第二临床医学院医学检验技术专业，成为村里近10年来的第一位大学生。在国家助学金和各项补助的帮助下，余燕恰顺利完成学业。就业前夕，她做出一个让老师和同学震惊的决定。

同期声　张维：我们往往会建议毕业生多投几个单位，多到几个地方看一看，她都是很坚定地告诉我们，"我只回家乡"。

同期声　余燕恰：外边的人（医生）也不愿意进来，医生也非常缺，就想着回来，希望我能够更好地为家乡的人民贡献一份自己的力量。

（画面：余燕恰大学生活画面，奖状空镜头，采访实时画面）

【解说15】

本可以走出大山，却心心念念回到大山，和家乡的人们一起架一座乡村振兴的希望之桥。6月，余燕恰经过层层笔试、面试，通过了怒江州人民医院的考核，9月即将成为一名医务工作者。

同期声　余燕恰：我是一个非常幸运的孩子，有了非常好的机遇，能够碰见爱心媒体，国家政府刚好也是在我上学的时候加大助学方面的事情，国家对这边的投入建设也特别多，这边发展也越来越好了，离开任何一个方面都不可能成就现在的自己。

（画面：余燕恰现在和以前的生活画面对比，毕业照片，采访实时画面）

【解说16】

8岁时，飞索求学的乐观女孩，已长成坚定的家乡建设者。怒江上的溜索不再是通向彼岸的工具，而成了游客体验风俗的娱乐。大桥横跨天堑，架在亘古不变的江水之上，也架在有梦想的人通往未来的路上。

同期声　余燕恰：家乡变得越来越好，我们自己本身也是变得越来越好了，把最艰难的日子都过完了，以后的日子也会越来越好。

（画面：过去和现在的布腊村画面对比，采访实时画面）

正片结束

【滚动字幕】

15年前媒体所筹建的3座人马吊桥，越来越"不起眼"，如今只是有人偶尔走过。双向多车道的大桥更加繁忙，见证浩荡江水，奔流向前。

【主持2】

这是一个女孩自强奋斗回报家乡的追梦故事，也是中国脱贫攻坚、乡村振兴的真实缩影。时隔15年再见余燕恰。时间的厚重感背后，我们看到时代赋予山河的沧桑巨变，也看到小小的梦想在时代的沃土中扎根、开花，发出耀眼的光芒。祝福余燕恰，希望她在新的岗位上如愿为家乡做出贡献。

通过这段稿本我们可以明显看出，它是一个文字、语言、画面的组合文本，与所有新闻文稿都有所区别。这个电视新闻专题片以15年前云南怒江溜索女孩余燕恰的故事为出发点，画面表达的只是这个女孩15年来自身境遇和生活环境的变化，但是在稿本的帮助下，故事升华到了中国从脱贫攻坚到乡村振兴的奋斗历程高度上，展现了个人成长和时代变化的紧密关系。记者以个体微观之变洞见宏观之变，通过有形的桥和无形的桥，串联起15年间的重大节点，呈现党的十八大以来中国的沧桑巨变。由此，我们也看到了稿本创作的基本特点：

1. 稿本创作不是画面的简单解释

在电视新闻片中，对画面已经表现了的内容，一般不要做详尽细致的描述。我们可以看到，在这个案例的解说词中，基本没有对画面的描述，电视新闻不会去描述一个人长什么样子，穿什么式样和颜色的衣服。稿本的重点主要在于补充信息，而非重复信息。比如，在案例中的【解说7】当中有一段描写，配合余燕恰一家人去赶集的画面，解说词除了起到画面叙述的作用，重点在于交代时间、地点、花了多少钱、每月采购的频率，以及富裕起来的原因。因此，稿本创作的重点还是应该放在对信息的补充之上，尽量在有限的解说词中完善信息。

2. 稿本创作要结合画面意识

解说词与画面之间应是一个有机联系的关系，不同的解说词配相关的画面是基本常识。随着现代电视拍摄方法越来越多样，解说词的表达也更加多元化。案例中的【解说6】是对怒江州恶劣自然环境的一段描写，该描写配的画面是航拍镜头下的当地自然景观，很好地展现了解说词中"除了山就是江"的内容描写。再比如案例中的【解说14】谈到余燕恰完成学业，就配了余燕恰大学时期的照片、奖项、书籍这些特写和表意的镜头。因此，在稿本写作的时候一定要有画面意识，要熟悉自己的素材库，边写边想什么画面配什么文字。

3. 稿本创作要和同期声相呼应

从文字表述上来看，稿本就是解说词和同期声组合形成的文本。如果我们把一档电视新闻片的解说词抽取出来，你会发现，在语言逻辑上必然存在着很多缺陷，比如文字形式不完整、语句不连贯、因果关系残缺、指代关系模糊等。因此，稿本文字虽然来自不同的内容组合，但是要内容完整，可以形成逻辑闭环。比如，案例中的【解说9】以及后期的同期声，就是由解说词本身说明通过草果形成的产业链情况，以及云南省怒江傈僳族自治州福贡县马吉乡布腊村驻村第一书记张帝对草果产业的发展介绍，结合余燕恰的妈妈你四堆提供的收入证明，三段文字完整地说明了该村草果产业的现状以及对村民的影响。

4. 稿本创作要考虑过渡转场

电视新闻和文章一样，有自己的结构和层次，但是基于现实的新闻视听语言很难像艺术的虚构视听语言一样，利用故事自己的冲突和矛盾，同时借助蒙太奇的转场方法去划分层次，也不能像纸媒那样"另起一行"。因此电视新闻的结构衔接主要有两种方法，一种是演播室的介入，通过主持人的出现和主持词的贯穿完成转换。另一种是用解说词自然表达层次划分。比如案例中的【解说6】的最后一句"2010年余燕恰的爸爸因车祸去世，大姐外出打工，二姐初中毕业后和妈妈一起务农，余燕恰是否能迎来不同的人生？"用一个问句为主人公的未来设置了悬念，同时也开启了新的章节。

5. 稿本创作要调动观众联想，升华画面境界

画面有画面的长处，在视觉上可以给观众带来现场感，但这种长处并不意味着可以排除解说词。新闻画面的特征之一在于写实，新闻不能用太多的影像处理方法来创造"滤镜"式的图像，导致画面失真，致使观众"误读"。新闻画面的另一特征在于画面切换，一般情况下，电视新闻都有着较快的画面切换速率，短时间内能够传递更多的信息，所以很少用长镜

头这种艺术感较强的画面来渲染气氛。因此，很多画面外的信息就需要解说词和同期声配合完成，比如案例中的【解说3】，此段解说词的画面是以当地丰富的自然景观为主要画面构成的，但显然这部分内容的主旨信息并不是当地的绮丽景观，而是地理环境带来的交通不便、上学难、外出人口不愿回村等现实问题。因此，没有解说词的配合，观众就很难理解该画面表达的核心思想。

第二节　稿本创作与采访

稿本创作与采访有着非常密切的关系，稿本创作实际上是一个对于采访素材再梳理的过程。我们都知道，一个电视记者在拍摄之前，都会对选题有一个大致的判断。这个判断就是前期的创作导向，记者会想象成片的样貌，甚至有自己的初期结构搭建。但是新闻的拍摄还是要基于新闻现场，新闻现场的多变性是不可控的，稿本和其他新闻文本虽然形式不同，但有着同样的共性诉求，即准确、客观、真实。从成稿的步骤来看，首先是记录同期声的内容，同时记住这些内容在哪段素材当中，是由谁说的，这是为了让解说词和同期声能够有机结合，其次还要注意画面的选用。因此稿本的来源还是基于现场采访和资料的收集。

在撰写稿本的初期，首先要确定的就是叙事视角。从新闻故事的角度来说，主要是"谁来讲？怎么讲？讲什么？"这三个主要问题，叙事视角的选择就是"谁来讲？"。在当代的传播理念中，打造多元传播主体，是讲好中国故事的基础。为讲好中国故事要把政府主导与公众参与结合起来，党委政府要做好引领、统筹协调。媒体、专家学者、文化交流使者等是讲述主体。每个普通的中国人，既是中国故事的主人公，也是讲好中国故事的主体。以前的电视新闻都是以媒体为主体的官方口吻叙事，内容单一，吸引力较弱。现代电视新闻强调多元主体表达，但是到底谁表达、谁去讲，很大程度上需要结合采访素材，确定最好的讲述者。

1. 第三人称视角

第三人称视角是稿本撰写最常用的视角，这种视角可以不受时空和记者自身观点的限制，全面、自由地将采访所得形成文本。比如，前面讲到的《溜索女孩的人生之桥》的案例就是第三人称视角的经典范本。故事从记者的视角出发，从15年前因为拍到溜索过江而认识了余燕恰，到15年后的重逢，再到这几年里余燕恰的成长，结合中国脱贫攻坚的过程，整个文本一气呵成，很好地完成了记者的表达需要。第三人称叙述也存在一些不足之处。其一是缺少一些身临其境的现场参与感，记者只是一个旁观者，有些事物的细节可能无法准确表达。其二就是可能偏离客观事实，因为任何人对世界的认知都只是相对客观的，不同角度对同一事物的评价可能截然不同。当然作为新闻报道是具有选择性的，但是任何选择都要和客观事实相结合。在《溜索女孩的人生之桥》这篇报道中，原以为余燕恰学有所成，终于走出了大山，可一转身她又回到了家乡。她说，自己是靠着国家助学金和大家的帮助才走到今天的，她一定要回报家乡，坚定地把青春之花绽放在家乡需要的地方。这种人物的行为逻辑和最后报道的价值升华是相得益彰的。最不可取的是人物的行为和最后报道的导向不一致，或者不能匹配，这会导致报道看起来失真，好好的新闻报道变成了宣传片。

随着电视新闻制作理念的进步，第三人称视角的稿本撰写也展现出新的形态。第三人称视角现在不再限于记者，开始扩展到新闻当中的第三人。以新闻当中第三人的叙事方式去对核心人物或者核心故事展开讲述，可以消解记者讲述的现场缺失感。因此，现在很多这种叙事视角的建构就是将记者视角和新闻第三人视角相结合，比如在讲述一个发生过的国家大事时，就可以让记者做串联，加上几位亲身参与者的讲述，去还原事件发生的过程。当然，现在也有完全由新闻第三人讲述的作品出现，这就非常考验记者的采访和信息获取能力了，比如，中国新闻社建社 70 周年系列口述历史纪录片《风华》第一集《中新风来》的稿本：

中新社成立 70 周年系列口述历史纪录片《风华》第一集《中新风来》

解说词：70 年意味着什么？

【讲述人：宋秉钧】我可以说是最早的中新社的记者，到各地去采访。

【讲述人：哈崎】大家都对我很好，真的。

【讲述人：李伟】所以我觉得记者是一个很神圣的工作。

【讲述人：苏戈】有的时候碰壁，咱们那时候非常辛苦。

解说词：不，我们不要煽情。

【讲述人：哈崎】我一个假牙都没有，我一口牙吃什么都行。

【讲述人：李伟】妈呀，歇不下来，我跟你学的，我说好好。

【讲述人：苏戈】北风那个吹，雪花那个飘，雪花那个飘，年来到。

解说词：70 年的中新社正青春。

（进片头）

【讲述人：章新新】这个记者证是中新社第一次发出的记者证，工作单位地址在王府井的王大人胡同 67 号。

解说词：1952 年的 9 月 14 日，44 岁的中侨委副主任廖承志来到海棠院，出席建立中国新闻社筹备会议。当时，参加中国新闻社筹备工作的共有 47 人，因此这篇讲话就被命名为《从 47 个开始》。中国新闻社正式成立了，廖承志在中新社成立大会上提出的定位是打破关门主义，反对教条主义，始终服务海外华侨和海外华文媒体。等等，国际新闻社？

【讲述人：宋秉钧】就中新社的前身，就是国际新闻社，抗日战争

第四章　采访和电视新闻稿本创作

胜利以后，它就散了，中新社就继承了原来的国新社。

解说词：国新社由我国老新闻工作者范长江、胡愈之、孟秋江、邵宗汉等同志发起，于1938年在桂林正式成立。直到1952年10月1日，中国新闻社正式对外经广播电台用记录新闻发稿后，国新社才完全结束了它的光荣历史使命，但是记录新闻又是什么？

【讲述人：哈崎】是广播部，通过那个口语广播记录新闻，一个字一个字地吭，那才费劲呢。

【讲述人：李伟】我们当时是怎么着？中国新闻广播电台，是这种速度，人家好抄啊，要不记不下来啊，中国新闻广播台，那不行，就速度一分钟才一百八十个字，你像咱们现在一分钟要三百多个字，所以记录速度。

解说词：如果你觉得记录新闻是一种很古老的传播方式了，你可真的错了，还有更古老的。

【讲述人：宋秉钧】当时中新社刚成立，实际上中新社还没有一个独立的社址。地址就在华侨事务委员会院里边，院里边弄出两间房子。中新社当时就是对侨宣传，对华侨宣传有一个通讯组，我就在通讯组，这个通讯组就光是写通讯，不发消息，这些稿子写完以后就会印出来寄出去。

解说词：建设之初开展工作虽有些困难，但老一辈中新人适时抓住机会，不断让中新社的事业迈上新台阶。

【讲述人：宋秉钧】我们的上级机关华侨事务委员会，他们有一个人大会议的一个记者证，它是场外记者证，他把这个记者证给了我们中新社，中新社当时就给我了，让我去采访去了。和场内记者也不一样，这个叫做场外记者，连人民大会堂都不能进，就是代表住的地方你可以去，你比如咱们想找某一个代表采访，那么他住的地方，你可以到他住的旅馆，我拿这个证可以进去。所以我报道第一次人大会议,实际上就是访问了几个人物,几个代表,大概写了几篇通讯,因为我们也不行写新闻,人家新闻都用电讯发出去很快的。这个就是咱们访问了几个代表,反正对国内国外还有点有影响的人物。

解说词:虽是无心插柳,但中新社能够采访第一届全国人民代表大会,已是具有里程碑意义的进步。然而,想要做好对外报道,服务好海外华人华侨和华文媒体,还要深入侨乡学习,用华人华侨喜闻乐见的方式进行新闻报道。

【讲述人:苏戈】原来我是当兵的,文工团的,1954年的3月8日调来了,调来了以后我就随着大部队呀,咱们中心社派了一帮人,有那么七八个人到广州去,把我就派到那去锻炼去。我讲我是中国新闻社的,我给他介绍中国新闻社怎么回事,我们面对的是世界各地的华侨华人,我"唔知"呀,就是我不知道,就是"老母鸡",我"唔知",哎哟这糟糕了,怎么一天他"母鸡"的。回来又跟领导讲,我说你看他"老母鸡"的,人家就讲这是他不懂,慢慢就经常出去,就慢慢就熟悉了。他一说"母鸡",我就说公鸡,回来就当笑话似的。

【讲述人:宋秉钧】你要适应这个国外读者的特点,选择你要报道的内容。再一个写法上面,也不能像国内一样,国内你像现在,在解放以后讲什么土地改革,什么打倒什么牛鬼蛇神,这些词,你就不能用。人家外面看不懂,另外人家外面也不愿意看这些东西。

【讲述人:哈崎】明显的区别就是国内的,你比如说阶级斗争,比如说国内的一些批判,这些我们基本上不报,国内的这些东西,你费好大劲你也讲不清楚。

解说词:"文化大革命"中,中国新闻社事业发展受到冲击、干扰和破坏。

第四章 采访和电视新闻稿本创作

【讲述人：宋秉钧】所以在这个运动以后，大家写稿就调子不是那么低了。

【讲述人：夏春平】为什么要国家有两家通讯社，为什么成立中国新闻社，它就是定位中新社是为海外华侨华人，港澳台同胞及关心中国的热心人士，为他们提供中文信息服务的，这是我们的定位，始终不能忘记这一点。这也是中新社最大的特色，最大的亮点，如果没有这一点，中国新闻社就没有存在的必要。

解说词：在政治风暴中，中国新闻社何去何从，又如何开拓出自己的发展道路，让我们去第二集《中新风格》中寻找答案。

插入片头：70 年，我给中新社的一封信。

【讲述人：哈崎】我这人装不住东西，一会儿就看见什么就得冒高，有时候还跟人吵架。但是没有谁记恨我，大家都对我好，真的难得，难得在这些同志之间。（这拿来绞什么，我都给你绞，我不管好坏）中新社现在的发展我都没想到会那么快、那么大，我心里也很高兴。我祝福中新社，前程远大。

【讲述人：李伟】我觉得社里头对我挺好的，就挺认可的。我觉得中新社是可以让每个努力的人来发挥自己的作用的。中新社的前途就是每一个它的工作人员的前途，我希望中新社能够行稳致远，而且是能够要坚持自己的特色。所以我觉得记者是一个很神圣的工作，不能走歪门邪道的。

【讲述人：苏戈】提起中新社大家都是举手赞扬，中新社的稿件不只影响中新社的名声，而且影响了世界对中国的看法、对中国的了解、对中国日新月异进步的情况的关心。

【讲述人：苏戈家属】9 月 5 号是您的 95 岁大寿，10 月 1 号是咱们中新社的 70 周年大寿，祝您 95 岁生日快乐，也祝咱们中新社 70 岁生日快乐。

【讲述人：苏戈】今年正好是中新社70周年，那么在这样一个欢庆的日子里，我作为这个年长的人，作为老中新社人为她庆贺，为她祝福，愿她更加繁荣昌盛。

【讲述人：宋秉钧】70年来中新社的发展成长是巨大的，由一个组织规模很小的民办通讯社发展为国家通讯社。我是中新社的一个老兵，对于这些发展都是亲身经历的。当时我们到福建永定，当时是搞什么农业合作化，现在的中新社各个方面条件都是历来最好的，我衷心祝愿中新社越办越好，在为四种人服务中发挥更大的作用。

这是一个结构非常独特的纪录片，首先，口述史是以搜集和使用口头史料来研究历史的一种方法，现在在新闻片和纪录片中都大量使用。该片就是用口述史的方法，记录中国新闻社建社70年来的点点滴滴。该片有一个解说词串联，但是和普通解说词不同，该片的解说词以"旁观者＋提问"的方法去串联全片，主要内容由中国新闻社老员工的回答和阐述构成。其次，该片每集都由正片和副片组成，正片为历史讲述，副片为当期讲述者给中新社的一封信，既有历史的厚重感，又有着浓浓的温情。

从采制方式看，该片就是完全由第三人讲述的作品，由于采访人数众多，因此整理难度极大。将数十位被访者的采访串联成解说词是很难的事情，需要前后逻辑通顺，一气呵成。在这段稿本中，大量的第三人描述证明了新闻事实的真实性，平实的语言也进一步增强了事件的可信度。

2. 第一人称视角

纸媒中所说的第一人称，即"我"，当然也包括复合第一人称"我们"。电视新闻因为是视听语言的符号表达，所以当中的第一人称有两种：一是记者之"我"，新闻总体来说是记者的所见所闻。解说词中记者以"我"或"我们"的身份出现，表述上或以"记者"表现。这种视角主观参与意识明显，真实亲切自然。记者只需要保证说的都是见到、听到的并且没有歪曲或夸大就行。以记者本人为第一人称叙述的缺点是，记者视觉以外的东西，由于受到记者活动范围的限制，表现起来有一定的难度，一定要有同期声，不然无法表达。这种方式是现在一般电视新闻的主流表达方式，因为大部分的新闻其实并不复杂，用这样的方法就可以完成传递信息的任务。

二是事件主角的"我"。以事件中的"我"去构建节目，好处是有利于表现记者以外的这个"我"的内心世界，有利于追叙往事。事件主角之"我"的内心世界，是记者不能替代的，而且往事更不能通过记者去回忆。这种视角可以建构更为复杂的节目，可以更好地展现人物，但问题就是采制难度很大。记者一般不会写一段解说词让被访者去念，不符合身份、修养、语言习惯的话语给人的感觉就是不像。因此，这种视角的解说词就是在采访中截取的。记者往往需要花更多的时间和被访者接触来获得更多的信息，同时也要花大量精力去挑选、排序、编排稿本。比如，2020年，新华社围绕脱贫攻坚重大主题精心策划推出的《第一书记》系列微纪录片就是以事件中的"我"去构建的节目，我们看一下第一集《跨越》的稿本。

《跨越》

【解说 1 旺青罗布】

这里是喜马拉雅的北麓，平均海拔 4400 米。我所在的这个村子叫尼辖（乡）宗措村，在藏语里的意思呢，就是向着太阳生活。我们村子有 56 户 215 人，基本上没有什么产业，除了自家的那一点田，能够保证基本口粮以外，其他的现金收入都很少，都很难。一整年好几口人只有几千块钱的收入，想到这些的时候非常不是滋味。所以我们一直在想办法，有一个什么样子的、适合当地的脱贫办法。

【解说 2 旺青罗布】

我们这个村发现养殖珠峰绵羊可能是一条出路，所以在确定完养羊这条脱贫道路之后，摆在我们面前，第一个就是怎么把羊养好，第二个就是怎么把羊卖好。刚开始举步维艰,怎么说服56户集中地去饲养,就一家一家去敲门,不停地去说服。

【解说3 旺青罗布】

我们村子里面有个人叫索朗,他的威望很高,他以前在日喀则(和)拉萨做生意,我就去找他,希望他能够带领大家去养羊致富。根本没有二话,就直接跟我说:好,没问题。

【解说4 旺青罗布】

在养羊的第一年(三月份)天寒地冻,零下二十几度。羊圈里面温度更低,村里面很多的专职人员跟村里的干部直接住到羊舍旁边,有的甚至是睡在羊舍。小羊都休克了快不行的时候,我亲眼看着索朗(他们)嘴对嘴给它取暖,做人工呼吸。可能羊对我们意味着太多了,不光是羊,更意味着一些希望。所以我们一只羊都不放弃。

(插入第一句后)同期声 旺青罗布:是我旺青罗布,一步一步慢慢来一定会越来越好。

(插入第三句后)同期声 索朗:羊的事情就是人的事情,羊是我们村里最大的事情。

【解说5 旺青罗布】

我们通过申请给解决了一批饲料,但是运费从拉萨运到我们村子需要5000块钱,为了省这5000块钱,想着以后能给老百姓多发一点(分红)吧。我跟索朗就商量,就用村子里的车,天不亮四五点就开始准备出发,因为到拉萨要十个小时吧。

同期声 旺青罗布:这次我们去一趟不容易,尽量看看好一点的饲料,一定把这个事弄成了。

【解说6 旺青罗布】

一分一分地谈,一斤一斤地谈,最后可能10吨饲料又省了小1万块钱,我和索朗早上早饭也没吃,午饭也没吃,但是很高兴,总觉得占了天大的便宜。

　　同期声 旺青罗布：去年开始，然后通过朋友圈有想买我们羊的，我们现在正往我们的夏季牧场去看一下我们的羊，这是我们合作社成立以来最大的一笔生意了，这一批已经是一两年的，这是最好的了。他辛辛苦苦养这个羊，我们老百姓就靠这么一点（收入），我们不是做生意的，但是我们一定要保本，而且我们要赚一点，这是合作社我们的基础，为整个村子负责的。

　　【解说 7 旺青罗布】

　　连老百姓都说是可以看见的越来越好，他会帮我们把羊卖到拉萨，第一次分红大会上大家很开心啊。

　　同期声 旺青罗布：下面大家开心地领回家吧，别的我就不多说啦。

　　【解说 8 旺青罗布】

　　这里的人们特别地善良淳朴，也特别地讲感情。只要我们不辜负脚下的这片高原故土，它也不会辜负我们。我相信，人跟人之间的感情能够去融化最厚实的冰雪，也能够去征服世界上最高的山峰。脱贫攻坚就是跨越最高的山峰，就是要把温暖带到人心，就是我们最庄严的承诺。

　　《第一书记》系列微纪录片开创了影视级新闻报道形式，为记录中国脱贫攻坚伟大决战积累了不可复刻的超高清珍贵史料。其中那些鲜为人知的第一书记的感人故事，之所以能够引发扶贫干群共鸣，很大程度上就是选对了叙述视角。主创团队从 2019 年开始策划选题，从几十万名驻村第一书记的资料中初步筛选出近百位典型代表，将其故事凝练于六个主题中。通过第一人称视角，真实记录、捕捉故事细节，极大地增强了纪录片的感染力、感召力。这段稿本基本就是旺青罗布的自述，通过对不同时间线话语的截取，将其连成一个完整的故事。从扶贫村的介绍，到产业的选择、中间遇到的困难、和村民的羁绊、最后的收获，都是本人亲自讲述。

这种解说词有两个特点，首先，同期声的运用会发生功能性变化。第三人称视角的同期声大多是对主人公的采访，起到对解说词的证明作用。但是这种稿本，解说词本身就是由主人公采访串起来的，带有非常强的真实感证明作用。这时，插入同期声其实更多就是强调现场感了，比如该案例中的【解说7】：

连老百姓都说是可以看见的越来越好，他会帮我们把羊卖到拉萨，第一次分红大会上大家很开心啊。

同期声 旺青罗布：下面大家开心地领回家吧，别的我就不多说啦。

这段解说词就是合作社成功赚钱后，旺青罗布对当地牧民喜悦态度的形容，配合的是分红大会的画面。其实，只是解说词和画面的配合已经能够很好地表达该部分的意义，但是为了让这种喜悦感更加真实，特意加入了分红现场的画面和同期声，虽然没有实际意义，但很好地烘托了当时的气氛。

其次，用话语间隔制造语义连贯。毕竟用主人公的采访做的解说词不会像专门写的解说词那么完美。在这种叙事中，主人公的表达和记者的采访技巧非常重要，能不能建构出完整的逻辑线，全靠双方的交流。同时，截取的声音素材拼接在一起，始终不会像完整语义表达那么流畅，因此，我们会看到在处理这类解说词时会运用一些间隔技巧，去削弱话语间的顿挫感。比如该案例中的【解说4】：

在养羊的第一年（三月份）天寒地冻，零下二十几度。羊圈里面温度更低，村里面很多的专职人员跟村里的干部直接住到羊舍旁边，有的甚至是睡在羊舍。小羊都休克了快不行的时候，我亲眼看着索朗（他们）嘴对嘴给它取暖，做人工呼吸。可能羊对我们意味着太多了，不光是羊，更意味着一些希望。所以我们一只羊都不放弃。

（插入第一句后）同期声 旺青罗布：是我旺青罗布，一步一步慢慢来一定会越来越好。

（插入第三句后）同期声 索朗：羊的事情就是人的事情，羊是我们村里最大的事情。

这段解说词明显是不连贯的，前后缺少衔接，拼接痕迹非常明显。撰稿人和剪辑师为了让语言连贯，做了很多技术处理。比如，同期声用了插入式的处理，分别插入第一句和第三句后，用这样的方法创造了合理的间隔。然后剩下的句子中间都有一两秒的物理间隔，填补方式就是配合画面和背景音乐。这些处理很好地衔接了前后语句，让成片看起来更加流畅。更为可贵的是，在合适的画面和背景音乐的配合下，这段内容呈现出扣人心弦的故事悬念感，每个观众都会被事件当中羊的命运所牵动。也是因为这样的处理，让本系列纪录片开创了影视级新闻报道的先河。

第三节　稿本撰写技巧

电视新闻稿本的撰写需要一定的文学功底，这是创作者常年积累所得，来不得半点投机取巧。但并不是文学功底好就一定能写出好的稿本，通过前面的讲述我们也发现，稿本是一个完全不同的文体，如果不结合画面和同期声，再华丽也不能为电视新闻报道所用。因此，在这里我们不去谈论怎么提升写作水平，我们谈论的更多是基于稿本的写作特性本身，在已有写作水平的基础上，能够更为贴切地写出稿本的技巧。

一、符合电视新闻稿本创作的语言规范

语言的传播分为文字和语音两种，当然还有肢体语言、手势语言、旗语、密码语等，但这些不在新闻报道的常规使用范畴中。同一种语言，文字表达和语音表达是有区别的。文字是直观的，只要没有书写错误，一般大家都能懂。但语音就未必了，这与每个人的发音和口音有关，也与汉字有许多同音不同义的字有关。

电视是视觉艺术。但是在对语言的接收上，就算有字幕的配合，用的也是听觉。因此，即便是用普通话读的文字稿，仍然可能存在听觉误差。就像在人际交流过程中，就算是面对面的对话，也会因为叙述不准确造成误会。因此，要注意根据电视传播的特点，在撰写稿本时构建符合听觉接受习惯的文本。

1. 少用或尽量不用简称

简称就是抽出原词语中的部分词语，或概括原来几个词语表示的事物的共性词。它们通常被用来简化长词或长短语，使得人们更容易快速阅读和理解文本。但是在大众传播的过程中，由于个体认知不同，有时候也比较容易引起听觉上的歧义。因此要分情况而论，首先，有一部分简称属于约定俗成的，有着广泛的群众基础并为社会所接受。比如"化肥"，其全称其实是"化学肥料"，但是演化到今天其实已经不用这个词的全称了。再比如"扫盲"，我们不会认为这个词与真正的盲人相关。这些词就属于约定俗成的简称，它们甚至已经代替了全称在信息传播中的作用。其次，是一些专有名词的简称，专有名词的简称存在的问题是它有局限性，没有广泛的社会基础，所以用的时候要谨慎。在这些简称中，一是不规范的简称不能用，比如"侵华日军南京大屠杀遇难同胞纪念馆"，以前很多媒体将其简称为"南京大屠杀纪念馆"，这样的简称就会引起歧义，到底纪念谁？纪念什

么？二是含义覆盖面较广的简称不要用，比如一些学校的简称，当然"北大""清华"这种尽人皆知的院校没有问题。但是，其他院校就要用全称，我们很难确定"北工"是指北京工业大学还是北方工业大学，北方经贸学院如果简称为"北经"，去"北经"读书这样的句子，观众会以为你说的是去北京读书。三是小范围内使用的简称不能在解说词中使用。因为这些缩略词可能只有行业内的人或者与该领域相关的人知晓，其他观众并不知道，因此会造成一些歧义。中央广播电视总台之前做过调查，有相当一部分观众不知道 NBA、FIFA 代表什么，每次在转播时都要用中文加以解释。早在 2010 年，中央电视台就下发了关于禁用外语缩略词的规定，"NBA"会写成全称"美国职业篮球联赛"或者"美职联"，"FIFA"直接说"国际足联"。

2. 避免使用同音不同义的词

对于同音不同义这种语言现象，在编写解说词时就要特别注意，否则会引起理解错误。例如，谈到食品安全问题，"该产品全部合格"，文字表达没问题，听起来却可能差之千里。如果上下文的衔接也不太好，那么是"全部合格"还是"全不合格"？发音一样，意思却截然相反，这是在写作过程中要特别注意的。

3. 词语要写全

在普通话的发音中，相当多的单音节词为轻音，一不小心就会被后面的词吞掉，导致漏听或者误听。因此，电视文稿不能图省事，到底是什么词一定要写清楚，比如曾经——曾，虽然——虽，但是——但，可是——可，因为——因，而且——且，应该——应，自从——自，或者——或，然而——然，等等。特别是同期声，因为大多数被访者没有经过专业的播音训练，接受采访时也比较突然，语言会有一些不规范。在不能对语言本身进行调整的情况下，调整字幕，添加或删除一些不规范的用词是可行的解决办法。

4. 文字内容要核对

有时候在稿本写作时，涉及一些专业知识或者撰稿人陌生的领域，一定要反复核对，不然就会出大问题。有这样一个案例，2012年，英伟达GTX590显卡存在发热缺陷，用户遇到过在没有任何外力的作用下显卡起火爆炸的情况。正是这样的原因，当这一系列的最新显卡GTX690问世后，有很多用户将其戏称为核弹。在那个时候百度百科的词条还处于人人都可以编辑的时代，其中就有一个用户修改了航母杀手的词条，将GTX690混入火箭推进榴弹的介绍中，将其称为战术核显卡，并称一发就可以摧毁一个航母战斗群。在词条修改后，因为读起来专业性较强，也就顺利通过了审核。之后某卫视一档军事节目在撰写与航母相关的节目解说词时，就没有进行核对，将该部分内容直接套用，最后写出了"由十万发火箭推进榴弹对航母进行的饱和攻击，就可以击沉任何一艘航母，特别是其搭载690战术核显卡的改进信号，一发就可以摧毁一个航母战斗群"这样离谱的解说词。因此，稿本的创作一定要向多方求证，特别是专业性的内容，要有交叉求证。另外，稿本中一些冷僻的字，必要时要画出下划线，还应注上拼音，免得闹笑话。比如有个主持人将"铊"中毒读成"tuo"中毒，还有个主持人将"东莞"念成"东wan"。当然这和主持人的素质也有一定关系，但是电视新闻的形成是一个集体活动，稿本撰写时还是需要多想，多和主持人、播音员沟通。

二、内容时长的匹配

作为电视频道来讲，每天的节目编排非常紧凑，每一个节目都要在特定时间段播出，同时中间的广告也要完整播出，所以每一档节目的时间长度都是受到严格限制的。电视新闻节目也不例外，除非发生突发性的重大社会事件，一般节目都有自己的体量要求，控制好解说词的时间长度就很重要。虽然现在的网络新闻视频在这方面的要求有所放宽，但从传播效果来看，简洁、短小的新闻视频还是市场主流。不是没有时间限制就可以随便写作，还是要遵循稿本写作的一般规律。

解说词的长度与画面关系没有一般标准，它主要受制于节目类型和配音的语言习惯，比如新闻性、评论性的内容，配音语速通常在每分钟160个字左右，如果是故事性或抒情类的，语速会在每分钟120个字左右。因此，稿本写作也要考虑到栏目的配音人员，要用他的语言习惯去写。在解说词与画面长度的把控方面，可以参考以下几条经验：

1. 多使用短句

在写解说词时，如果有长句，就要注意切开，尽量使用短句。使用短句可以在有限的画面长度内增加信息量，同时解说词简洁、生动、有力，播音员才能读得顺畅，观众也才会印象深刻。这是人的听觉习惯决定的。如果句子修饰语太长、太复杂，在这种情况下，有必要去除修饰语，并将其转换成几个分句，从而使两个互相关联的成分之间的距离缩短，这样一来，电视语言就能表达得清楚，也好念、好记多了。短句还有利于节目结构的调整，在一个较长的段落内，可以通过删减、合并或增句来减少或延长解说词的长度，以调节节目的长度。比如在前面的案例《溜索女孩的人生之桥》中的解说词就有这样的处理。

> 种草果的收入，加上政府对建档立卡户学生的各项帮扶资金，余燕恰不必像姐姐那样，早早背负家庭的重担。凭借优异的成绩，她从县中一路读到怒江州重点高中，每次放假回家，沿途所见都不一样。原本从马吉乡坐大巴到怒江州州府，要颠簸一整天，"美丽公路"通车后，同样的路只需要4个小时，山村从没变得这么快，最让她意外的是2016年村里的一件大事。

我们能看到案例中很多句子中间都使用了标点符号进行断句,"余燕恰不必像姐姐那样,早早背负家庭的重担""原本从马吉乡坐大巴到怒江州州府,要颠簸一整天"这种断句,在"纸媒"也许不可思议,看起来并不规范,然而却满足了电视解说词易于删减的需要。

2. 同期声优先

真实是电视新闻的生命,也是它赖以存在的美学基础。目前,各类型的现场声效和人物同期声逐渐取代不必要的冗长解说成为电视新闻片的新时尚。而穿插在现场纪实画面之间的同期访问谈话,直接向观众叙述,不仅提供了背景材料,发表了议论,又避免了记者的主观介入,使作品更加客观、公正和可信。新闻中的现场对话,可以传递信息,表达思想;也可以刻画性格,吐露感情;还可以烘托环境,推进故事。

因此,同期声优先是我们在稿本写作时的重要思想,如果讲话较长,要分段录用或中间改用画外音,以求声画统一,这样可以很好地控制时间,同时达到预期的播出效果和提高新闻质量的目的。同时,在采用人物同期声时,我们还应该注意,人物的讲话要通俗、简洁,要符合人物的年龄、职业和身份。

3. 掌握修饰语句

修饰语句就是起到修饰或限制动词或形容词的作用、表程度或范围的语句。这种语句在解说词撰写时非常常见。比如在前面的案例《溜索女孩的人生之桥》中就有这样的描述。

布腊村有桥了,但怒江大峡谷绵延300多公里,这三座桥微乎其微。怒江劈开山峦,撞击出最神秘奇险的东方大峡谷,狭窄通道里,滚滚白浪如万马奔腾,造就了壮丽奇观,却也成为阻碍孩子求学、制约当地经济发展的天堑。高山峡谷间,依然有走不出大山的农产品、有病送医难的村民、年轻人不愿意回来的空心村,以及很多像余燕恰一样溜索上学的孩子。

"神秘奇险……滚滚白浪如万马奔腾……"这些都属于修饰语句,这些语句是为了烘托气氛,即便删去一部分,或者再写几句,也不至于影响中心意思的表达。比如可以将这段话改成"布腊村有桥了,但怒江大峡谷绵延300多公里,这三座桥微乎其微。神秘的东方大峡谷造就了壮丽奇观,却也成为阻碍孩子求学……"这里并没有意义上的变化。修饰语句的合理运用给节目的时间调整和节奏调整带来了更大的空间。

三、具象化的语言处理

电视新闻解说词包括在听觉语言中。所以,解说词除了是为了"看",更重要的是为了"听"。因此在写作时要注意简单明了、通俗易懂,写电视新闻解说词应遵循人们的听力习惯,把书面语尽量改为口头语,从而达到良好的视听效果。电视新闻节目会涉及一些抽象的选题,在这样的选题中会有大量的概念、数字、新兴词汇,这样的语言对于观众来说并不好理解。比如数字,数字的特点是单调枯燥,加上电视的特点是一听而过,数字堆砌太多,尤其是一些数量单位,观众根本没时间去领会,就更谈不上去感受了。这里就要求我们在稿本创作中做一些具象化的语言处理。具体而形象的解说词,可以营造一种现场感,弥补电视传播转瞬即逝的不利因素,让人们获得更多更深的视听感受。采用一些修辞手法也非常必要,如比喻、拟人、象征等,它们能使观众很快地理解所谈的事物。那么具体操作方法我们可以通过2015年10月8日中国中央电视台综合频道《午夜新闻》栏目播出的《"一带一路"特别报道 数说命运共同体:食物背后的故事》来说明。

《"一带一路"特别报道 数说命运共同体：食物背后的故事》

【主持1】

酸甜苦辣，不同的口味却是不同国家、不同民族之间交流的共同语言。"一带一路"沿线口味分布的背后，是每年价值2万亿美元食物的迁徙，更是各国物产和技术的交换。今天的《数说命运共同体》，我们来关注食物背后的故事。

正片开始：

【解说1】

辣、鲜、香，当异国美食在一带一路上激发碰撞，当价值万亿的美食贸易彼此交织，当40多亿人口的酸甜苦辣开始融合，来美食背后透视一带一路命运共同体。

出片名：《食物背后的故事》

【解说2】

当我们从星空回望地球，黑暗中的宫殿汇聚出"一带一路"沿线的人口分布，不同的颜色正闪耀着人们的口味偏好。这些跳跃的火红色代表辛辣的口味，他们占据着东南亚和中东欧的版图。非洲、中亚和西亚被温馨的甜味覆盖，巧克力色的苦味和柠檬黄色的酸味则零零星星散落各地。亿赞普大数据显示，吃辣的嗜好正在一带一路上扩张，它成为亚洲和中东欧45个国家追捧的第一口味。

同期声：没错了，就是这碗冬阴功汤，喝起来是辣味十足，非常地过瘾。这个地方就是北京的一家泰餐馆，在泰国语当中冬阴指的是酸辣的意思，宫指的是虾的意思，所以冬阴功汤翻译过来指的就是酸辣虾汤。在它的食材里头有几样东西是必不可少的，比如说泰国的柠檬，还有香茅等等，辣味主要就是来自小小的泰国朝天椒。这样的一家店，一年要用掉一吨的泰国朝天椒，这是一个什么样的概念呢？你看,这个盆里装的是一斤的量,如果把这一斤的红辣椒倒进我前面的这样一口大锅里,这一年就得是60口满满的这样的大锅,据说它可是全世界最辣的辣椒之一,你敢尝尝吗?真的是好辣。

同期声:而此时此刻,当我们漫步在泰国大皇宫的石板路上时,谁又能想到大数据在用泰国文字挖掘的异国美食排名当中,却是中国的辣子鸡丁脱颖而出。凭借着一口麻辣,辣子鸡丁可是征服了2500万泰国网友的味蕾,在这当中也包括泰国公主诗琳通。

【解说3】

今年是公主60岁诞辰,她对生日晚宴提出了唯一的要求,吃中国川菜。在异国他乡临时搭建的厨房里,做出一桌桌完美的川菜,并不是一件简单的事。为了保证食材的足够新鲜,土鸡、笋子、泡菜、辣椒、花椒等3400多公斤的食材分3个批次、5个航班全部空运到泰国。这场盛大的皇家盛宴取得了空前的成功,而辣子鸡丁更是作为当晚最受欢迎的菜肴,被200多位宾客一扫而空。

一个辣字两种写法,中泰两国交换辣味的背后是有趣的辣椒贸易,就在去年,全国的8000多吨干辣椒汇聚到青岛等港口,沿着海上丝绸之路运往泰国。与此同时,58吨新鲜的泰国辣椒沿着湄公河来到中国腹地,再散布到全国各地。简单的口味交换,在"一带一路"国家之间,构建起大量的农产品贸易。你现在看到的这条光线,就是一年来50万吨大蒜从中国港口输往印尼的航运轨迹,而中国进口最多的农产品则是来自印尼和马来西亚,600万吨的棕榈油贸易划出一道道光轨,这也让中国成为世界第二大棕榈油进口国。在数字的背后,让我们来听一个方便面的故事。

同期声:全世界消耗方便面最快的地方到底是在哪呢?答案也许就是在这样繁忙的旅途当中。有数据统计,中国一年消耗的方便面就有462亿包,如果把这些方便面填满一个车厢的话,那就是28万节车厢。把这些车厢连接在一起的话,它的长度就相当于从北京西站一直到广州西站,然后再从广州西站回来。这里是天津的一家方便面生产车间,这样的一条生产线,大概每分钟可以产出500包的方便面。而方便面的生产离不开一种很特殊的油品,那就是棕榈油。每生产出一包方便面,大概需要消耗12克的棕榈油,也就是这么多的量。因为这种油稳定性好,不容易变质,所以广泛适用于像方便面、饼干、冰棍等食品加工。如果要满足全国老百姓对方便面的需求,则需要上百万吨的棕榈油了。而这么多的油,中国自己却一点也不产。因为生产棕榈油的油棕树必须得生长在赤道上下5度的地方,能够被阳光直射,而且还得有充足的降雨才能够结出含油量较高的果子来。

同期声:我现在所在的地方就是在赤道边,位于印度尼西亚的格拉哈油棕种植园,它的占地面积已经达到了20万亩,比北京市的东城区和西城区加起来的面积都要大,在这片土地上生长着200万棵油棕树。你看这就是一些已经成熟了的棕榈果,我们拿一颗来看一看,其实除了当中的这一层包裹着果仁的壳以外,外面的这一层黄色的果肉和里面的白色的果仁都是可以出油的。这个棕榈果的出油率非常地高,榨出12克的油,像五六颗这样的果子就够了。可是如果换成是大豆的话,它的消耗量可是棕榈果的三倍。

同期声:100多年前,棕榈树从非洲西海岸沿着"海上丝绸之路"来到了东南亚,现在印尼和马来西亚已经成为全世界最大的棕榈油出口地,棕榈油从东南亚返销西非,同时也卖到了全世界。当前整个"一带一路"的棕榈油年贸易量已经超过了4000万吨,这是一个什么概念呢?你看,现在我脚下的储油罐就储存了5000吨的棕榈油,那么4000万吨的年贸易量就相当于有8000个这么多的油罐,而就在人们消费棕榈油的同时,也产生了大量的棕榈壳,这些棕榈壳到底是做什么用的?在它的背后又有着怎样的故事呢?

【解说4】

在新加坡裕廊岛工业区的这个车间里，从印尼运来的棕榈壳堆成了山。

同期声：我们要做的就是，把这些燃料以科学比例混合，加入我们的发电系统。

新加坡这个花园国家，有着苛刻的环境政策，发电一律使用石油和天然气。但5年前，这座燃煤电厂破天荒地被批准建设投产，它的理由就是这些棕榈壳。

同期声：我们烧了20%的生物质，就能够把二氧化碳的排放相对减低20%。

如果用统计数据来讲，这个故事它会是这个样子。当三个中国小伙伴各吃一碗泡面的时候，印度尼西亚产生的棕榈壳，可以让新加坡200盏5瓦的节能灯泡，同时点亮一个小时。三件看起来风马牛不相及的事情，就这样把三个国家装进了一个故事。

以食物为媒介，多边贸易让风俗各异的国家变得更加紧密。为了喝上香醇的奶茶，伊朗每年要从斯里兰卡进口3万吨红茶，剩余的牛奶却出口到遥远的格鲁吉亚和马来西亚。巴基斯坦盛产绵羊，柔软的绵羊皮更受新加坡消费者的欢迎，而每年6000吨的绵羊肉则卖给了沙特阿拉伯人。当巴基斯坦的羊肉摆上沙特人的餐桌时，中国的一种食材已经悄悄地潜入了哈萨克斯坦人的主食中。

同期声：你知道吗？在哈萨克斯坦有一句非常有名的广告语"中国酵母，发面就是快"，因为哈萨克斯坦人每天都离不开一种叫作馕的面食，而要做馕的话就少不了在和面的时候加入酵母。酵母是3000多年前古代埃及人一个非常偶然的发现，人类从此就有了面包，因此可以说酵母就是面食的灵魂。而从贸易数据来看，在整个广袤的中亚，每两张馕当中，就有一张馕是靠中国酵母发酵而成的。

同期声：当中国酵母正在哈萨克斯坦的馕里发酵的时候，哈萨克斯坦的面粉，也已经进入咱们中国的面包房了，我们中国传统的面粉更适合做馒头、包子等等，但是如果想要做出像这样松软绵滑的面包，可得需要高筋面粉了。爱吃面包的中国人越来越多，所以这两年，高筋面粉的进口量也是越来越大。

同期声：现在中国从哈萨克斯坦进口的强筋小麦也是越来越多，2014年这个数字已经超过了25万吨。不过哈萨克斯坦的农业生产效率还是比较低的，像我脚下这片中亚的土地，实际上，气候、地理等条件并不比中国差，但是粮食产量却只有中国平均水平的五分之一。为什么产量会这么低呢？最主要的原因就是农业技术的落后，比如育种技术，另外农业机械短缺、产业链不完善等等也都是问题。有数据分析发现，在整个中亚地区还有2000万吨粮食的生产潜力没有被挖掘出来，这就相当于中国山东省的小麦产量。

【解说5】

而在中亚东南部的塔吉克斯坦，玉米开始进入收获季节。首都杜尚别的农技人员正在向农户们推荐一种新型的玉米种子。在这些农户中有一个老面孔，他是瓦赫达区农场主努拉利耶夫·塞拉利，努拉利耶夫是这种玉米种子的老客户，但他很担心这些种子会被其他农户抢购一空。在他看来，新种子就是开启财富的金钥匙。

同期声：种了这么多年玉米，我都得不到这样的玉米，只能得到这么小的。

两年前，中国与塔吉克斯坦签署了《农业领域合作协议》。中国企业在这里建立了全塔唯一的种子实验室和种子生产线，并针对当地环境进行了改良和种植实验。第一批中国种子种下去，塔吉克斯坦农业历史上空前地实现了一季两熟。

同期声：明年我想扩大仓库，增加机械，和中国人合作。

大数据发现，农机的检索热度，在中亚地区和乌克兰呈现趋势性增长。特别是乌克兰，一度因为农机短缺造成粮食减产，将乌克兰网民对农机的关注度，推到热度榜榜首。与此同时，牛奶的检索热度近两年在斯里兰卡不断攀升，这背后是斯里兰卡产奶量不足以满足半数人口的巨大缺口。检索热度的背后既是关注度，也是"一带一路"国家互通有无的商机。你看到的每一条发光的贸易纽带都意味着数额超过10亿美金的大宗农产品贸易，每一条银线既是价值上亿的交易，也是这个国家人民日常生活离不开的异国美食。如今"一带一路"国家的农产品贸易总量已经超过2万亿美元，相当于俄罗斯的经济总量。随着越来越密集的贸易往来，每年将有数千亿的增长空间在这里成长。

这是一个非常经典的数据新闻稿本写作范式，大量的数字化内容被转化为易读和易感知的文本形式，通过这个案例我们可以从以下几个方面思考修饰语句的写作：

1. 用人们熟悉的事物作参照

很多抽象的概念难以理解，或者观众看到会一时反应不过来。比如在这段稿本中，记者谈到泰国一家普通餐馆一年要用掉一吨的泰国朝天椒，观众就很难通过解说词一瞬间领会到一吨究竟有多少。那么就不妨用观众熟悉的锅来作参照，告诉观众，这么多辣椒足以装满多少口这样的锅。于是就有了我们在案例中看到的解读——"你看，这个盆里装的是一斤的量，如果把这一斤的红辣椒倒进我前面的这样一口大锅里，这一年就得是60口满满的这样的大锅"。虽然，绝大部分人对一吨的重量还是模糊的，但是形象的参照让观众对这个数字有了一个直观的联想。

2. 找到可比项

对比是重要的写作方法之一，它通过对不同人、事、物的对比描写或说明，来突出其各自的特色，或者将不同人、事、物在不同时空和境况下的情景进行对照，以彰显其变化。通过和熟悉的事物对比，可以很快让观众对陌生事物产生理解。比如，案例中谈到哈萨克斯坦的农业情况，就有这样的描述："不过哈萨克斯坦的农业生产效率还是比较低的，像我脚下这片中亚的土地，实际上，气候、地理等条件并不比中国差，但是粮食产量却只有中国平均水平的五分之一。""有数据分析发现，在整个中亚地区还有 2000 万吨粮食的生产潜力没有被挖掘出来，这就相当于中国山东省的小麦产量。"这两段描述都拿中国农业做了对比，让我们对哈萨克斯坦的农业情况有了较为直观的理解。

3. 建立故事

一些过程性的叙述较为专业，如果只是平铺直叙，既没有办法讲清楚概念，观众也会索然无味。将过程建立为故事，有人物的代入，将过程具体化，就会直观很多。比如，案例中谈到大量棕榈壳废弃后的二次利用，就用了三个中国小伙伴各吃一碗泡面的故事类比，很好地将棕榈油的生产、棕榈壳的二次利用，以及三个国家间的贸易串联了起来。

4. 用画面配合介绍

稿本的解说词除了在描述中需要下功夫，画面的配合也必不可少，这也是电视艺术的优势，比如案例中开场的这段解说词：

> 当我们从星空回望地球，黑暗中的宫殿汇聚出"一带一路"沿线的人口分布，不同的颜色正闪耀着人们的口味偏好。这些跳跃的火红色代表辛辣的口味，他们占据着东南亚和中东欧的版图。非洲、中亚和西亚被温馨的甜味覆盖，巧克力色的苦味和柠檬黄色的酸味则零零星星散落各地。亿赞普大数据显示，吃辣的嗜好正在一带一路上扩张，它成为亚洲和中东欧 45 个国家追捧的第一口味。

本段落是开篇的介绍，有很多宏观叙述。为了配合这段解说词，节目用动画 CG 做了贴合。画面首先从地球切入，根据解说词，在地图上绘制出不同的颜色，然后由全部的光点点亮地球，最后镜头推进，转场到第一个场景。这是现在典型的新闻可视化技术，照片、图表、漫画、文字、视频甚至音频等媒介元素都是可视化呈现的工具，使新闻呈现效果得以优化，增强新闻的可受性和分享性。

总　结

一部好的电视新闻作品，稿本的好坏起着决定性作用，解说词、同期声和画面只有配合得当才能突出新闻价值。总体来说，电视新闻稿本的创作，要为眼睛而写，为耳朵而写，突出电视媒体的媒介特征。汉语言文学在其中的运用，要简短明晰、节奏明快、感染力强，绝不能拖泥带水，让观众费解，失去收看的耐心。中华民族有文字记载的历史长达几千年，文化灿烂、遗产丰富，新闻工作者要加强文化积累，制作出符合客观事实且富有文采的新闻作品，这是这个时代应该追求和需要的。

第五章　电视访谈

第一节　电视访谈概述

一、电视访谈发展历程

　　电视访谈节目最早起源于广播。美国南北战争时期至19世纪末期，自由主义和个人主义是当时美国社会思想政治领域的鲜明特征，这种放任自由政治思想下形成的国策促使美国经济走向辉煌，使美国成为当时的头号工业强国。但相对的自由又使美国社会问题丛生，人们越来越无力把握自己的生活，竞争市场混乱、官场腐败、劳动者利益无法保障，放任式的发展已经威胁到资产阶级的统治。面对社会的复杂化，统治者认识到政府干涉在国家发展中的重要性，人们开始希望表现自己，并且在媒体中表达自己的观点，而不再是对私有经济活动持不干预的态度。于是，随着沙龙、聚会等多种形式的发表言论的公开场合的成熟，以及广播技术发展的成熟，第一档谈话节目在1921年由马萨诸塞州斯普林菲尔德的WBZ电台播出，话题是为农村听众讲农场经营。当时的"谈话"节目其实并不需要大众参与，以专家对听众讲话的形式播出是一种常态。从20世纪30年代开始，广播谈话节目开始在美国大量出现。进入20世纪四五十年代，电话参与节目给观众带来了发声的渠道,早期运用在音乐排行榜节目以及其他游戏类节目中。至20世纪70年代谈话形式已经产生了相当多的变化,节目类型也随之丰富,包括政治、心理、两性都是当时的热门话题。

从20世纪30年代开始,电视以其声画结合的信息传播方式,迅速发展并逐步取代了广播的主导地位。1939年美国全国广播公司的广播谈话节目《芝加哥圆桌大学》开播,从此出现了第一批用于公共服务的谈话节目。1954年美国全国广播公司又创办了一档晚间谈话类节目《今夜》,节目会在访谈中穿插娱乐演出,整个节目风格强调娱乐性,可以说开创了今天谈话节目样式的先河。这时美国正在经历战后经济发展的繁荣期,社会生活和精神生活展现出浮华的一面,其谈话类节目也主要追求娱乐性,内容很少涉及政治、社会相关的话题。到了20世纪80年代,电视谈话进入新的发展阶段,由于这个时期美国主流社会价值观的回归,谈话节目的话题更为广泛,内容设置也更具现代感,尤其是一些大牌明星作为主持人的节目,比如美国黑人女星奥普拉主持的《奥普拉·温弗莉脱口秀》。她的节目一般以话题性为主,关注性、虐待儿童、减肥困难、缺乏自信等问题。由于这些都是与普通百姓生活息息相关的现实问题,节目往往会邀请一些专家,帮助嘉宾解决困惑,并提供一些建设性的意见。该节目在采访人物的选择上也包罗万象,包括世界顶级明星、政治领导人等,其形态已经和现代的访谈类节目非常相似了。

我国的电视谈话类节目出现在20世纪90年代初,1992年上海东方卫视推出《东方直播室》节目,该节目采用现场直播的方式,邀请嘉宾和观众来到演播室就某个话题展开讨论。由于当时传播技术有限,身处地方台的《东方直播室》并未引起太多关注。1993年中央电视台的新闻杂志类节目《东方时空》播出,其中有一个子栏目《东方之子》,采用了主持人访谈这一节目形式,第一次将镜头专门对准了社会名人。"这一时期影响较大的电视谈话节目还有北京电视台的《五星夜话》《说你说我》,广西梧州电视台的《鸳江夜谈》，山东淄博有线电视台的《直播热线》，等等。"[①]这些节目奠定了我国早期电视访谈类节目的基本呈现方式，以演播室录播为主，话题涉及面广，从民生新闻到社会热点都是可以讨论的话题，风格上较轻松，议论性较强。同时主持人的作用开始自由化，嘉宾身份多元化，老百姓开始以现场观众的身份参与节目。谈话节目真正引起大众关注是从《实话实说》热播开始的。1996年3月16日，该节目在中央电视台开播，虽然《实话实说》最初的播出时段并不好，但是凭借央视当时扎实的群众基础、对节目精心的策划，以及主持人与众不同的主持风格使该节目轰动一时，引领了我国电视谈话类节目的一个创作高潮，同时这也是我国电视人将国外"脱口秀"节目本土化的一个范例。在这之后，各地方电视台都推出了自己极具特色的访谈类节目，比如凤凰卫视的《锵锵三人行》、重庆电视台的《龙门阵》、北京电视台的《国际双行线》等，节目内容涉及新闻、文化、社会教育、体育等多个方面。同时，开始注重节目的品牌意识，主持人追求个性化，节目运作上市场化越发成熟。

2010年以后，随着互联网的普及以及自媒体的出现，专门的访谈节目在电视平台上的发展遇到了瓶颈。首先，面对网络，受众有着更多的节目选择，通过访谈获取信息、了解公众人物已经不是受众的主要选择。访谈节目的一大吸引力就是可以了解明星、名人不为人知的隐私，但是随着自媒体的发展，以及社会观念的开放，受众有了更多获取自己关注的人物动态的渠道，同时公众人物也愿意和公众做一定的分享，来提高自己的知名度，比如公众人物利用微博发布自己的动态，通过直播和粉丝互动，等等。其次，与稍显严肃的访谈节目相比，真人秀节目成为公众人物展现自己更好的平台。在这些节目中，公众人物可以选择扬长避短，最大限度地发挥自己的优势，同时还能根据节目进程，适当地展示才艺和专业技能，塑造

---

① 徐雷.我国电视谈话节目的历史格局和流变脉络[J].湖南大众传媒职业技术学院学报，2004（3）：97-100.

一个良好的公共形象。最后，对于广告商来讲，他们更加倾向把赞助投入流量大的节目，在电视这个竞争相对激烈的平台，受众面较小的访谈节目显然不占优势。

  在大量新节目开始占据人们视听消费时间的情况下，访谈节目也在做着自己的更新换代。首先，网络视频平台的出现使得访谈节目不用在电视台有限的播出时间里争取生存空间，大量节目转战网络市场。同时随着网络平台自制节目的兴起，制作成本较低的访谈节目变成了大多数平台扩充自身节目类型的一个选择。其次，节目内容设置也一改过去传统的样式，从关注公众人物的隐私，变成了深入社会各个阶层的生活访问。从一对一的采访，变成了边吃边聊、边玩边聊的轻话题模式。从既定话题的深入探讨，变成了圆桌会议似的文化思想碰撞。比如，腾讯视频出品的社会纪实人物访谈节目《某某某》，以关注平凡人物的生存现状、生存心态为主要内容，一改以往访谈记者必须出镜的节目制作理念，通过减少记者画面将受众注意力完全集中在被访者身上，打造完全纪实的节目氛围。再比如，由能量传播、海峡卫视和东南卫视联手打造的国内全新真人秀式访谈节目《鲁豫有约大咖一日行》，这档节目有别于以往《鲁豫有约》的节目制作形态，让主持人鲁豫走出演播厅，带领观众来到名人大咖的身边。每期节目的前半部分都是从进入这些公众人物的工作、生活场所开始，与他们同吃同玩，尽力展现他们的生活状态。后半部分则回到专访本身，讲述这些公众人物的成长趣事和不为人知的辛酸故事。还有优酷出品的谈话类节目《圆桌派》，是以话题为中心的多人谈话节目模式，通过弱化主持人身份、非常接地气的生活话题选择、以文化界知名人物为主的嘉宾设置，带给观众一种轻松自在、紧贴生活、不刻意地进行文化输出的节目观感。以上谈到的都是创新性极高的访谈类节目，这些节目自由度更高，话题更加尖锐，同时会更注重节目的人文气息和思想品质，是提升平台节目文化品位和树立平台良好媒介形象的有效途径。最后，在节目形态上，访谈节目也开始跳出以往样板化的形象，开始和更多节目混搭，脱口秀+访谈、真人秀+访谈等新的形式成为谈话类栏目制作的常态。在节目进展到不同环节时，插入与相关人物的访谈对话，时间可长可短，主要诉说嘉宾在节目中的内心体验，既达到了访谈的目的，又对原有节目内容进行了有效补充。

从现代电视访谈节目的发展来看，轻松、多元、融合将是未来相当长一段时期内的制作标准。但是，这并不是否定传统的、严肃的访谈节目，在一些国家大事、突发事件的信息发布过程中，访谈这种信息传播方式，还是最主要的用于信息完善和深入挖掘的手段。

二、电视访谈的界定

对于电视访谈的界定，中国传媒大学初广志教授的观点较有代表性，他认为"访谈是在采访者与被采访者之间，在他们与听众、观众之间进行的一种交际行为"[①]。在这个界定当中，基本包括了现代电视访谈节目中的所有要素，并且大多数学者的看法与此趋同。其要素包括记者、嘉宾、观众和话题，但是从新闻实践的角度来看，访谈并不是具有形态唯一性的信息获取方式。访谈一词包括两个字，"访"和"谈"，由此产生了两种电视节目类型：更加倾向于通过"访"来展现人物内心，带有探索性质的专访；倾向于通过"谈"而产生观点碰撞，带有交流性质的谈话。

1. 记者

电视访谈的主要形式是记者和被访者交流，记者是节目成功的核心要素，因而这类节目除了对记者有更高的基本功要求，还需要记者有一定的主持功力，这两种能力在不同类型的节目中偏向是不同的。在电视专访中，记者主要以采访、挖掘人物内心为主，需要记者具备较好的思维逻辑和问题设

---

① 初广志，施果鲍洛夫.关于电视访谈相关因素的研究[J].国际新闻界，2000（5）：45-52.

计能力。比如，中央广播电视总台《面对面》节目的记者主持人无不在总台其他新闻节目中有着大量的出镜采访经验，并且拥有良好的采访功底，才能够胜任电视专访的记者工作。在谈话类节目中，记者更像是一个组织者，需要可以更好地把控节目流程，这要求记者具备更好的临场应变、协调能力。比如中央广播电视总台的《对话》节目主持人陈伟鸿，早年也在电视台担任过记者，但是在其职业生涯中大部分的工作还是以主持人为主。与专业的节目主持人不同，谈话节目的主持人不需要字正腔圆地背台本，他们更需要掌握交流沟通的技巧，来确保谈话节目的顺利进行。从现代访谈节目运行机制来看，节目的复合化也带来了对记者的复合化要求，大多数节目需要记者能够在不同的节目节点发挥不同的作用，既要有专业记者的采访能力，也要能够起到类似节目主持人的控场、串联作用，甚至有些节目存在着记者嘉宾一体化的要求。因此，现代访谈节目的运行机制也对记者提出了更高的要求。

2. 嘉宾

在电视访谈节目中，嘉宾的选择是非常重要的。邀请的嘉宾是否得当、节目中嘉宾与主持人是否默契，嘉宾的发挥是否稳定，很大程度上决定着节目的最终效果。由此，在访谈节目中，对于嘉宾的要求是多维的，但是由于节目属性不同，最终的选择会有不同偏向。电视专访节目中的嘉宾选择往往具有唯一性，嘉宾的人气和人格魅力尤为重要。所以电视专访节目选择对象多以明星、名人为主，在节目流程中通过挖掘人物内心世界，尽量展现嘉宾的个人魅力。电视谈话节目中的嘉宾选择则是具有多样性的，通常节目会涉及一个专业性的问题或针对一个观点进行表达，需要多人参与讨论，最终得出讨论结果，因此嘉宾选择多以行业专家或事件相关人物为主。谈话节目在讨论过程中需要嘉宾形成一个有效的交流场域，所以在这类节目中，嘉宾的表达能力尤为重要，要求嘉宾能够协调运用自己语言的感染力去吸引观众。我们经常会看到，很多电视谈话节目中邀请的嘉宾，是可以把专业知识和语言表达结合得非常好的人，而不是一定要选择行业权威。同时，在这类节目中常常会有一些固定的嘉宾搭配，也是为了让嘉宾在自己熟悉的交流场域中有更好的发挥。

3. 观众

观众是电视访谈节目的特殊参与体，这种观众和一般的电视观众又不太一样，他们会参与到访谈节目的制作过程中。参与节目的观众分为现场观众和线上观众，后者是互联网发展之后的产物，节目如果能够很好地运用观众参与的方式，可以达到丰富节目可看性、增加戏剧冲突以及提升节目质量的目的。在电视专访中，基本是一个封闭且固定的场景，在一对一的情况下被访者较为容易进入访问的氛围，并且不会产生多人围观的顾忌感，所以一般不会邀请现场观众参与。在一些直播性质的电视专访中，有时候会邀请线上观众通过媒体的官方网络平台参与其中，通过线上提问现场回答的方式交流沟通。这种方法让记者拥有更多的话题选择权，虽然比较容易抛出问题，但是对网友提问的快速选择也考验着记者的新闻敏感度和价值判断能力。在电视谈话中，现场更具有开放性，在议题讨论过程中需要新的观点、新的谈话方向出现，所以观众就有在现场的必要性。现场观众在整个谈话节目中所占比重并不大，作用却不可低估。首先，他们代表了普通大众的观点，与专家相比，他们的观点可能和大众的生活关联性更强。其次，这些观点也是对整个谈话场域话语结构的补充，有效避免了媒体的"自话自说"。最后，现场观众也是节目气氛的重要营造者，通过鼓掌、议论、微笑、点头等多种方式，对嘉宾的语言表示出赞同、怀疑、否定等多种态度，从而完成对节目现场气氛的调动、缓和与调节。

4. 话题

访谈节目的主旨就是上述三者之间的信息交流行为，因此，话题是将三方串联起来的唯一介质。话题选择的总体原则还是以"新"为主，要有明显的时效性，同时还要贴近大众生活，并且具有可讨论性。对于访谈节目，这种针对个人或社会层面的争议，正是节目的卖点所在，所以一个好的话题设置，不仅可以对热点问题有进一步的探讨，还可以让参与方有很好的发挥空间，同时也激发了观众的观看兴趣。在电视专访中，话题完全是以人物为中心的，所以话题会有一个既定方向，但具有不确定性，记者主持人必须根据现场氛围、环境去确定话题的切入点、转折点、涵盖面等。总体上，话题要通过被访人物的心路历程，反映被访者的人生观、家庭观、价值观等，并能够起到一定的正面舆论导向作用。在电视谈话中，人物是以话题为中心的，嘉宾是根据话题的适宜性去选择的，这时候谈话的主线就比较明确了，主持人要根据话题主线去做话题延伸，通过随机提问和讨论发现与主话题相关的隐性问题，这对于话题是否能谈得透彻尤为重要。

由此可见，从涵盖要素的角度分析，专访和谈话有相似性，但是从每一个要素的构成来看，两者的区别也非常明显。因此，在新闻实践中对两种访谈方式必须区别对待。

第二节 电视专访

如前文所述，电视专访的现场环境往往比较封闭，所以准备的核心更多在与被访者的交流以及采访提问环节上，但是从现代电视专访的形态来看，封闭不代表僵化，在越来越注重受众观感体验的电视访谈节目中，对于现场的选择以及表现形式也是前期策划的重要组成部分。所以要想将两者有机地结合起来，不仅需要通过语言，还要结合现场等多方面因素对被访人物做立体化表达，才可以做出符合现代电视观众需求的访谈节目。

一、访前准备

在电视专访中，最忌讳的就是"提纲式"提问，许多年轻记者在专访中会更多专注于自己事先准备的问题，而对谈话中的突发情况应对不足，这是采访经验缺失和采访前准备不充分造成的。约翰·布雷迪在《采访技巧》一书中写道，"经验丰富的记者一致认为，每采访一分钟，至少要准备十分钟"。只有掌握足够丰富的信息，才能多视角地去了解一个人，信息梳理的过程也能帮助我们在不同的话题之间建立联系，所以对被访者的熟悉程度决定了我们在专访过程中提问的深度以及处理问题的能力。

现在通过网络去熟悉被访者非常便捷，但是也要注意全面性。对被访者的了解绝不仅仅是他的生平事迹，不是他家有几口人几亩地那么简单，我们要尽量了解被访者的思想观念，从而建立良好沟通的渠道。记者张嘴一问，被访者就能听出你对他的事情了解多少，你对他的工作认识程度有多高。特别是作为某个行业的精英或者专家，如果记者的提问很外行，则很难获得被访者的认同，也就无从深谈，记者也就难以探寻到被访者的内心世界。杨澜在采访美国前国务卿亨利·基辛格前，搜集了基辛格博士在哈佛当教授时写的论文、演讲稿，以及他的传记，几乎通读了他的全部外交著作，还查阅了大量的历史文献和资料，采访结束后基辛格给杨澜的打分是"amazing"。杨澜说：我看了那么多资料，虽然最终只用在一两个问题上，但并不表示事先的准备是多余的。一个人所做的任何努力，从来都不会被浪费，哪怕只有其中的百分之一派上用场。就像一条鱼，正是鱼缸中看上去多余的那些水，让鱼可以游向任何一个方向。

要注意的是，这种对被访者的了解是有尺度的，在采访前还是要保持一些陌生感。因为被访者只要讲过一遍事实，再讲第二遍时他是缺少新鲜感和叙述欲望的，在叙述中会简化一些细节，甚至会有重要信息的遗漏，因此记者在采访前，除了一些必要的交代，是不应该和被访者做太多与采访话题相关的交流的。

在现代电视专访中，随着技术壁垒的打破，对采访地点的选择已经不只限于录音棚，多样、灵活、更好的视觉体验以及让被访者舒服成为新的选择标准。在《鲁豫有约大咖一日行》中，鲁豫采访新东方创始人俞敏洪，他们首先来到位于北京市海淀区的新东方总部，看到了十多平方米的俞敏洪办公室。访谈之外，鲁豫还来到新东方的课堂上与众学员互动。最后，在谈笑间俞敏洪讲述了自己的创业之路，分享了商业成功背后的懊恼与希望。这种方式在不摒弃对人物深入挖掘的同时，也展现了名人、明星更加生活化的一面。也是这种生活化的场景处理，让被访者在精神上更加愉悦与放松，容易在镜头前做真实的情感表达。

二、设计采访方案

采访不是普通的人际交流，在有限的时间里记者要给电视观众传递他们所希望了解到的信息，这就要求最大限度地保证问题的有效性。为了达到此目的，需要在采访前期准备一个高质量的采访方案。采访方案没有固定的写作格式，一般包括采访计划和访问提纲两部分内容。

1. 采访计划

采访计划是一个宏观层面的节目制作方案，它表现的是以节目形式、节目基调等大方向为主的设计计划。在采访计划的设计中，首先要明确的就是报道思想和采访目的。有些专访会聚焦于一个大的社会背景，通过人物去反映一个思想主题，比如中国互联网十佳品牌栏目《中国访谈》在改革开放40周年之际就做了一个与之相关的系列节目，在该系列中《中国访谈》采访到了体育、文学、电影、航天等领域中的代表性人物，通过他们的讲述展现了改革开放以来，我国各行各业在发展中取得的长足进步。

采访计划还包括采访地点选择、节目表现形式、采访流程等一些细节。如前文所述，现代的电视专访已经慢慢跳脱出了一张桌子两把椅子的纯聊形态，节目的地点选择更加灵活、多样，采访过程中还会插入许多环节，参观、游玩、吃喝这些生活化的场景都增加了访谈节目的可看性。但这些地点和环节并不是随机选择的，节目需要考虑视听表现、观众接受度、被访者贴近性、拍摄难度等多方面因素，找到能与被访者高度契合的内容。而采访流程主要明确采访的时间、需要的话题数量、节目构成部分等。

2. 访问提纲

访问提纲的准备就是记者专访前问题设计的过程，这个过程需要记者尽量多地准备问题，以备不时之需。在正式采访中，记者是带着采访目的去的，但是我们经常会碰到记者的采访目的和被访者的诉说目的相矛盾的情况，特别是在个性采访中，这样的情况会经常出现。记者想谈家庭，被访者却偏偏想谈事业，这时候如果记者不调整方向，就会使采访进行困难，甚至出现被访者不配合的情况。

因此在采访前，准备更多范围更广的问题是必须的，并且还要将这些问题建立联系。被访者想谈事业，那么我们就要从对方的职业入手，通过建立事业和家庭的关系，从而达到前期设定的采访目的。在被访者对记者的提问方向完全没有兴趣的时候，为了采访能够继续下去，完全转变方向也是有可能的。虽然可能不是记者最初的预想效果，但是有可能在其他采访方向上找到新的节目收视点。

访问提纲中大量的问题都来自记者对被访者的前期研究，并且要对研究成果分门别类，从中找出有针对性的提问。芭芭拉·沃尔特斯有美国电视新闻第一夫人之称，先后主持过《今天》《晚间新闻》《20/20》等著名节目。她是公认的专访专家，在采访过程中轻松自然、作风老练，并且能够适时提出关键性问题。在很多人看来，她的这种状态是来自其高超的交际能力和丰富的采访经验，事实上沃尔特斯在采访前对人物研究之透彻是大多数记者不能企及的，这些都反映在她的采访提纲设计上。她在采访美国电视明星卡罗尔·博内特之前做了一份研究报告及采访提纲，在这份38页的研究报告中包含五个部分，分别是博内特的个人经历（精确到了人生变化的每个阶段以及年、月、日），她的童年、家庭（包括父母的情况，成长中家庭对她的影响），她的职业生涯（她干的第一份工作，以及她怎样一步步走上演艺之路），她的婚姻历程（从开始到结束，以及中间的细节），还有她的个人习惯（包括保养、饮食、健康状况），等等。这些内容需要记者花费大量的时间去分析、提炼，才能如此精确、清晰。

正是在这样精密分析的基础之上，沃尔特斯设计出了 100 个探索性的问题，汇集成采访提纲。这些问题涉及博内特的儿童时代、青年时代、职业生涯、母亲时代、个人变化、社会观念、婚姻以及人生观这 8 个方向，同时还设计了一些引导性和过渡性的问题。由此我们可以看到，任何记者在专访过程中的潇洒自如都建立在对被访者充分了解的基础之上。

三、电视专访技巧

电视专访是最考验记者对提问技巧的运用的一种采访方式，如果无法突出人物个性，观众看完节目后也没有记住这个人物，那么就是一个失败的人物专访案例。问题提得好、提得准，让交流不流于平淡，能够把握人物的性格特征，发现人物的闪光点和与众不同之处，才能更加准确地提炼主题。同时，采访也是一个整体性的工作，并不只是问出好问题就可以，通过对采访节奏的把握、对问题的包装，以及整体设计让被访者愿意回答其实更为重要。因此，塑造一个完整的采访过程，我们应从以下几个方面入手。

1. 善于做好开场

俗话说，"好的开始是成功的一半"，采访也不例外，专访的开场决定了节目的基调、风格、方式等，所以当一个专访的开场足够出彩时，首先会增加记者与被访者之间的信任感，被访者只会把信息提供给自己信任的人，特别是在这种有摄像机记录的场景中，被访者往往会更加谨慎。同时好的开场也能吸引观众的注意力，让观众更早地进入状态。电视专访的开场其实是一个记者倾诉的过程，通过不多的语言，为之后的节目状态、节目方向做好铺垫，并让被访者对记者的采访意图有准确领会。

2023年，退役网坛巨星罗杰·费德勒接受中央广播电视总台《新闻1+1》节目主持人白岩松的专题采访，整个访谈内容都有较大的借鉴价值，其中开场的一段对话更是展现出了白岩松的采访功力。

白岩松：非常开心你又回到上海。当你又一次站到您当初开球的中央球场的时候，当然，不是作为选手，而是作为嘉宾，是一种什么样的感受？有没有想再上场比赛的冲动？

罗杰·费德勒：其实没有，我对退役并没有遗憾。过去那么多年，在旗忠网球中心经历了无数精彩的时刻。再次站在网球场中心，看到我的球迷，特别是在这片我有无数美好回忆的球场，我感到非常高兴。

白岩松：您怎么看待这种很特别的对您的爱？

罗杰·费德勒：这么多年来，我在上海收获了数不清的爱、热情和支持。这里的观众非常特别，他们一直关注着我，支持我的方式也很有创意，准备了横幅，选取了不同颜色，他们尖叫、欢呼、到机场迎接，在我离开时赶来送别。我感觉自己和上海以及中国的网球球迷有很强的联结，每次来到这里我都欣喜万分。

白岩松：你这次站在中央球场上，又得到了一个新的称谓，叫上海大师赛的超级挚友。您怎么看待这个称谓？尤其看待"特别好的朋友"这样一种说法。

罗杰·费德勒：是的，我成了上海大师赛的超级挚友。我从2002年开始参加上海大师杯比赛，2005年至2008年也参加了，之后又参加了上海劳力士大师赛，我在上海参加了很多次比赛。所以我们一直在想办法让我今年能回来，再次见到我的粉丝，并参与到网球运动中，因为网球对我来说真的非常重要。我刚才也提到我在上海拥有很多粉丝，所以很荣幸今年能再次回到上海。

白岩松： 因为您已经 8 次参加上海的大师赛，然后大家也留下了一种习惯，就是你每次来都会学一句新的中国话，甚至是上海话。这一次有没有特别的准备？

罗杰·费德勒： 我还没有特地上过什么课，但是我知道粉丝听到我说"你好"或者"谢谢"等中文的时候，都特别高兴。一般我需要有人先教我，我才能用中文说出来，这很有意思。有一年我们团队上过一小时的中文课，我感觉中文特别难，我们试着学了几个句子，我记得其中一句是"我很高兴回到中国"，或者"我很高兴来到上海"。我花了一个小时去学，而现在已经忘得差不多了，所以学习新语言是很有意思的，钻研语言也很有趣。

白岩松： 比如说现在您最熟练的一句中文会是什么？

罗杰·费德勒： 一直是"你好"和"谢谢"，这是我最先学的中文，还有"中国"，还有什么来着？我已经忘了很多，需要一些提示，我已经 4 年没说过中文了，需要复习一下。

在这段采访中，白岩松首先通过"非常开心你又回到上海"这样的话语把两个人从"陌生人"变成了"旧相识"，并且说的是被采访者非常愿意听的网球相关的内容。然后通过"您怎么看待这种很特别的对您的爱？"这个开放式问题询问被访者与粉丝的关系，将被访者引入回忆，让被访者畅所欲言，为后续的采访奠定基础。之后通过"因为您已经 8 次参加上海的大师赛"这样的语言体现了白岩松在采访前所做的充分准备和对被访者的了解，同时通过后续关于费德勒学习中文的谈话，提升了观众对被访者的兴趣，也进一步构建了记者自己和被访者的联系。想做到白岩松这样老练，需要经历上百次的实践。所以，这个案例最大的意义是告诉我们在真正进行专访之前，记者到底要向被访者交代什么。

2. 善于包装问题

电视专访与平面媒体的专访不同，记者没有办法通过文学化的处理将自己的提问隐去，大部分的提问会直接呈现在观众面前，因此除了对提问的精准度有要求，问题的美感也是需要注意的。对问题进行有效包装，可以提升观众的视听体验，也可以展现记者的文化内涵。需要注意的是，这种包装不是语言辞藻的华丽堆砌，而是要结合一定的提问技巧，才能够达到最终的采访目的。

白岩松在主持《东方之子》节目时采访了中国著名当代文化学者、作家、散文家余秋雨。在这次采访中，白岩松通过教科书般的问题设置给观众们留下了极深的印象。采访中一共有 8 个问题，每一个都经过精心的包装，并且蕴含着明确的提问技巧。

1. 您的文章很多人看了之后就说鬼斧神工，经常有神来之笔，那么当您写完之后，回头看自己的文章，是否也有种新奇感？

2. 我在您的文章中曾经注意您这样一个思想：人应该有一种大气和超越，才会有一种深刻的悲和美。那么您认为对于文人这一点是不是尤其重要？那么您自己是否在体验着深刻的悲和美呢？

3. 中国的文化已经很悠久了，在这个过程中有很多的文人在传递着它，岁月流逝，文人们相继逝去了，但心灵中这种体验却是一脉相承的。那么现在您是否觉得自己非常有责任来承担弘扬民族文化的使命，或者说您很幸运地是这个血脉中的一分子？

4. 当面对自己的时候，或者说酒后，您有没有构思或想过自己是唐朝的一个诗人或者宋代的一个词者？

5. 您现在是名人了，平时会有很多人找您，很多场合需要您，这样一种非常忙碌的生活，您是忙于应付呢，还是心里隐藏着成功的喜悦？

6. 辞去上海戏剧学院院长的职位，对您来说是不是件很高兴的事情？

7. 您过去家住楼房，在上海的西北角，您可以以一个旁观者的身份来观察这个大都市，那么您正要搬家，搬进市长的院里，也许多了一份安静，但会不会也多了一份贵族气？

8. 您被评为上海高教的十大精英，这个奖项和您在其他文学上获得的奖项，不会有太大的差距吧？①

在这 8 个问题的设计上，如果去掉修饰性的词语，只看问题的本质，其实非常简单。比如，第一个问题问的就是余秋雨对自己文章的看法以及评价。但如果只是这样问，问题就会显得很单薄并且指向性不强，既不美观也不好做具体回答。在这里记者加入了侧面提问的技巧，以大众对其文章的评价为切入点，以新奇感为题眼，不仅增加了问题美感，还进一步增强了问题的针对性。再比如，在第四个问题中记者显然使用了假设性提问的技巧，在一个假定的情景中，让被访者说出更具真实性的答案。这个问题妙在对提问的包装上，看似相近的两个假设对象，其实区别非常大。唐朝的诗人处于中国封建社会的鼎盛时代，诗歌更加重视声律对仗，辞藻华丽。而宋代的词者长期处于外族威胁之下，诗词不像唐朝的那么具有韵律，但是思想性更强，拥有强烈的悲天悯人的情怀。因此这个问题的最终指向就是余秋雨对文学作品中美感表达和思想性之间辩证关系的看法。而第五个问题记者又用到了错问技巧，在两难的选择下让被访者透露对事件最真实的看法。

纵观这 8 个问题，从余秋雨的文章出发，到他对自己的看法、对文人这个群体的看法，再到他对自己的社会定位、社会责任诉求等，逻辑顺序

---

① 王平. 白岩松·余秋雨·闭合式提问［J］. 新闻爱好者，2004（6）：49-50.

非常清晰。同时，每一个简单的问题，白岩松都会找到不同的切入角度进行包装，问题美感十足，技巧涉及侧面提问、带背景的提问、假设性提问、激发式提问等。白岩松通过技巧把这些开放式的问题尽量设计成了闭合式问题，从而获得了最佳的采访效果。

除了对问题本身的包装，记者还可以对提问环节进行包装，通过一些新的方式去具体化自己的问题。比如，2015年白岩松在采访搜狐公司董事局主席兼首席执行官张朝阳时就用了一个有趣的设计，他在采访到一半时，拿出了一个题板，然后说："现在，你看我们有一个白板报，这上面有两个填空题，肯定是围绕这次大会以及未来很长一段时间大家都关心的问题。第一个，互联网思维有还是没有，如果有，一个关键词是什么？第二个，'互联网+'到底加什么？您给我们填一下。"然后张朝阳就在这两个问题的空白处写下自己的答案，紧接着白岩松就据此答案提出了之后的问题，可以说这样一个小技巧的运用，成功地让被访者帮助记者完成了问题的设计。所以针对问题的包装方法有很多，记者在平时要多思考、多总结经验。

3. 善用闭合式提问

专访的特点就是对于问题的深入解答，被访者的回答越具体越好，那么闭合式提问在这里就会发挥出巨大作用。在第三章我们谈到过，闭合式提问是一种具体、指向性强并且被访者回答范围小的提问方式。它是电视专访中记者最常用的提问方式，上文中提到的白岩松问余秋雨的8个问题，其最大特点就是几乎完全地采用了闭合式提问。如果我们留意一下电视中诸如王志等明星记者主持人的访谈，可以发现他们的提问具有同样的特点——偏重闭合式提问。

专访中的闭合式问题首先强调的是准确，在这种深度交流中，清楚、明白是第一位的，要让被访者迅速听懂，同时要让电视机前的观众也能快速理解。因此，闭合式问题一定要精准，不是说只要问题闭合了，答案就一定是具体的，而是在整个问题的建构上要有一个闭合的范围。比如，我们问一个教育部的部长关于一些现代教育困境的问题。如果我们这样设计问题——"在现代教育的建设过程中，您认为是师资力量更重要还是教育经费更重要？"这个问题看起来是一个闭合式的问题，但是回答起来却非常困难，因为这是两种不同的情况。如果是针对教学建设，师资可能是一个重要因素，但是如果针对教育基本建设投资，教育经费可能就更重要一些。所以这是一个看起来闭合，实则开放到难以回答的问题。

其次要善于把闭合式问题与背景材料有机结合。闭合式问题是在大的背景下给一个小的切口，可以起到以小见大的效果。很多记者会说，问闭合式问题前先铺垫一下，这个铺垫就是背景材料。比如，在《新闻直播间》白岩松采访小米公司创始人雷军时问了这样的问题："从现在互联网的企业来看，尤其很多做硬件的企业，它也有不同的打法，你比如说有的企业选择的是不断地在用内容，甚至是用版权来带动硬件，但是小米在去年也非常吸引眼球，比如说新浪的陈彤过来了，但是到现在动作没有大家想象的那么大，这个背后是小米什么样的思路？内容是否也处在绝密的过程中，也许哪一天突然亮相还是就是一个渐进的过程？你是打算硬件带软件呢？还是内容是你将来看重的东西？"这些问题就是在比较开放、比较大的背景下提出的，白岩松结合了整个互联网行业的发展，以及其他企业的发展模式，然后具体到小米公司在这个发展过程中的一些选择，去提出了相关的问题，并且在一次次的提问中将问题更加细化，因而没有使问题变得僵化或琐碎。

同时，闭合式问题也可以把许多抽象化的问题变得更加具体明白，从"怎么想""怎么看"这种大而不当的问题当中脱离出来，给予观众更具现实意义的答案。比如，在《杨澜访谈录》杨澜采访姚明的一期节目中，谈到姚明退役后的生活，杨澜问道："你怎么看待进取这个词？你会觉得现在自己依然有很强的动力去不断地有所创造有所改变吗？还是说你会慢慢地慢下来享受生活？"如果这个问题仅局限于第一问，没有后面的闭合式问题做补充，回答的内容会很宽泛，包括价值观、生活态度、自身境遇等多个方面。加入补充问题后，显然提问的目的、需要结合的方向点就明显了。姚明在回答过程中谈到了自己退役后对事物看法的变化以及自身的经历，给予了很好的回应。

4. 善于倾听

在专访的过程中，最终呈现的是一个双方互动的结果，记者不能只是自说自话地提问，而是要在适当的时机提出相应的问题。记者需要顺应被访者的思路，采用灵活多变的提问方式。同时也要抓住被访者留下的"话头"，提出被访者愿意公开表达的问题。这就要求记者在采访的过程中，首先要学会倾听，并在此过程中做出上述判断，从而说听者之所想，问听者之想说，以此取得理想的采访效果。同时，倾听也是交流的基础，采访总体来说是建立在人际交流基础之上的一种特殊交流形式，谈话回合感的营造在这个过程中尤为重要，只有让对方感觉到你愿意听，他才会有倾诉的欲望。如果我们只是遵循脑海里的既定框架，完全无视被访者的感受和留下的"话头"，交流的空间自然而然会趋向于闭塞，被访者也会在这个过程中失去谈话的兴趣。

2019年1月，中央广播电视总台《面对面》记者董倩采访了华为创始人兼CEO任正非先生。在访谈中，针对华为作为一个全球领先的信息与通信技术以及智能终端供应商，却长期重视基础研究的问题，任正非做出了回应。

董倩：作为一名企业的负责人，您非常重视基础研究和基础学科，但是您知道，现在的现实是有一些高校，尤其是在专业设置上，对于基础学科不够重视。比如说前段时间您到中科大的时候跟校长说，统计学非常重要，哪一门技术都用得到。但问题是，现在有多少年轻人愿意学这个？

任正非：你讲到命脉了。人工智能是什么？计算机与统计学就是人工智能。我们老说人工智能，中国没有人工智能这门课，计算机与统计学，审计学与统计学，你说我们要进入大数据时代，大数据时代干啥？（就是）统计。说明我们国家在数学上面重视不够。第二个在数学中的统计学上，重视不够。大家过去看，多年来好多诺贝尔经济学奖获得者，大多使用的是统计学。所以，中科大包括校长给我讲话的时候，他介绍专业的时候，我每个专业后面加一个统计学，这个专业后面加个统计学，你才能带动新时代的突破。比如说我们有一些科学家跟我讲，他说未来时间长短我不好说，不会要十年，他说只要移动愿意多给我们一倍的钱，我们可以把它带宽增宽100倍。比如说我们和苹果手机的差距是什么？说苹果在寒冷地带就照不了相，我们在寒冷地带能照相。

董倩：这跟数学有什么关系？

任正非：这是胶水，这是我们科学家发明的一种胶水，这个胶水在低温下不凝固。我们在低温下就可以照相，因为镜头是用胶水粘起来的。其实这都是基础科学带来的。突破基础科学需要非常长时间的积累。

董倩：为什么一家公司，一家民营公司在研究它的产品的同时，还要下那么大的力气去加大这个基础研究。

任正非：在正常传统的做法中，基础研究更多是对人类未来的探索，应该由学校、科学家他们探索完成了以后告诉我们，我们再进行工业实验。通过工业实验把它们做成一个可能使用的技术诀窍，根据这个技术诀窍，我们再去生产产品，这是一个很漫长的过程。这个时代发展太快了，过去那种产学研的分工模式不适应现代社会。我们不可能等科学家们按照这个程序做完，所以我们自己培养了大量的科学家，我们公司应该至少有七百多个数学家，八百多个物理学家，一百二十多个化学家，还有六千多位专门在做基础研究的专家，再有六万多名工程师构建这么一个研发系统，使我们快速赶上人类时代的进步，抢占更重要的制高点。

董倩：但是我问您一个很功利的问题，都知道基础研究，基础就意味着时间一定长，假如投了这么多钱在基础研究上面，见不到成果怎么办？

任正非：一定是的，我们有一个主管研发的徐直军，每次我都批判他，我说你看你这个人，是我浪费了一千个亿培养起来的，以前你批判我浪费一千个亿，你今年再批判我，我应该是浪费两千个亿。

董倩：您认为是浪费吗？

任正非：这是一个诙谐的说法，因为科研上的不成功也培养了人才。我们的一个小伙子到瑞典两年，他领导了一批科学家，他在半导体上突破，这是人类社会重大突破。这个突破，当时我提议涨七级工资，最后他们涨的是五级，破格涨了五级。

董倩：为什么没听您的？

任正非：我有时候说话也不算数，因为我有时说话比较夸大一点，我希望更激励人一点，但是他们更考虑要平衡一点。

这段采访就是记者由一个问题出发，在听的过程中不断抓住"话头"，不断抓住问题深入剖析的范例。那么倾听和提问到底是什么样的关系呢？首先，记者要时刻关照电视机前观众的感受，让观众听懂明白。比如在被访者的第一段回答中，最后就讲了两句与之前统计学内容看起来完全不相关的话题，对于这样一个表述不清楚的事实，记者紧接着追问："这跟数学有什么关系？"通过被访者的解释让观众对被访者的表述有更好的理解。同时，有时候被访者在说话时会蕴含着其他意思，他会用暗语、反讽等修辞手法表达出来，这时候记者要善于总结提炼，不能让观众去猜测被访者的意图，因为极有可能在揣测过程中出现信息获取的偏差。比如被访者在谈到主管研发的徐直军"浪费"经费的问题时，记者同样迅速追问："您认为是浪费吗？"从而得到了被访者做这个比喻的真实意图。准确地提炼被访者的意图有助于观众对信息的理解，同时也可以把访谈引向一个比较明晰的方向。

其次，"话头"是被访者递给记者的一根树枝，如果记者能够发现他，就可以使整个采访更加清晰明确。在某些语境下，被访者不愿意把话说满，也许是觉得这时候不该主动去说，或者无意忽略，记者如果细心去听，会发现一段话语当中的逻辑缺失，这就是所谓的"话头"。这些缺失主要有两种，一种属于信息缺失，比如被访者在叙述中会跳过事件发生的某个过程，虽然表述起来方便，但是会给观众造成误解。另一种属于意图缺失，比如被访者在表述过程中会大量陈述客观事实，并不给予事实评价，但是从整个表述过程、语气、状态来看，被访者对所陈述事实是有自己的既定态度的，只是不想明确表态。这时候就需要记者抓住这些"话头"，做好信息补充，明确被访者的观点。在这个案例中，我们看到任正非谈到一个去瑞典的小伙子取得科学突破给他涨工资的话题，在最后留下了实际涨的工资和任正非提议的涨幅不相符的"话头"，这就属于信息缺失。记者马上问道："为什么没听您的？"任正非说出了他的真实意愿，并表现了他作为一个企业领导人的可爱一面。

最后，倾听的过程不只是听得详细而已，记者还要边听边思考，由此判断被访者说的话是否合理，以此来质疑。根据不同的采访方向，记者的思考方向也稍有区别。对于信息采访来说，我们要判断信息是否完整，原因、经过、结果是否都有，是否在某个环节中的细节是要告诉观众的。对于观点采访我们要判断对方的观点是否正确，是否科学，是否和之前的观点相矛盾，是否可以自圆其说。而个性采访我们则要判断被访者的表达和其内心想法是否一致，甚至要通过被访者的一些肢体语言和微表情来协助我们做出判断。在这个案例中，我们看到被访者谈到基础研究所要付出的代价明显和一家民营公司的收益不成正比，这显然是在观点采访中出现信息矛盾时需要被访者做出的解答，记者就此提出了自己的疑问："假如投了这么多钱在基础研究上面，见不到成果怎么办？"之后我们看到了被访者对于基础研究的重要性以及必要性做出的解释。

5. 善于运用情感

在访谈节目中，情感的表达是非常重要的，采访虽然需要更多的理性思考，但是人与人的交谈总归是情感交流，如果完全无视情感的表达，谈话就会像一潭死水。这种情感的表达也不是完全没有尺度的，没等观众的情绪到位，自己已经饱含热泪，会让人觉得夸张。从宏观层面上理解，这种情感是一种精神，是一种价值取向，是我们一直所说的人文关怀和社会责任感。从微观层面上理解，这种情感是设身处地去体会当事人的心路历程，在情感上要接近采访对象。

有的专访节目就是以情感为主题的，这种节目尺度把握不好就会变成简单的情绪煽动，记者需要在节目中通过环节设置、采访效果形成高阶的情感表达，才能让观众感同身受。《大王小王》是湖北卫视的一档关怀类情感访谈节目，该节目与以往把关注点放在明星、社会名人身上的群体选择思维不同，它更多聚焦需要关怀的社会群体，包括农民工、社会残障人士、下岗工人等，90%的采访嘉宾都是生活中的普通人。节目借助媒体的力量，帮助他们排忧解难、扶危济困，搭建起了联系社会团体、慈善机构、明星等的互助桥梁。可以说，从节目设置上，该节目凸显了人文关怀的宗旨。

记者的人文关怀体现在他对采访对象及其意愿，以及他的相关隐私和人性的尊重。记者不仅要获取信息，而且在采访中不能伤害其他人，要充分保护受访者。在采访过程中融入情感交流，是记者良好的职业道德与职业操守的体现。当然，这种人文关怀是适度的，比如在面对一些弱势群体时，还是要保持采访的初心，该逼问的时候逼问，该严肃的时候严肃。不能因为善良而在对待弱者时同情溢满，要在感性与理性中找到平衡。

6. 善于直击人心

专访需要对人物内心进行挖掘，在信息采访和观点采访中，记者逼近真相更多是为了公共利益，比如说某事件涉及环境污染、食品安全、儿童教育等问题，记者需要更多地使用激发式提问和追问，甚至需要更多地质疑。这时候记者需要对公众负责，提问基本也属于就事论事，所以只要问题设计严谨，就不用顾虑太多。

但是在个性采访中，记者有的时候要进入与公共利益无关的私人领域，不同的人有不同的隐私，什么是愿意对公众谈的，每个人的界限都不一样。在界限内也许能直击人心，在界限外就有可能令人厌恶。

那么到底什么样的问题会直击人心呢？每个人都有两种形象，即公共形象和个人形象。公共形象是安排好的，是经纪公司策划出来的，是展示给他人看的优质形象。个人形象是每个人面对自己时才会展示出来的形象，也许不完美，但是真实。在个性采访中，记者如果只采访到了被访者的公共形象，是没有什么意义的，这种形象更多是作秀，只会说出设计好的空话、套话和官话。因此在采访中让被访者展现出其个人形象才是记者应该做的，要让被访者更加坦诚地面对镜头，或者忘却镜头的存在。这种真实的自己来自个人对真实生活的反映，每个人都会有困扰自己的问题、经常思考的问题或付出过巨大代价的问题，正是这样的问题让我们变成现在的自己。这些问题可能是人的一生之痛，也有可能触碰到人最软弱的一面，在大多数时候没有人想倾诉它，除非在特定的语境之下，在足够的铺垫之后，一旦开始倾诉，我们就会看到一个活生生的人到底经历了什么。

艾格尼斯·德米尔是美国音乐剧舞蹈的先驱和开创者之一，她通过创新地融入民族式芭蕾，而不是传统的踢腿舞或踢踏舞，首次把舞蹈在音乐剧中的地位提到了空前的高度。德米尔最后一次接受采访是晚年时在她纽约的公寓中，那时候她患了中风，大部分时间只能在病床上度过，接受采访前她精心打扮了一番，尽量让自己看起来有精神。在采访过程中记者问了一个谁都没有想到的问题："你有没有因为自己不够漂亮而困扰过？"在场的工作人员都倒吸一口凉气，没有任何人敢问德米尔这样的问题，或者说对于一个舞蹈艺术家来说，这样的问题是极具攻击性的。但是没有想到德米尔听到这个问题之后，打开了自己的心扉，诉说了许多以往的经历。

德米尔从小酷爱跳舞，但父母都不希望她走这条艰辛的艺术之路，只是希望她将此当作一个业余的爱好，而不要当作将来所要从事的职业。特别是青春期后，她的体形产生了一系列变化，脸上也开始长青春痘，不适合继续跳舞的她只能陪着自己的姐姐去上舞蹈课。那时候她就下定决心，这辈子舞蹈是她追求的梦想，就算不能跳舞，只要做与舞蹈相关的工作都是可以的。之后她的姐姐得了腰椎病，而且按照医生的说法，这种病在德米尔身上出现的可能性也非常大，只有练芭蕾才可以加强抵抗力。就这样，她的父母在无奈之下只能同意继续让德米尔练芭蕾。重新获得机会的德米尔越发勤奋，但是青春期身体留下的变化却阻碍着她的发展，不够漂亮让她失去了许多机会，之后她把工作重心转移到了编舞上，正是因为她的执着、坚持以及创造性的构想，才使得人们真正认识到舞蹈在音乐剧中的作用，而舞蹈设计也因为她成为一种正宗的艺术。

不够漂亮，确实是一直困扰德米尔的问题，也正是因为这样的问题让她成为现在的自己。这样的问题看起来很难发现，但是如果我们对被访者做了足够多的分析，足够了解他，其实就不难发现，所以在专访之前，对被访者进行前期研究还是至关重要的。

发现问题是一方面，能不能把问题有效地抛出来又是另一方面。如前文所述，这种直击人心的问题往往在隐私的边界，可能会对被访者有所触动，但是对方愿不愿回答是我们所不知道的。如果只是图一时之快问了出来，被访者不愿意回答，就会造成尴尬的气氛，甚至影响整个采访进程。所以当记者判断不清楚的时候，可以用提问技巧去做一些修饰，避免这种尴尬。2006年杨澜在采访马来西亚前总理巴达维时，通过事先研究资料发现，他的妻子刚刚去世，因为他们感情很好，杨澜就想设计一个关于这方面的问题。在谈完了许多政治方面的话题之后，杨澜问巴达维："在过去的2005年发生了很多事，但对你影响最大的事情是什么？"之后巴达维就谈到了他离世的妻子，讲他和他妻子的感情以及她最后的日子，非常动容地讲了十几分钟。采访结束后，他的新闻秘书对杨澜说，"你们中国记者真有本事，我们的总理在公共场合从来不谈个人生活"。

我们可以看到在这个问题的设计中，记者给予被访者足够大的回答空间。2005年发生的对你影响最大的事情，这是一个开放式的问题，说什么、怎么说都可以，完全看被访者当时是否愿意回答，如果能够谈到记者想要的话题，那最好。如果谈不到，也不会影响之后的采访气氛。

第三节　电视谈话

电视谈话节目主要以话题为引导，节目现场气氛更加开放，但是气氛的开放并没有带来环境的开放，由于种种因素限制，电视谈话节目反而以比较固定的演播室为主，这就要求我们在节目准备、环节设计、现场交流等过程中更下功夫。特别是在媒体信息同质化严重的今天，一个热点话题的出现，多家电视台都会对其进行报道。同样的事、同样的话，再离奇的人生经历听上三遍也会味同嚼蜡。所以在占有独家选题的同时，通过节目的合理设计与嘉宾配合，挖掘出更为独家的内容，使谈话更有感染力，成为一档电视谈话节目脱颖而出的关键点。

一、访前准备

电视谈话节目的看点更多在于嘉宾是否可以畅所欲言，因此其准备工作就是考量主持人是否能提前建立这样的谈话场域。好的谈话方向、谈话选择以及适合的嘉宾都是这种场域建立的基础。

1. 节目定位

除了个别突发性事件，大部分的电视谈话节目是以栏目的形式呈现的，因此受众定位是保证栏目独特性的基本要素，它不仅决定着栏目的方向，甚至还决定着节目的组成形式、谈话氛围、嘉宾邀请等，是节目保持持久生命力的保证。"受众对大众传播所传达的各种内容也会加以选择、判断，他们一般只接受一些与自己的信念相符合的信息。"[1]这就代表着受众对符合自己价值观的节目会更加依赖，谈话节目传达观点的特性使得其对受众的适应性要求很高。因此，一个谈话节目必须根据自己的节目预期方向，在社会调查的基础上确定受众群体，明确目标观众的节目需求。比如，中央电视台经济部2000年推出的一栏演播室谈话节目《对话》，节目以捕捉鲜活经济事件为主导，通过与经济相关的突发事件、热门人物、热门话题或某一现象的导入，为新闻人物、企业精英、政府官员、经济专家和投资者提供一个交流和对话的平台，着重突出思想的交锋与智慧的碰撞。其主要针对的受众为关注经济改革动态并具有决策能力的社会精英人士，由此我们看到《对话》栏目的话题选择更加前沿，嘉宾选择更具分量，栏目形式也更像一个高端论坛。

而中央广播电视总台的另一档谈话节目《央视财经评论》虽然和《对话》一样以经济话题为主，但是风格却完全不一样。《央视财经评论》以多元化的视角，每天邀请两位嘉宾或评论员，就当天最值得关注的国内外财经事件，在讨论的过程中进行深度解读。这档节目的受众更多是普通老百姓，因此在各节目环节中都是用老百姓最方便理解的方式进行表达，在直播环节中结合了新媒体技术手段，与网友、观众实时互动，节目既有权威

---

[1] 吴郁.谈话的魅力[M].北京：中国广播电视出版社，2007：101.

性，也注重贴近性、事件性。

这两档节目都是总台相当成功的财经类谈话节目，在节目定位上，它们不仅聚焦于财经这个大的方向，还各有各的偏重，节目形式也因其内容方向和受众群体的不同展现出自身特点。由此可见，只有确定好节目定位，明确受众需求，才能在竞争残酷的电视界立于不败之地。

2.选题准备

电视谈话节目是一种面向广大观众的、公开的活动，一方面选题在满足一定新闻性的同时，还要具有社会性，要具有一定的受众针对性，让观众感兴趣，这样才可以留住观众，并吸引他们积极参与。另一方面选题还要具有话题性，通过话题的多向性激发嘉宾的思维多向发展，从而展现出电视谈话节目交锋性强的特点。

首先，选题要考虑受众群体是谁，他们的生活方式是什么样的，他们需要什么。比如《对话》栏目，它的受众群体就是企业家和政府官员等精英人士，他们是社会上具有较强影响力和行动力的人。他们在获取信息的过程中具有很强的目的性，看电视谈话节目的主要目的就是在知识和经验上有所收益。所以，在选题设计时需要用他们的视角来看待问题，精心策划后形成最终的文案。比如"中国工业之思""脱贫之后新答卷""智能经济：'云'知道答案"等，这些选题都与中国经济发展和行业发展息息相关，节目播出后，许多节目话题一度成为商政界人士探讨交流的热门话题，并走进众多高校MBA课堂成为商业教科书。

其次，所谓话题性就是要有一定的社会辨识基础，并且内容较为开放，能够引起大众参与。《央视财经评论》中有一期节目《可乐卖"酒"越喝越有？》从可口可乐在日本市场推出酒精饮料出发，谈到可口可乐公司本身的发展路径，再谈到可乐市场的未来商机，以及对于中国饮料市场的分析和中国饮料企业的发展机遇。仅仅一个小话题，却牵引出了诸多不同的方向，每一个方向都有创新的思维和理念，最后的结论引人深思，这就是选题具有话题性的重要性。

同时我们要注意，有些选题有社会性、话题性，但是它并不好"谈"，在现场录制时可能会出现问题。比如有的话题比较敏感，虽然大家都关注，但是在电视这种大众传播渠道上不太好准确表达，最后只会让场面变得尴尬。有的话题可能会超出主持人能力范围，主持人对谈话内容不够了解，在节目中说了外行话，对节目无法做出有效引导。有的话题可探索范围过大，嘉宾对问题的理解和表达会出现偏差，加之主持人也没有很好地控制现场，任由话题自由进行下去，造成"跑题"的情况。因此，对于话题的选择要反复论证、推敲，记者除了要熟悉话题，还要针对可能产生的话题方向做充足预案，不然会给节目制作带来很大麻烦，同时整个节目核心也不突出。

3. 嘉宾准备

电视谈话节目的嘉宾不是现场观众，而是经过节目制作方认真选择后的谈话参与者。嘉宾选择是否妥当是观众对谈话节目喜爱与否的重要因素之一。当然，嘉宾的类型还是要与栏目定位和话题性质相契合，选择时也会参照受众心理需要和预期的传播效果。虽然每个节目的性质都不相同，但判断节目优劣的标准是一样的。对谈话类节目而言，有三条标准：现场气氛要热烈，谈话要有交锋，谈话要有启示作用。

首先，气氛热烈是选择嘉宾的基础条件。谈话节目的主要呈现形式是语言，能够把节目推向高潮的也只有语言，如果谈话节目失去了谈，那么节目肯定是不成功的。可以用语言贯穿始终是谈话节目的基本要求，因此，口才是节目选择嘉宾时的第一要义。有的专家可能有很强的专业知识，但是他不善于在镜头前表达，或者临场反应无法跟上节目的节奏，这样的嘉宾是无法撑起一档谈话节目的。我们可以看到，谈话节目邀请的嘉宾一定是可以把专业知识和口才结合得非常好的人，或者是节目主持人的朋友，这种亲密关系的提前建立可以消解嘉宾的陌生感，有助于其现场发挥。

其次，谈话是否有交锋感决定了我们选择嘉宾的类型。在一期节目中，嘉宾要尽量持有不同的观点。如果嘉宾观点全都相同，那么就不会产生所谓的思想碰撞。好的谈话节目要像辩论一样，有正方观点、反方观点、中立观点，这样节目才能精彩。有些属于社会统一观点的话题，嘉宾所持态度可以趋近，但是需要从不同的谈话角度帮助观众对话题进行深入理解。有的嘉宾在陈述时会更多地从专业角度出发；有的嘉宾反之，会更多地联系社会大环境。只有嘉宾的谈话方向不同，才能带给观众多维度的思考空间。比如，在《央视财经评论》节目中，嘉宾通常由一位财经评论员和一位专家两个人组成。两个人的谈话方向不同，使讨论具有深度和专业性的同时，还可以从百姓关心的视角剖析问题。

最后，谈话结果是否具有启示性决定了选择嘉宾的维度。现代传媒对于普通公众的影响是巨大的，现代人都是通过媒介去了解世界、认知世界的。随着媒介的发展、多元化节目的出现，人们希望通过媒介获得高质量的信息内容。这种需求不是流于表面的知识获取，而是更深层次的精神文化需求。与专访那种带有明显主观意志的观点传达不同，谈话节目的嘉宾们会更专注于话题本身，通过讨论产生思想火花的碰撞，在观点不断被修正的过程中产生更加客观公正且多层次的思想理念。那么在讨论的过程中，观点的深度、广度就显得尤为重要。社会名流和专家学者的初始观点往往具有较强的可行性或极具借鉴意义。在宏观层面上，他们的思想对于一个社会塑造核心价值观有着重要意义。多维度的嘉宾选择可以促成多维度的话题构建，来自不同领域的专家也表达了不同领域对问题的主要看法，这样在话题观点整合过程中才能够有效地照顾到社会各个层面，增强观点的有效性。在微观层面上，观众与专家的观点也许并非完全契合，但是多维度的话题展现可以带动观众独立思考，在辩证中学会和而不同。

在确定邀请的嘉宾后，在节目前要和他们做一些基本的沟通，包括本期节目的话题，要达到什么目的、效果，可能涉及哪些问题，回答问题的时间，是否需要和观众互动，等等。这些都必须向嘉宾交代清楚，以便嘉宾做好充分准备，免得当场措手不及。同时要注意，谈话节目的嘉宾大多是一些社会名流、专家学者，他们还需要参加一些社会活动，有时会因为特殊情况不能按时应约做节目，遇到这种情况就要邀请备选嘉宾，这就要求主持人或者节目组在每期节目之前明确备选嘉宾的范围，一旦邀请的嘉宾失约，可以及时应对。

二、谈话节目设计

在谈话节目进行过程中，不能只有好的话题，还要考虑对谈话环境的建立，这样才能将话题层层推进。谈话环境除了体现节目性质，有时还会突出节目品质。而在谈话进入瓶颈期时，好的节目环节设计可以起到推进节目进程的作用。

1. 现场环境设计

电视谈话节目因为话题性质以及多位嘉宾的参与，在节目呈现上不可能像现代电视专访那样多样，虽然也会有别出心裁的游玩式谈话出现，但是如果不加选择的大量使用这种方式不仅不能起到好的效果，甚至还会影响谈话节奏和节目进程，所以演播室录制还是谈话节目的主要呈现方式。因此，主持人和嘉宾的席位如何安排，就成了营造现场气氛的首要前提。

席位安排没有什么固定的方式，主要还是以栏目定位为主，并且可以考虑到节目当中的某些环节需要。比如访谈节目《对话》，本身严肃性、专业性较强，因此席位安排会更加传统，基本是以主持人坐在右边、嘉宾在左侧一字排开的形式。因为人们的阅读方式是从左到右，看电视也是这样，主持人在屏幕前处在最左侧，就是谈话的发起者。而一字排开的排序方式也让嘉宾拥有更好的发挥空间，可以面对主持人，也可以面对观众，这种排位更适用于参与话题人数较多的节目。有些谈话节目则追求一种自然、惬意的谈话环境,比如《圆桌派》这样的节目,是以小型圆桌为主,把主持人与嘉宾的席位排列成弧线形,或是略微变体成直角形、雁阵形等,适用于参与话题人数较少并且内容相对轻松的节目。

除了席位的设计,每个节目会根据自身定位需要,对现场环境做一些细节处理。比如场地席位设置与现场观众的参与程度也有着密切的联系,观众参与度较高的节目,观众区离主景区比较近,观众就坐在离嘉宾和主持人四五步远的地方,方便观众参与,同时也方便摄像师取景,营造出一种嘉宾与观众之间很亲密的氛围。观众参与度较低的节目,观众区则稍远,突出谈话人的主体地位。再如《圆桌派》,在每期节目开始之前会点一炷香,沏一壶茶,边喝边聊,这样设计使得节目极具精致感和文化感。同时,一炷香也是谈话的时限,把一个普通道具内化成为节目的一部分。还有综艺节目《这!就是街舞》的衍生节目《一起火锅吧》就是节目中的四位队长和总导演、总编剧一起构建的谈话节目。大家一边吃火锅一边畅聊当期节目的出彩选手、精彩内容、幕后心路历程等热点话题。在现场环境的设计上不仅有一个吃饭的饭桌,还有篮球、滑板、乐器、台球桌、游戏机等娱乐设施,让四位队长在开饭之前可以休闲放松,体现嘉宾在赛场之外的真实性格,同时也突出了节目年轻化的基调。

2. 现场环节设计

电视谈话节目是非常注重环节设计的节目类型,因为针对一个话题的长时间谈话会增加嘉宾的疲劳感,在长时间的头脑风暴之下,难免会出现谈话停滞、话题质量下降的情况,这时候需要嘉宾有一定的时间来缓冲、整理思绪。

开场环节是节目能不能抓取观众注意力的一个决定性因素。怎么引入话题,怎么让嘉宾尽快地进入状态,是节目的成功所在。最常用的方法就是加入先导片,从人们身边的事件出发,让观众尽快了解话题方向,并且在先导片剪辑过程中也要注意方式方法,尽量设计一些悬念,多用疑问句。

或者在节目开始阶段设计一些问题,帮助观众代入节目。比如,《对话》栏目中《四亿身家教授是怎样炼成的?》这期节目的开场,就设计了这样的环节,主持人陈伟鸿首先拿出一个冰激凌,说道:"我知道现在大家的目光就聚集于此,但是这一刻我不能让大家吃到这个冰激凌,因为它太贵了。一个小小的冰激凌能贵到什么程度?大家猜一下。"这就是从一个问题出发,引出了五亿元冰激凌的话题,从而引出了聚氨酯泡沫材料的发明人毕玉遂教授以及技术发明过程中每个时期的关键人员,并展开具体的谈话。这个设计就是通过一个看起来贵到不可思议的冰激凌充分引发了观众的兴趣,自然而然地引出嘉宾,将观众带入了谈话情景。还有一种方法是设计一些现场的异常状态,引发观众的猜测。比如在《实话实说》的一期节目中,工作人员在观众席摆放了许多假人,在镜头展示后,主持人才徐徐说出这期节目的主题与打假相关。

过程环节是维持节目良性运转的有力保障。当节目进行一段时间后,通过设计将节目逐渐推向高潮,而不至于在大强度的谈话之后渐入低潮。比如,东方卫视的《东方直播室》是一档邀请新闻事件当事人到现场,正反双方意见嘉宾深入探讨核心问题的辩论类节目。在节目开始他们不会把所有当事人都邀请进现场,而是随着时间的推移和话题的进展,有序地将不同矛盾点的当事人请入现场,维持现场话题的热度。有的谈话节目氛围比较轻松,所以主持人会在节目过程中设计一些游戏环节,类似于快问快答之类的,在游戏中寻找新的话题点,帮助节目度过话题空白期。有时候主持人也可以用一些道具辅助环节设计,往往能起到出人意料的效果。比如北京电视台的影视谈话节目《影视风云路》当中有一期的主题是当年北京电视台电视剧收视冠军《金婚》的主创人员做客节目。在电视剧中,主人公佟志给爱人文丽写的婚后保证书给观众留下了深刻印象,当期节目就巧妙利用了"保证书"这一道具,围绕保证书的内容展开谈话。从剧中佟志所写的保证书内容是否完全被遵守,到生活中各位演员对保证书内容的看法，以及各自家庭的和谐秘方，谈话内容鲜活生动、妙趣横生且主题突出、脉络清晰。当然，像这样能够贯穿整期节目的道具并不多，但是一些与嘉宾或者话题相关的小道具，往往能起到打开话匣、转换话题、深化主题的作用。

在一些娱乐性较强的电视谈话节目中，过程环节设计更为丰富，许多节目会借用美国脱口秀的创作理念，在节目中加入一些演艺。当然，为了不破坏谈话的流畅性和氛围，演艺一般都会和节目进程密切相关或者加入一些嘉宾的"即兴"表演。有的谈话节目会有固定的表演环节，每一期根据节目的主题和进程做有针对性的设计。有的节目需要嘉宾在特定环节做相关展示，比如歌星、舞者、魔术师等，但是这种即兴大多不是真正意义上的即兴，节目组需要和嘉宾进行一定的前期沟通，告诉他节目环节，让嘉宾有相应的准备。当然少部分真正意义上的即兴也不要强人所难，适当地展示会让节目的可看性更强。

结束环节的独具匠心往往能升华节目主题，并且给观众留下深刻印象。每期节目主题不同、嘉宾不同，结束环节设计也会不同。比如电视谈话节目一般为录播，有的话题可以以事件后续采访视频作为结束。有的话题与嘉宾的关联度较高，娱乐性较强，也可以以嘉宾的才艺展示作为结束。有些栏目会设计一个适合大多数节目的结束环节，并且逐渐成为栏目特色，成为栏目的一个标识，突出栏目个性。比如，北京电视台的新闻性谈话类节目《荧屏连着我和你》曾有过一个相当精彩的固定节目结束环节，到场嘉宾在节目录制尾声纷纷写下自己的一个心愿，挂在一棵心愿树上，这些心愿并不当期揭晓，留在下期节目开篇或者攒够一定数量时一并揭晓，并尽量去实现。一棵小小的心愿树，让节目充满了人情味，堪称妙笔生花的环节设计。

总之，电视谈话节目的环节设计绝非凭空想象，需要做大量的准备工作，包括前期采访、查阅资料、综合分析其可行性，注意细节、强化细节，才能有效提升节目可看性，使节目内容更鲜活、更具吸引力。

三、谈话节目采访技巧

电视谈话节目并不简单，虽然节目主要是以嘉宾的语言碰撞为看点，但是这种碰撞的呈现需要主持人构造一个氛围良好的现场，让嘉宾说得愉快，观众参与得愉快。同时，为了提高谈话的质量，主持人应该具备和记者一样敏锐的观察力，以及需要发现问题时快速的反应能力。最为重要的是，谈话节目主持人还需要有可以介入话题的能力，现在的谈话节目越来越追求信息量和谈话的质量，主持人所说的话作为重要的谈话部分，虽然不用字字珠玑，但至少每句话都要有它的"意义"。所以，具备良好的表达能力以及不输于评论员的现场评论能力是对谈话节目主持人的特殊要求。

1. 主持人角色定位

在谈话节目中，主持人要有自己明确的角色定位。在一期节目中，自己究竟起到什么作用要熟稔于心。主持人最基本的作用就是组织现场话题，不能话太多，给嘉宾留的余地很小，若是如此，何必请嘉宾参与访谈呢？同时也不能话太少，只是"嗯、啊"垫话，那就成了递话筒的工具。在组织现场话题的过程中，可以合理地递话是主持人的基本任务。我们每一期节目都会请不同的嘉宾，每个嘉宾都有不同的性格，有些人较为强势，喜欢表达观点，有些人比较慢热，刚开始融入会稍微有些困难。主持人要让每个嘉宾都有发言的机会，从而形成一个良性的交流场域，而不是变成某一个人的演讲舞台。所以主持人在前期准备过程中要了解每一个嘉宾的专业领域，并据此设计一些专属的问题，在适宜的时候对某个嘉宾进行有针对性的提问，帮助他进入谈话的状态。比如，在一段叙述完成之后，通过"对这个问题，你是怎样认为的？""他刚才所说的话你同意吗？"等提问自然而然地完成话语权的递接。简单来说，就是要让主持人完成话语权的分配。除此之外，主持人还可以准备一些观点相近或者完全相反，以及以某些嘉宾的共同经历为主的问题,同时抛给多个嘉宾,让他们在回答的过程中有聊起来的契合点,从而引导节目走向。

在有现场嘉宾参与的谈话节目中,主持人除了应该积极回应嘉宾,还应该给现场观众一定的话语权,他们给节目带来的气氛效果只是其功能的一部分。与此同时,观众还应该参与到节目中,成为节目的有机组成部分。比如,《对话》栏目中《5G热的冷思考》这期节目请到的嘉宾都是通信行业的代表,主要以5G的发展和建设为主要话题方向。同时,在观众席还特别请到了各个行业的代表,他们起到以5G和相关行业的结合去拓展话题的作用,两者的结合使节目的谈话层次更加清晰,话题内容更加饱满,双方共同完成本话题的同时有效地深化了节目主题。除了场内的互动,主持人还应该和电视机前的观众有所互动。比如,主持人亲自赴外景地采访当事人及相关人员,或是采访普通老百姓对某话题的看法。当然,利用新的媒介技术让场外观众参与其中也是常规方法之一。

现代谈话节目主持人已经逐渐演变成为节目中的对话人,要负责的工作和承担的角色也越来越多。主持人要注意对现场整体的把控,对现场的突发事件要随机应变,对一些与主题无关的话题要巧妙回避,当嘉宾观点针锋相对时,要想方式去化解。这些都是主持人在掌握了更多话语权、有了新的角色定位的情况下,要去解决的问题。

2. 谈话技巧

电视谈话节目要注重访谈结合,边访边谈,从大多数节目的最终效果来看,重点还是在谈上。在以往的电视节目中,对主持人最基本的要求就是字正腔圆、普通话规范。但是谈话节目的最终目的还是能够形成一个完整的交流现场,主持人是不是说普通话不重要,重要的是他能否融入自己的感情,与嘉宾进行真正意义上的沟通。我们可以看到许多带有强烈个人语言风格的主持人出现在这类节目中。除了不太标准的普通话,幽默、诙谐的语言已经成为他们的特色标签。一个只具备基本素质而没有自身特点的主持人是很难被观众记住的。在这类节目中，主持人的风格标识甚至比他们的基本素质还要重要。

除了自己独特的风格，主持人还可以在谈话中插入自己的经历去推动谈话进程。所谓聊天就是一个分享的过程，分享每个人的故事、经历和感悟，从而带给自己新的思考。主持人想要融入一个谈话场景中，适当地去分享自己的故事是必要的。比如《央视财经评论》栏目中有一期节目《夜间经济如何"点亮"》，记者在谈话中就说道："我想给大家讲一个我自己身边发生的故事，在东南亚某国的一个小城市里，有一个夜间动物园，我同事推荐我去看看。其实那里没什么太多的景点，就是所谓的白天看庙，晚上睡觉。自从有了这个夜间动物园，我给别人推荐，大家都发现这里是这个城市非常大的一个亮点，可以说它成为很多人去旅游的重要因素。赵女士觉得我们中国的很多城市有没有开发这种旅游景点的便利性？还是只需要在观念上做一个转变？"这个问题的出现正好是一个话题转移的当口，首先利用这个故事完成了自然而然的转换，使话题走向了新的方向。其次故事的分享让嘉宾对问题的背景，以及主持人想得到的答案范围有了更加直观的理解。最后这种分享也让记者更好地融入了话题，变成了讨论的一分子。

在谈话节目中，也会有所谓的"话头"，这些"话头"可以是某个嘉宾的观点，也可以是在嘉宾谈话过程中碰撞出的观点，这些观点不像专访中的具有较强的唯一性，通常是一些带有思辨性或者不成熟的观点，而记者就是要抓住这些对话中的闪光点，不断延伸，丰富谈话内容。

现代的谈话节目，越来越追求文化内涵，主持人除了是话题组织者，其意见的表达也开始成为节目的一部分。优酷制作的《圆桌派》是一档全新风格的由著名媒体人、文化名嘴窦文涛主持的谈话节目，在每期节目里，窦文涛都会抛出一个主题来引导嘉宾进行讨论。在看似闲散的聊天里，窦文涛用他深厚的主持功力掌握着脉络和节奏，让节目完整顺畅。更为重要的是，窦文涛也能自然地加入其中，发表自己对于话题的看法，仿佛是一群相交许久的老友互相诉说着彼此对世界、对人生的见解。从人际交流的经验中可以得知，当一个人长时间只是话题组织者，而不去参与话题，那么慢慢就会被话题群体边缘化。窦文涛的主持风格有效减少了主持人在节目中的游离感，甚至因为功能的多元化使其成为节目不可分割的一部分，从而给节目带来了"1+1＞2"的效果。这种趋势对现代谈话节目主持人提出了更高要求，他们应该有深厚的文化底蕴、过硬的知识积累、丰富的人生阅历和临场经验，这样才有和嘉宾、专家对话的资本，并且可以通过这样的方式塑造自己的品牌形象，当今很多知名访谈节目主持人都有类似的特点。但是在观点表达中主持人应该注意尺度和分寸。首先，主持人不宜提出过于犀利的观点，使嘉宾不好接话，或者抢了嘉宾的风头。其次，在提出观点的同时，应尽量带出自己的问题。主持人的话语观点主要是抛砖引玉，一定要带有目的地去提出观点，它更像一个引子，而不是结论。最后，谈话节目是一个大量信息交流的场域，在过程中会有不同观点、不同立场的信息混杂。媒体除了要传播信息，还要对信息进行梳理，给予电视机前的观众以思考的方向，谈话节目主持人就是这个方向的把控者。在节目进行阶段或者节目结束时，主持人要根据现场的观点进行总结陈述，而不是把话题撂在那里，戛然而止。比如，《对话》当中有一期节目探讨的是数字时代的技术思辨，在节目的最后，主持人陈伟鸿总结道：

> 谢谢我们今天台上五位嘉宾的分享，也谢谢刚才各位的互动。实际上在今天的节目当中，我们围绕着"改变"这个关键词，我们看到了在数字经济时代很多领域技术的创新、技术的发展和技术的变革，它们其实是有着一个共性的，你会发现，它们都会让我们的生产效率大幅提升，让每一个人和世界交流、互动更加多元，也让更多美好生活的共享成为可能。我想，这其实就是技术的力量，同样它也是技术

的温度，也是我们未来可以呈现更加美好生活的一个内在的动力。在今天这个时代，没有哪个国家，或者是某一家企业可以凭自己的一己之力在技术领先这个问题上高枕无忧，所以，面向未来的时候，拥抱更多的合作，拥抱更多的发展，拥抱更多的创新，应该是打开未来的唯一正确方式。

这是一段典型的汇总式的评论，节目邀请到了盘石集团董事局主席田宁、诺贝尔经济学奖得主保罗·罗默、中国工程院院士倪光南等数字技术领域的大咖畅谈数字时代的现在与未来。这段点评基本汇总了每位嘉宾的主要观点，并且有效地将每一个观点串接，加入点评。同时，对未来的展望也是结合了节目中对现实描述的客观判断。由此，我们可以看到在做节目点评时的简单规律，那就是以节目中的谈话内容为中心，基于客观事实，适当展望未来。

总　结

专访在现代电视节目制作中还是有其重要作用的，互联网的发展减少了大众对于深度信息的依赖，但是对于一些特殊事件、特殊人物，专访还是获取相关信息的最佳途径。以栏目为主的专访在选题方面越来越两极化，高端专访和面向普通老百姓的专访是其主要选择。在栏目的设计上体现出更多样化的趋势，演播室一对一的录播已经不是唯一的选择。在现代的传播环境中，专访栏目一定要做出自己的特色，做出自己的品位，才能够在残酷的市场竞争中生存下去。

而作为突发性事件或者重大新闻事件报道中的补充节目，专访更有其特殊的意义，它是我们对复杂信息进行解释解读和深化节目内容的主要表达方式。现场性更强、准备时间更短、节目不确定性更强等问题都对主持人的专业素质提出了更高要求。

同时，传统的以谈话为主要表现形式的栏目随着网络媒体以及自媒体的发展逐渐式微。信息传递的便捷对大众意识的形成起到决定性作用，利用谈话来进行事件的剖析在时效性上已经不能满足现代观众的需求。但是，一些新的谈话节目形式也在这样的浪潮中孕育而生，为了加强创造话题的延伸性，谈话节目开始变成很多主流节目的子栏目出现在网络平台。比如前文提到的《这！就是街舞》的衍生节目《一起火锅吧》、爱奇艺打造的《我是唱作人》的子栏目《开饭啦！唱作人》、《乐队的夏天》的子栏目《乐队我做东》等，都是这种全新风格的谈话节目。在主打栏目创造了足够多的话题之后，通过谈话让观众对参与栏目的嘉宾，以及栏目当中发生的热点事件有更为直观的了解，避免了因时效性不强所产生的交流困境。

由此，我们应该看到，谈话节目在新媒体时代也有其存在的必要性，我们要以传统谈话类栏目的制作理念为根基，结合新的传播方式、传播方法和传播类型，制作出更符合现代电视观众收视意愿的节目。

第六章 电视直播

第一节 电视直播概述

一、电视直播发展历程

电视直播是指电视记者在事件现场以纪实的手法记录现场的画面和声音，并且通过电视媒介同步播出的过程，是现在新闻、体育、娱乐、文艺类节目常用的电视节目形式之一。可以说，电视直播的发展和电视媒介技术的进步息息相关，是伴随电视产生而出现的一种传播方式。在电视发展初期，记者们用的都是一款由瑞士生产的宝莱克斯摄像设备，这是一款装载16毫米胶片的小型摄像机。20世纪50年代，新闻记录、电影拍摄都离不开宝莱克斯，所以这个时候的电视新闻基本是由该设备拍摄，然后冲洗胶片，最后再电子扫描播出的。当时电视新闻制作过程烦琐，导致新闻时效性差，所以那时候人们看电视新闻的目的只是对事件现场画面的补充，更多的新闻来源还是报纸和广播。然而这个时候电视直播的表达方式已经出现，由于当时胶片制作成本居高不下，电视直播甚至可以说相当普及。"1953年前，80%的电视网节目是直播的，因而错误频频。例如：演员忘记了台词；'尸体'从地上爬起来走出景外；一位舞台工作人员跨出

第六章 电视直播

窗外——在剧中这扇窗户位于25层的高楼上。有20%的节目是影片,包括屏幕纪录片。"[①] 可以看到,在当时电视直播并不用在新闻报道当中,而是用在娱乐、情景剧等电视节目当中。随着摄录设备的不断完善和日益普及,制作费用也有所下降,为了提高节目质量和减少节目中的错误,录播开始越来越多地取代直播,电视新闻节目在这个时候也开始更多地出现在电视上。

20世纪70年代,随着电子新闻采集设备的使用,即使用便携式的摄像机通过录像的方式来采集新闻,电视新闻正式进入了录播时代。电视媒体开始大量采用前期采制、后期剪辑的方式制作新闻,这个时期记者出镜成为电视新闻制作的新方式。在宝莱克斯时代,由于设备无法录制声音,记者基本隐藏在摄像机之后,摄像和采访工作也是由记者一人完成的。记者出镜可以说是电视新闻行业的一大特色,除了影像素材,记者可以通过镜头以口述的方式给观众提供更多的现场信息,那些无法用影像获取的信息素材记者也可以在镜头前表达出来。同时,随着记者出镜采访的方式被更多运用,新闻当事人的参与也使得现场信息的传达更加立体化。虽然这些都是在录播的情况下完成的,但是记者出镜的经验为之后电视直播的成功奠定了基础。

几乎在同时代,电子现场制作系统的出现为电视新闻直播带来了可能性。电子现场制作系统是以一整套设备连接为一个拍摄和编辑系统,进行现场拍摄和现场编辑的节目生产方式。这套系统由摄像机、切换台、监视器等转播设备组成,实现了画面素材的现场摄制、剪辑、播出一次性完成。刚开始,这套设备更多用于晚会以及室内电视节目的直播。真正让全世界认识到电视新闻直播的意义,归功于美国有线电视新闻网(CNN),这也是美国第一个24小时新闻网。1986年1月28日,美国"挑战者"号航天飞

[①] 北京广播学院电视系学术委员会,《中国应用电视学》编辑委员会. 中国应用电视学[M]. 北京:北京师范大学出版社,1993:52.

机发射不久突然在空中爆炸，CNN在演播室做了独家现场实况报道，将这一人类科学史上的重大悲剧事件通过电视实时传播向全球，引起举世关注。这次报道使得CNN在美国独家现场实况报道中占得了先机。1991年海湾战争爆发，美国三大电视网都对事件进行了详细报道，但是对比美国广播公司（ABC）和美国全国广播公司（NBC），只有CNN可以一直保持着线路畅通，并且在多国部队"沙漠风暴"行动开始的时刻，向全球持续报道战况。CNN早在事发半年前就向海湾地区派出了摄制组，运送了电视广播设备和一些轻型的信号传送设备，同时为记者开设了两路地面通信系统，甚至在战争发起之前就列出了一套完整的新闻制作和播出时间表，这些都保证了新闻报道的即时传送。除了现场的实时播报，在这期间，CNN也派出多路记者前往世界各地采访多国首脑，每天都有数十位专家在CNN的电视屏幕中露面，发表着对海湾战争的看法。在当时，CNN是向世界提供海湾战争即时图像的唯一一家广播电视公司。可以说这次直播改写了CNN的历史，不仅使其在世界范围确立了权威性，成为世界电视新闻史上一座难以逾越的高峰，同时也让电视人第一次认识了直播的重要性。

在我国，电视直播的发展历程和世界大致相同，只是时间稍晚。刚开始我们的技术达不到录播的标准，实况转播是初期采用的手段。1958年，中国第一次在电视上转播了篮球比赛。在技术条件达到要求之后相当长的一段时间里录播取代了技术简陋的直播。20世纪80年代后期，广东电视台首先开始对新闻节目进行直播。1996年，中央电视台《新闻联播》从录播改为直播，这一举动宣告了直播时代的来临。1997年是中央电视台的"直播年"，中央电视台对连续几次重大新闻事件都进行了现场直播。特别是香港回归特别报道，中央电视台对其进行了连续72小时的直播报道，标志着中国电视新闻与世界接轨，这时中央电视台的直播还处在两个演播室来回切换的初级阶段。1999年澳门回归，中央电视台开始使用只设一个总演播室、分设几个采访点的方式,这种方式可以看到现场实景,再配上记者出镜、同期声,给予观众真正的现场感。这时候的电视直播虽然可行,但是对新闻题材有较高要求,由于设备运输和设备运行的限制,当时更多选择已知的将要发生的新闻事实进行直播报道,对于一些可能产生巨大社会影响的突发性事件报道有限。

20世纪80年代末至90年代初,卫星新闻采集车的出现,使突发性事件的实时报道成为可能。卫星新闻采集车特指装载全套电视直播设备的专用车,整个车辆就是一个移动式发射站,该设备能够快速到达现场,工作人员可随时将现场信号通过卫星发送到电视台,是现代电视新闻现场直播的重要技术手段。其实在1997年的香港回归特别报道中,中央电视台已经使用了该系统,但是真正让其发挥巨大作用的是2008年四川汶川大地震的直播报道。地震发生后不到一小时,中央电视台对灾情和全国军民抗震救灾的壮举进行全天24小时不间断的直播,在这个过程中,卫星新闻采集车发挥了重要作用。由于地震造成的路面塌陷,加之严格的交通管制,如果用以往的方法,记者去现场拍摄,再赶回来编辑,新闻的价值将因时效性而大大衰减。车辆到达现场后,整个直播过程都以卫星新闻采集车为核心,范围覆盖到灾区的每一个角落,以最快的速度将采访和拍摄素材交给卫星新闻采集车进行简单的编辑制作,再以无剪辑拍摄的形式在连线报道中播出。据统计,地震5月12日发生,截至5月24日,"央视抗震救灾直播节目总时长达到1034小时。其中,综合频道和新闻频道分别直播218小时、260.5小时;中文、英语、法语、西班牙语国际频道分别直播178.5小时、125小时、106小时、103小时;经济频道直播36小时;科教、社会与法频道直播7小时"[①]。在这次直播中使用了由演播室主导、卫星新闻采集车从属配合的方式,使直播质量大幅提升,表现出新闻及时、画面震撼、故事

---

① 马梅.解析央视汶川地震直播[J].中国电视,2008(8):38-41,1.

动人、报道方式多样等特点，收视率及权威性大幅提升。

在数字化时代的今天，各大电视台纷纷成立自己的融媒体中心，所谓新闻直播已经不是原来的电视新闻直播的简单概念。虽然现代直播是融合了文字、图片、视频，并通过网络发布的一种综合性信息发布模式，但是视频制作的方式、理念、流程还是来自电视新闻直播。总的来说，电视直播在电视新闻报道中具有多方面的优势。首先，它能够第一时间向观众传达现场信息和现场画面，最大限度地提升了新闻的时效性。其次，在直播过程中，通过记者和演播室的配合，能够对事件形成立体、多层次的解读。最后，它改变了观众对电视长期以来作为结论式媒体的成规印象，加强了报道的过程感和真实感，使新闻报道变得更加生动活泼。未来随着受众对信息要求的进一步提高，直播有可能成为新闻发布的唯一方式。

二、电视直播采访的界定

对电视直播采访来说，考虑到电视直播本身的特殊性和善变性，其采访也不仅仅是想象中的一对一问答那么简单。电视直播归根结底就是要给观众带来最鲜活的现场画面和信息，所以对电视直播采访来说，完成这项任务就是其首先要考虑的。在数字化媒体盛行的今天，信息交换速度很快，随着事件的发生，观众在通过电视接近现场的同时也容易对事件形成自己的主观判断。因此直播记者要通过采访等方式给予观众更多事件背景介绍、事件分析等内容。一个好的电视直播，记者是其中重要的中转环节，需要和主持人、演播室密切配合。

1. 记者口述

在电视直播中，现场记者始终处于整个事件过程中，他们可以随时关注事态的最新发展和变化。这就需要记者可以抓取到动态中最鲜活的事实，并且通过口述有效引导受众关注。

例如，在2017年中央电视台《国产大型客机C919首飞成功》直播特别节目中就出现了这样的情况。在C919首飞仪式中，项目总指挥下达了起飞指令，但是电视机前的观众看到客机并没有起飞迹象，正在一些观众产生疑虑时，传出了现场记者丛威娜的声音："我们了解到，因为整个指挥大厅听不到现场总指挥下达的指令，所以我们试飞中心的工作人员，现在正在现场通过对讲机和指挥大厅取得联系，即将通知塔台下达滑出指令，现在我们现场所有人都在等待指令的下达。"话音刚落，就看见飞机慢慢启动，滑出了机场。这段口播在当时不仅介绍了观众看不见的现场情况，同时也打消了所有人的疑虑，可以说出现得非常及时。

直播无法对非画面素材进行抓取，且经常会出现突发情况，甚至有些事实并不在初期预定的方案中，而它们往往又是能够反映新闻事实的关键节点，在这种情况下，现场记者的口述报道可能是唯一的解决办法。一段好的记者口述不仅可以将观众看不见的最鲜活的现场信息加以传递，同时还可以丰富直播内容，增加节目的悬念感和过程感。

2. 解释分析

在一个新闻事件中，事件的背景资料、对事态实时的跟进分析是不可缺少的部分。如果在直播中，记者只提供人们在任何渠道都能了解到的信息，那么现场记者的作用就会大打折扣。背景资料主要来自记者的前期调查和现场勘探，而对事态实时的跟进分析则来自记者对整个事件的综合考量，或者来自对现场专家的采访结果。

例如，在山东广播电视台《海水稻熟了》大型直播活动中，由于画面较为单一，再加上事件专业性较强，所以现场记者在播报中采用了大量的解释性内容。记者王蕃在介绍海水稻研发中心的水稻品种时说："别看这里只有十几亩的试验田，这里却种植了一千多种实验材料。要说实验材料大家可能有点听不懂了，其实这是一个专业术语。实验材料就是指水稻，但是现在它们还没有审定，不能称为水稻品种，只能说是实验材料……大家再看我行进的左手边，这些看起来好像不如淡水稻那么喜人，但其实它们是名副其实的海水稻，使用一定比例的海水来进行灌溉的，如果它们的亩产量能达到三四百公斤的话，那么就可以超过世界水稻平均亩产二三百公斤。"在这里，观众得到的信息不是对事件流程的简单播报，而是含有丰富信息的解说，让观众对事物有了更加深刻的理解。

因此，直播记者除了要提供现场信息和场景，还要注意信息的独有性。要注意现场只是信息的源头，更深入的信息还要靠记者挖掘，绝不能仅仅做到播报就好。同时，新闻事件当事人的意见、专家的解读比记者个人的主观意见更重要，也更能反映客观事实。

3. 密切配合

除了传递基本的新闻事实，记者还要注意整个直播的完成度，这些工作都需要整个直播团队多方面的配合，包括记者、摄像、演播室主持人的配合。由于直播无剪辑的特殊性，基本上整个节目的形态和节奏就是在直播互动中体现出来的，默契地配合可以为观众带来心理和视觉上的愉悦。

例如，2012年，浙江卫视联手中央电视台精心策划推出《千岛湖水下古城探秘》直播节目，直播采用当时国内最先进的技术，包括水下机器人、水下摄像机、冷光源灯阵、远距离微波等。直播设计了两条线，一条是以水下拍摄为主的对古城探索的记录，另一条是古城原住民对家园美好的记忆和深沉的眷恋。节目一共进行了5天，连续6场大型直播，新技术的运用、复杂的场景布置、复杂的节目结构、连续几晚出现的雷电暴雨天气，使得拍摄充满了不确定性。这就需要记者和各个部门协同作战，直播记者去哪里、取什么景、说什么、怎么说、让导播切什么景、与演播室的主持人怎么配合，都需要各部门精准的配合。

总体来说，电视直播采访就是记者合理运用电视媒介技术使事件现场的画面和声音同步播出，并且通过口述、采访等方式加以说明、解释、解读的过程。

第二节　电视直播采访的总体要求

一、访前准备

电视新闻直播的访前准备分为两个部分，首先是技术准备，技术是电视直播成功与否的基本保障。从总体上说，媒体在直播之前要做好设备准备工作，要先列出一个所用设备的总清单，明确需要动用设备的总量，包括转播、传输、编辑、合成、播出、服务和通信等部门的设备。比如为完成党的十六大的现场电视直播任务，"中央电视台共投入10讯道数字转播车1辆，8讯道数字转播车1辆，6讯道数字电视现场转播设备1套，4讯道数字电视现场转播设备2套，微波设备10套，协调落实光缆通路5路，微波控制中心1套，全台总控制系统1套，播出系统12套"[①]。到达现场后要做好现场设备准备工作，如供电情况，包括电源供给能力、供电的可靠性等。考察可用于电视转播使用的空间，如果有电视转播车，应考察转播车在现场的停放位置。还要考察现场的照明条件，光线是否满足电视拍摄的要求。最后还要检查主控、播出系统，随时掌握天气情况，针对复杂多变的天气状况，采取充分的技术保障措施。

接下来就是记者自己的准备，由于采访性质的特殊性，直播记者需要做更多方面的准备。首先要做的工作是背景研究，与专访不同，直播前的背景资料调查要更具针对性。因为直播的选题基本是以事件类新闻为主，所以所有准备都要以事件为核心，包括事件的来龙去脉、涉及的相关知识

---

① 梁迎利，刘韵音，李跃山. 全力以赴 做好十六大现场直播的技术保障工作［J］. 电视研究，2003（1）：18-20.

点、历史上的相关事件都要有所了解，这样才能在口播中更加准确地描述事物。其次就是现场直播前的准备情况，记者要提前到达现场，选取拍摄机位，找到最具代表性的地点，并且熟悉整个直播场景，方位、距离、大小，这些记者必须心中有数。然后要做好设备检查工作，设备是否能接通，耳返是否能听到声音，有没有备用设备，如果出现问题要随机应变。特别是在一些晚会、会议直播前，还要提前预演，因为在这些场景中下一个程序、步骤、节目是什么，基本上都是已知的，事件变动性较小，为了达到最好的直播效果，提前预演非常必要。最后要做好的是情绪准备，直播记者除了要带给观众现场画面和信息，还要给予观众现场气氛的体验，这就需要记者在直播中展现现场所传达出来的情绪，庆典的喜悦、灾难的悲痛、救援的焦急，都需要记者在镜头前一一表现出来，让观众有更多的代入感。如果记者情感冷漠，无论现场气氛如何，不管报道的题材和事件，总是面无表情，这样无法深入新闻现场，也会造成和采访对象之间的情感隔阂，达不到良好的报道效果。

当然，这种情感的把握要适度，情感围绕新闻主题，不可影响采访的进度和对新闻的判断。记者只是对新闻事件不加干预的报道者，应该具有身在现场而不为现场左右的定力，摆正自己的角色定位，所以情绪的表达更多是要让观众感受到，而不是让自己陷入这种情绪当中。

二、随机应变

现场直播报道和录播的最大区别是现场环境的不可预测性，同时现场报道的信息不可能进行删改，即信息一旦播出，就会使受众产生"先入为主"的印象，即使及时更正，也可能会产生很大的负面影响，所以这就要求现场记者能够对突发的、意料之外的事件做出快速反应，在报道中快速调整。

第六章 电视直播

直播中的突发事件多种多样，就记者本身来说会出现多种情况，最常见的就是说错话和忘词。语言卡顿、出差错，在直播过程中其实非常常见，就算是总台的记者也不可能避免，最保险的办法其实就是主动承认。观众在大量获取信息的过程中，其实不会太在意记者瞬间的小失误，记者甚至可以将危机转化成机遇。比如，在一个塌方现场，空气中充满了沙尘，呛得记者忍不住咳嗽起来，这看起来是一个直播失误，但是如果记者能很好地解释，不也从另一方面说明了事故的严重性吗？永远不要指望用第二个错误去掩饰第一个错误，这样只能使自己越来越被动、越说越乱，反而会引起观众的注意。受外界干扰导致大脑出现了短暂空白而忘词的情况比较常见，事实上这种忘词的停顿在屏幕上也就两三秒时间，并不会对直播造成太多影响，只要记者足够冷静，完全有能力调整回来。如果因为一时的停顿就心理崩溃，那直播也就只能戛然而止、匆匆收场。

其他的突发情况属于不可抗力，比如通信突然中断，最保险的做法就是在没有人明确叫停之前，记者要一直说话，直至从容收尾、直播结束。如果是在和演播室的连线过程中信号突然中断，听不到主持人的提问，最好在直播中直接说明，寻求导播的帮助。还有事件现场发生的突然变故，比如在1997年香港回归现场直播报道中，中央电视台记者白岩松在深圳皇岗口岸报道驻港部队入港进程，他事先准备的解说词在几分钟内已基本说完，而此时，驻港部队尚未跨过"界线"，还需等待几分钟，形成了一段尴尬的"空白时间"。白岩松在十几秒钟的停顿后，迅速想起自己早些时候登上口岸办公楼的情形，随即很自然地进行解说："我们右前方的那幢白楼，就是当年小平同志眺望香港的地方。现在这座楼里还挂着他视察口岸时的巨幅照片……今晚，当驻港部队跨过这条'界线'，在所有为部队送行的人群中，我们相信，肯定还有一位老人深情目光的注视！"这段解说翔实而富有情感，丝毫不似即兴之作，显示了记者深厚的新闻功底，同时也展现了其优秀的现场应变能力。

特别是在现在的网络大型直播节目中，这种应变能力更加重要。在网络中，直播并不是一个单向的传播过程，网络最大的特点就是互动性，记者可以及时让观众看到现场画面，同时记者也可以看见观众的实时反馈。在这里，记者除了要叙述、提问，甚至还有可能要随时回答网友提出的问题。如果直播效果达不到网友的预期，还有可能需要随时调整直播策略、采访策略，这都给记者带来了巨大的难度。

三、细致观察

一名合格的电视直播记者，应该具备对新闻价值的基本判断能力，这就要考验记者细致的现场观察能力。新闻现场是变动的，当中的时间、空间以及人的活动不停地产生新的组合，使新闻现场具有多种多样的可能性。在这样复杂的状况之下，到底捕捉什么，讲述什么，什么内容要详细，什么内容要省略，都反映着现场记者的观察力和准确的判断能力。记者面对新闻现场，需要尽快地进行分析，迅速地对事件进行归纳和判断，厘清思路，抓住事物的本质，确定报道的重点，从而更好地反映新闻事件的本质和内涵。反之，如果记者对现场缺乏细致的观察，报道只是基于现场大概情况，对信息的呈现完全是碎片化的，这样的现场报道不仅不能使受众了解现场情况、领悟报道的内涵和意义，还会使观众感到杂乱无章。

比如，2018年河南法制报组织的关于先进人物宣传的视频直播报道，有一期采访的人物是漯河市临颍县皇帝庙派出所指导员陈晓磐，他在2017年获得了"全国特级优秀人民警察"荣誉称号，并且多次立功，获得先进个人的荣誉。陈晓磐的个人事迹其实并没有什么"大事"，更多的就是做好事，真正把群众装在了心里。对于这样的典型到底该怎样报道呢？到底怎样才能反映他做的这些好人好事呢？这次直播，记者和陈晓磐在皇帝庙村四处闲逛的时候，发现了这样一个情况，碰见陈晓磐的村民都会亲切地喊上一声:"来啦,晓磐",就连上小学的孩子也不例外,对此,陈晓磐没有丝毫尴尬。这看似寻常的表现其实透露着诸多不寻常,直播记者决定将侧重点放在陈晓磐平时的工作上,直播中有前来寻找陈晓磐的村民,他们毫不避讳直播镜头,直接说出自己在生活中遇到的难题,陈晓磐也立马多方联系,帮他们协调解决问题。整个直播过程没有什么戏剧化的高潮,没有突发事件,没有哭泣眼泪,但就是这种平实的记录,让观众对基层民警的工作多了一份真切的了解和理解。这就是记者在现场的归纳总结能力,如果为了追求效果,在直播前安排一些桥段,或者一定要拍到典型事迹,反而会让整个过程显得不真实。

第三节　电视直播的采访技巧

一、口播

在电视直播过程中,出镜记者的第一句话和最后一句话往往是和导播交接用的,这一点尤其重要。因为在直播中,声音信号往往是有延迟的,导播间可以看见记者的画面,但是记者看不到导播间的画面,如果没有准确地交接,就有可能出现抢话的情况。通过语言上的交接,让导播间的主持人知道自己的话已经说完了,可以有效地避免这个问题。出镜采访主要由口播和采访两部分组成。

直播记者采访时的第一个问题其实都是从问自己开始的,"在这个场景中观众到底想知道什么?如果我是观众我想看到什么?"这个问题的答案与记者之后的口播内容息息相关,口播就是记者的一次自问自答,这个答案好,直播就成功了一半。

与其他电视采访不同，电视直播需要记者有较强的口播能力，所有现场基本由记者口播开始，然后记者在深入、细致地观察新闻现场、理解新闻事件的基础上，以现场目击者的身份向受众描述所见所闻，然后在大段的口播中间插入适当采访，深化节目内容。所以，记者的口播能力是完成直播任务的基础。直播中的口播大致可以分为两种，一种是完全面对镜头的直接口播，这就要求记者对现场有一定的把控能力。另一种是记者虽然在现场口播，但是电视中会插入各个机位的画面素材，这考验着记者对于转播画面切换的把控能力。现实中这两种方法一般会穿插使用，虽然侧重点略有不同，但是对记者的要求是一样的。

1. 良好的心态

在电视直播中，记者的话语会同步传递给观众，因此对记者来讲，会有比较大的心理压力，从而使情绪紧张，出现恐慌和畏惧的表情、动作和语调，继而影响播出效果，甚至会出现忘词、卡壳等情况。所以，良好的心态是直播顺利进行的首要保障。为此，记者首先要对自己有信心，相信自己可以完成直播任务，在直播中要高度集中注意力，排除外界干扰。在直播现场经常需要面对嘈杂的环境、欢庆的场面、欢呼的人群、机器的噪声、耳返里响着新闻回放的声音，这些都为记者播报带来了极大困难。这就需要记者无论发生什么都要将注意力集中在要播的稿件上，思想高度集中才能融入节目整体。

2. 准备口播提纲

虽然都是直播，但出镜记者和演播室播音员的状态是不一样的。演播室是一切消息的汇总之地，信息繁杂，播音员需要专门的播音稿帮助他们完成直播。出镜记者都在各个分现场，需要播报的内容完全以自己所在地的状况为主，再加上现场随时会出现突发情况，不可能有专门的稿件让记者复述。因此，说什么、怎么说都由记者自己决定的，不过根据大多数出镜记者的经验，无论是一分钟的现场报道还是三十分钟的大型现场报道，做一个报道构成表是必要的。记者可以把重点和提纲整理在一张 A4 纸上，说几个部分的内容，分别怎么进入，在说哪一个问题的时候可以插入什么样的话题，哪个点是需要带有解释的，这样可以一目了然，防止遗漏。

3. 扎实的语言组织和表达能力

直播记者是运用口头语言和受众交流对话的，因此，语言的清晰准确是第一位的，特别是在直播现场复杂的环境下，说出的每一个字都要清清楚楚，不能有口音，也不能吞字、吃字。良好的语言组织和表达能力是直播记者职业素质的重要体现。这里的组织和表达其实是两个层面，组织在于语言的逻辑性，表达在于语言的感染力。从语言的组织层面来讲，直播记者不仅仅要对现场环境进行描述，因为就算观众可以通过电视看到现场画面，但是其内容也是非常有限的，更多的是一些局部的画面，记者要通过自己的语言将这些局部画面串联起来，也就是说，要通过描述，让观众可以在脑海中描绘出现场的图景，这就是记者语言逻辑能力的体现。比如，在第二十八届中国新闻奖一等奖作品、由中央电视台制作的电视新闻直播《庆祝中国人民解放军建军 90 周年特别节目》中，直播记者就做了这样的描述：

> 各位观众，我现在就是在位于内蒙古朱日和训练基地庆祝中国人民解放军建军 90 周年阅兵活动的现场，大家听到震天的呐喊声了吧，受阅部队在做着最后的准备工作。我先带大家来看一看今天的阅兵场，清晨的阳光告诉大家，这个方向是东向，我现在所处的位置是在这次阅兵检阅台的东侧的辅台，如果大家对这个方位还不是特别清楚的话，其实可以比照一下国庆大阅兵和"9·3"胜利日大阅兵时候的天安门广场，我现在这个位置就相当于天安门广场城楼的东侧观礼台。大家可以看到，在检阅台前边，这是一条东西走向，长度在两公里左右的阅兵道，这条阅兵道原本是朱日和训练基地的一条模拟机场跑道，为

了今天的阅兵活动也特意做了延长,今天所有的受阅部队就将通过这条阅兵道,自东向西经过检阅台接受检阅……我们的视线再回来,跨过这条阅兵道,也就是在这条阅兵道的南侧,正对着北向检阅台,有高耸的旗杆,上午九点钟,阅兵活动将在全场高唱的国歌声中,伴随着冉冉升起的国旗开始,而旗杆再向南,我们看到那里有很多装备,那是装备的集合展示区,今天装备方队在经过检阅区之后,他们不是马上离场,他会再一次转场迂回到这个位置,进行一次集结……

在这段口播中,我们看到记者对方向的把握非常精准,自己所站的位置,面对的是什么,旁边是什么,它的大小长短,都描述得清清楚楚。从这段口播中可以看出记者应该有的语言逻辑。首先要准确交代自己的位置。案例中记者不仅说了自己在哪里,还交代了方位,通过对照比较让观众更容易理解。其次是在叙述过程中注意拓展。在案例中,记者谈到场地里的阅兵道时不是简单地去展示它是什么,还谈到了它的由来,在阅兵中有什么作用。口播不仅要交代现场,还要由现场去延伸,现场通过画面就可以表现,语言要对现场中缺失的信息进行补充。可以看到,在之后对旗杆和装备区进行描述时记者都采用了这种方式。这样一来,阅兵仪式还没有开始,其大致过程已经在我们的脑海当中形成了。

语言在传递的过程中,除了传递事件本身,还传递着情感。所谓感染力就是记者要用自己的语言、表情、节奏、音调的起伏去把现场气氛还原出来,使观众感同身受。比如同样在中央电视台《庆祝中国人民解放军建军90周年特别节目》中,直播记者对于现场的细节就做了这样的描述:

我现在所在的位置就是沙场阅兵的核心区,在我身后就是为了将士们受阅而临时搭建的检阅台,大家可以看到这个检阅台和天安门广场的主席台有着非常鲜明的区别,它全身都穿着战时所需要的伪装迷彩网，上面没有任何鲜花的装饰，也没有任何纪念性的标语，只有这一列简单的1927到2017的数字所呈现出来的八一标志，应该说它记录了我们人民军队建军90年的跨越。这样的搭建方式正是凸显了这一次沙场阅兵的野战味十足。大家顺着我的脚步往前走，会看到在检阅台前面的这条水泥路，就是这次沙场阅兵的阅兵道，它原本其实是朱日和训练基地的一条野战跑道，经过极其简单的修整，现在这样一条一公里长的阅兵道将会见证我们受阅将士们的飒爽英姿和豪情万丈。

在整个口播过程中，记者的语气、姿态都非常地坚定有力，给予观众极强的严肃感。用词强而有力、恰到好处，使得整个直播干净利落、气势磅礴，人民军队的力量由此传达出去。充分体现了整个新闻作品的题材大、站位高、分量重，产生了巨大的社会影响力。

二、采访

电视直播的采访其实只占整个直播的一小部分，看起来不重要，但却是新闻报道深化主题、丰富节目内容的重要组成部分。现场采访基本分为两种情况，一种是直播当中的实时采访，另一种是直播前的采访，通过剪辑可以插入直播，当素材使用。虽然都是采访，功能也相似，但是其实际操作的过程略有不同。

1. 人物的选择

在直播前的采访中，记者拥有更大的自由度，这种自由首先体现在对人物的选择上。挑选采访人物是记者采访前必须要做的，如果不是实时直播，记者的选择范围更大，当然还是要以现场人物为主，记者在采访前要与其进行交流，如果采访对象表达太差，可以选择其他相关人员代替。其次，采访时间、地点也更加自由一些，只要体现现场环境就可以，也不用担心出现错误。这种采访方式一般用于被访者需要大段叙述专业内容时，因为这种内容逻辑性比较强，需要被访者有充分的时间组织语言，加上直播带来的紧张感，对于被访者难度较大。当然，这也是画面表达的需要，直播当中的实时采访对话时间不宜过长，镜头长时间对准被访者会给观众带来疲劳感，观众会失去观看的兴趣，所以需要现场画面的切换。在实时采访中，很难做到准确地切换，这不是技术问题，而是画面内容要和被访者的叙述有一定的契合度，这在直播过程中很难做到精准。如果是直播前采访，后期有时间选配画面，电视呈现效果也会更好。

由此可见，真正的现场实时采访比较困难。首先人物选择的范围较小，只能选择现场附近的人物进行采访，虽然在有些直播前会和被访者有一定的交流和沟通，但是如果没有在语言表达上比较好的采访对象，记者就只能自己想办法。例如，在《海水稻熟了》大型直播活动中，记者想要了解在海水稻的收割过程中，为什么要用挑选式的收割方法，便就此问题对在场的专家进行了采访，但是专家在叙述过程中全程用的是家乡话，直播也没有字幕，观众在观看时可能会产生困惑。这时记者用自己的语言对专家的话进行了总结复述，给出了选择收割是为了挑选良种的专业解答。记者在现场采访的过程中，一定要对周围环境做出准确判断，被访者的语言是否清晰、逻辑是否正确、现场是否嘈杂都会影响收录质量，从而迅速组织语言，以最简洁的方式告诉观众被访者到底说了什么。

2. 问题的设计

实时采访的问题设计一定要从现场出发。首先，问题要简单、明了，不需要太高深的提问技巧。电视直播需要一定的连贯性，所以问题能让被访者听懂是第一位的，例如，在2017年中央电视台《国产大型客机

C919首飞成功》直播特别节目中,当飞机成功起飞后,记者在现场采访原运-10飞机副总设计师程不时老先生时,就提出了这样两个问题:"当看到国产大型客机C919腾飞时您的感受是什么?""您觉得咱们中国拥有大飞机的意义在哪里?"这两个问题范围非常大,又很好回答,怎么说都可以,对于专家来说也不需要太多准备,可以很好地传达现场的气氛,确保直播流畅进行。

其次,问题要有一定的针对性,面对不同的人,说不同的话。对于以事实为基础的电视直播来说,世界上没有万能的问题。比如,对于教育改革,教育部领导和普通教师的站位不一样,看问题的角度不一样,提的问题也应该不一样,总归就是要让对方更容易回答。例如,2016年中国女排在里约奥运会夺冠,赛后央视记者在14分钟的时间里,采访了女排全部12名队员,并且对每一名球员都问了有针对性的问题。比如,在采访中国女排队长惠若琪时,问她在因伤错过了2015年日本世界杯后,此次夺冠的感受;问主攻手朱婷的问题是在关键场次的关键分是怎么拿下来的;之后又采访了女排老将魏秋月,问到了她因为伤病本打算在2012年退役,但是又坚持下来的心态;还采访了当时中国女排年龄最小的运动员龚翔宇第一次参加奥运会并且夺冠的感受;等等。12个人12个问题,充分体现了记者的专业性。

另外,电视直播虽然是以现场为核心的就事论事,但是记者在提问时应该体现人文关怀和媒体温度。特别是在灾难现场或者是在采访弱势群体的时候,记者作为信息传递者要将新闻信息告知受众,但是记者不应将自己置身事外,冷漠地进行报道。

总之,在电视新闻直播中,节目效果的好坏很大程度上取决于现场记者。优秀的现场记者可以用精确的语言反映事实、找到合适的采访对象对事件进行深度挖掘,也可以根据现场信息做出独到的评析,使报道更加引人入胜。

第四节　移动新闻直播

一、移动新闻直播的界定

网络直播是基于互联网平台而产生的信息传输模式，其崛起受益于移动通信技术的进步。从1981年的1G到今天的5G，40多年间网络直播的形态随着网络技术的更迭而改变。2000年以前，网络直播就是对各类体育比赛和文艺活动的直播，为了防止卡顿，往往采用文字形式；2G时代，电脑端还是网络主要的信息传递平台，移动端并没有能力和技术实现图文的实时传送，网络传输速度使得观众观看直播只能坐在电脑前，除了有稍大的内容选择空间，和看电视直播并无二致；3G正式运行之后，移动端渐渐有了图文直播的形式，这可以看作是对直播信息的有效补充，但是要想看现场鲜活的信息还是得选择传统媒体平台；4G时代的到来，彻底改变了人们的信息获取习惯，移动传输信号足以支撑直播随时随地流畅地进行，手机开始成为全新的信息获取媒介，直播在这个时候也开始产生全新的样态；5G信号的出现让直播更清晰、更流畅，电视通过高清传输带来的收视体验已经不再是观众的唯一选择。

另外从网络直播内容来看，相比广播电视直播往往侧重于展示重大社会事件，网络直播则从宏大叙事到个体描述都有。从2005年出现聊天室直播，到2012年游戏视频直播行业的迅速发展，再到后来越来越多样化的美食直播、美妆直播、知识分享直播等，网络为大众带来了更大的直播内容选择空间。与过去广播电视直播时观众单一的参与互动的方式相比，弹幕发言、时事评论、赠送礼物等方式可以让观众与主播进行实时互动，其丰富性和即时性满足了年轻受众多样化的社交需求。受到用户需求驱使，直播逐渐从全民秀场扩散到全行业。被认为是未来新闻资讯领域的主流内容呈现形式之一的视频新闻，也受到了当下最火的移动直播传播形态的影响。市场化媒体、主流媒体乃至自媒体都在进行着移动新闻直播的尝试。

2016年在我国被称为"网络直播元年"，人人都能当主播，事事都能被直播，移动新闻直播也在此风潮下成为新闻传播领域的一个新出口。在主流媒体中，中央电视台率先进军移动新闻直播领域，推出了移动融媒体新闻APP"央视新闻"，这是一个以移动直播和巨量微视频为主要内容的视频资讯平台。2015年9月3日的胜利日大阅兵仪式，中央电视台与视频社区"美拍"合作，号召网友拍出他们眼中的大阅兵，网友参与互动超过300万人次。2016年中央电视台进行了"2016年全国两会""江西暴雨"等上百场直播。在市场化媒体方面，网易早在2015年就开始布局直播，将其视作"跟帖"之后最重要的新功能。虽然2015年的直播还是以图文为主，但在次年春节期间网易就推出了"2016年春运直播"的视频节目，全程360小时不间断进行全景直播，吸引了超过2200万网友参与直播讨论。在体育直播"科比告别战"中，共有1108.9万人参与了直播观看和互动。对日本熊本地震的跟进报道，连续5天不间断直播救灾进展，创造了3500万用户参与量。同时，斗鱼、熊猫等娱乐直播平台从秀场、游戏直播逐渐向泛生活化和场景化直播延伸，进行了一系列具有新闻价值的科技人文类资讯和泛时政内容直播。但娱乐直播平台主要以用户原创内容为主，缺少专业的新闻媒体从业人员和媒体资源的支持，很难独立制作独家原创的高质量直播产品。所以与专业媒体合作运营，平台提供技术，媒体提供内容是这类平台的主要选择模式，比如在2016年7月湖北发生洪涝灾害期间，湖北日报传媒集团主办的荆楚网联合斗鱼直播平台，直播报道了灾区的民生现状、政府救灾情况以及官兵抢险情况等，并与网民实时互动。

移动新闻直播就是移动互联网时代的新闻生产者通过直播应用，实时制作并同步播出多媒体格式的声像和影像，为用户提供全方位、身临其境的新闻视听体验，使用户可以在移动终端设备上随时随地观看新闻现场直播。与传统的电视直播不同，移动平台的新闻直播能够在视频之外增加更多信息形式，例如图片、文字、图表，还能以信息流的方式不断更新事态进展，并且辅以VR、H5、弹幕等技术功能，从而开启一个新闻、旅游、教育、医疗等全场景沉浸式"直播+"时代。随着移动互联网的普及和智能设备的广泛使用，新闻媒体开始尝试通过移动直播的方式进行新闻报道，以适应时代的发展和观众的需求。所以，移动新闻直播不仅是"电视直播+互动"这么简单，随着用户对内容需求的改变以及移动基础技术的升级，个性化、实时性、互动性、富媒体的内容呈现，才是移动新闻直播的意义所在。

二、移动新闻直播类型

目前移动新闻直播大致可以分为三种类型：快直播以报道突发事件为主，要求记者第一时间赶到现场，传递现场一手资料；慢直播主要是泛资讯类内容，这类内容不强调时效性，主要是让观众融入现场；定制直播以报道社会重大事件为主，需要预先做直播策划。

1. 快直播

快直播应该是移动新闻直播最本质的一种新闻表达方式，它体现了在突发事件报道追求及时性方面移动新闻直播的最大优势。快直播利用简便的直播手段可以实现随时随地直播，记者进入新闻现场后就能第一时间向受众呈现全面可感的视频直播报道，满足受众的信息需求。首先，移动直播不需要电视新闻那么长的准备时间，一部手机、一个稳定器就可以进入现场，很大程度地提高了报道效率。其次，移动新闻直播相比传统的电视直播具有更加灵活的机动性，记者手持机器可以选择传统的采摄分离模式，也可以全程自拍，不需要太多机位设计，整个过程就是以记者的行动线为主。最后，快直播其实类似于一种"直播+体验式采访"的报道模式，它与传统直播的制作逻辑并不相同，体验式采访需要记者亲身体验新闻事实，以记者为叙事主体。所以，这种快直播更注重突出事件的过程感，而不是对宏观信息的介绍。

比如，2019年8月超强台风"利奇马"在浙江省温岭市沿海登陆。在台风登陆前夕，浙江日报浙视频采访小分队就根据预警信息提前布点在温岭，做了多场台风登陆前的移动直播。8月10日凌晨1点45分，台风"利奇马"在温岭市城南镇登陆。气象部门一发布台风登陆的消息，浙视频前方记者就驱车赶往登陆地点，并一路进行直播报道，成为当晚唯一进入台风眼中心直播的媒体记者。当晚，记者在狂风暴雨的黑夜里靠着汽车灯照明探路前行，一路上一边不断清除路上倒塌的树木等路障，一边进行现场直播。由于台风破坏了电力，直播过程中有信号不稳定的情况，但这充满现场感的画面让网友仿佛身临其境。虽然直播在凌晨两三点钟进行，但全网依然有154万网友观看了这场直播，并与浙视频直播记者进行了互动。在直播过程中，记者通过直播间的互动评论，现场回答了台风路径信息、登陆点位置和目前风力大小等网友特别关注的问题。除了这场夜闯台风眼的直播，在台风登陆前后5天之内，浙视频在温岭、临海等地一共做了5场台风直播，多家媒体平台分发传播，全网观看量高达6387.6万人次。

2. 慢直播

慢直播是在移动新闻直播发展过程中的一个新兴产物，它的形态与现代社会追求信息速度、信息时效性的理念截然相反。慢直播一般没有主持人，依靠监控摄像头拍摄，事件的传播与发生同步进行，没有镜头快剪、编辑、音乐渲染等制作痕迹。慢直播的流行，一方面是因为游戏、秀场、购物等主流直播形式大行其道多年，遭遇同质化、创新难的瓶颈，受众难免感到乏味，慢直播则让人耳目一新，在此维度上，丰富了直播生态。另一方面，在中国高速发展的当下，人们想要从快节奏的现代生活中抽身出来，开始真正关注生活的诸多细节。慢直播在某一时刻更贴合当下中国青年人的心境，人们想慢、想陪伴、想旅行。更重要的是，在一些重大、特殊事件的慢直播中，主播的缺位给予观众一种更强烈的在场感和参与感，媒体的社交属性让所有人都能参与进来，从而把慢直播变成了一次集体观看体验，他们通过自己的方式记录时代。

2020年1月25日，火神山医院5G网络正式开通。26日晚6时45分左右，火神山医院施工现场的首个直播信号上线。总台采用"5G+千兆光纤"的方案，在火神山医院与雷神山医院各架设了两个4K高清摄像头，向总台传输稳定清晰的直播信号，为网友提供不同的观看视角。为了保证直播信号的稳定，武汉电信紧急安排布放光缆通信通道，接到任务后，60余名工作人员立即赶往两座医院的建设现场，仅用半天时间便完成了十几千米的光缆铺设工作。共有200多位工作人员参与了前期的基站安装、设备架设及技术保障工作。直播上线后，4路慢直播镜头每天24小时不间断，实时全方位呈现建设现场画面，在线人数迅速突破千万级别。截至2020年1月29日中午12时，累计页面访问量已经超过两亿人次。这是一个前所未有的数字。直播中，机械轰鸣声不绝于耳，不少工人在工地上来往穿梭，一幅热火朝天的劳动场景。在页面下方的评论区里，各地网友纷纷化身"云监工"为现场建设者加油打气。一些网友还为施工现场的挖掘机、叉车等设备取了"大红""小绿""小黄"的爱称。除总台外，人民网也于第一时间开通了两座医院建设现场的5G直播通道。人民视频直播总监表示，直播开通以来，后台不断收到网友留言："没有强大的祖国支撑，不可能在这么短的时间平地拔起那么大的医院，给祖国点赞。"

特别是2020年1月29日凌晨，观看建设现场直播的网友在镜头中发现了两只喜鹊的身影，评论区瞬间一片沸腾。慢直播使移动新闻直播选题更加广泛、更加亲民。为什么要直播这种新闻，因为每一个群体、每一个人都有值得关注的地方。现在大众媒体市场有着"向下"发展的趋势，以扩大资讯的受众基础，大量"向上"的晦涩难懂的资讯容易使其陷入曲高和寡的境况。这类社会新闻故事动人、情节丰富，有着海量的受众，能够极大地引起用户的共鸣。

3. 定制直播

定制直播是指能够为会议、培训、旅游、宴会、体育赛事、招商推介、政务等不同活动实现定制化的视频直播，其中就包含了直播界面定制化设计、功能定制化、传播方案定制化等。比如，直播间所有界面模块皆可自行配置，需要的界面开启，不需要的界面关闭，个性化开发，完全根据客户需求进行专属定制。同时，能够针对会议、培训、赛事等不同应用场景进行功能模板的专属定制，如边看直播边抽奖、转发直播得红包、设定观看密码等。对于新闻媒体来说，定制直播就是针对新闻事实采用适合使用的最佳直播方案，充分体现新闻策划的作用，脱离电视媒体本身在时间和空间上的束缚，依托网络获取最大化的传播效应。定制直播革新了对重大活动、会议的报道方式，不仅提升了用户的互动参与度，增强了用户对直播平台的黏性，还运用VR、全景视频、无人机报道等方式，给用户带来全新的视听感受，提升报道水平。

比如，2021年10月12日，我国正式设立首批五个国家公园。中国之声在首批国家公园成立一周年之际，开启特别直播《国家公园·两天一夜》，记者深入国家公园核心区，实地调查当地自然保护地管理、生态富民建设、生物多样性保护等多方面进展，依托国家公园的特色产业、管理模式创新，展示其设立以来交出的亮眼"生态答卷"，彰显"人与自然和谐共生的现代化"的践行成果。直播首创"广播露营"方式，将直播席搭在山水之间，跨越"两天一夜"，涵盖上午、下午、夜晚不同时段，应用5G背包现场视频连线等传播创新技术，全景展现我国自然保护地体系建设的经验做法及显著成效，打造国家公园"声音名片"。除了在广播、云听APP音频直播和央视频视频直播，直播团队还与"CMG观察"合作，在其微信视频号、抖音、快手及微博开辟特别直播和公园实时慢直播入口，广播及新媒体端触达近7亿人次，各平台累计互动量达15万人次。此外，直播还首次尝试"双向奔赴"方式，由受众互动留言决定节目下一步走向，提升了受众的参与感。

三、移动新闻直播特点

从移动新闻直播本身来讲，是对传统新闻直播的又一次加强，其实时性突破了空间和时间的限制，随时随地，想看多久就看多久，成为新的收视导向。多平台的转发和传播也使得信息扩散更为有效和广泛，对受众吸引力高。移动直播技术的不断进步和发展，同时推动了相关技术和产业的发展，如5G网络、云计算、人工智能等。从深层次看，移动新闻直播还具有以下特点：

1. 去"官方"化，打造亲民化资讯

过去媒体直播都是以一些热点时事的硬新闻为主，对于生活人文类的直播少之又少。在资讯阅读垂直化的今天，传统资讯直播已经不能满足用户的资讯需求，直播在多元信息诉求的今天受到更多用户青睐。

比如，在文创题材的传播过程中，这种信息可以借助直播平台得到大范围曝光，而相关文艺机构还可以创建自己的视频门户，详细展示该领域的全部内容。例如，在2022年元宵节之际，上海博物馆抖音直播首秀引爆国潮文创热潮。在本场直播中，主播从多维度为粉丝分享历史，讲述文化，猜灯谜闹元宵，种草创意文创好物，开启沉浸式博物馆之旅，让众多博物馆文创爱好者和粉丝大呼过瘾，直播间全程累计近10万人关注，曝光次数高达100万，上架的多款文创产品瞬间被抢购一空。

2. 专业媒体模式将成为主流

新闻类直播与娱乐直播不同，并非"人人可做"的事情，需要专业培

训和团队作战才能客观、真实地将信息全貌呈现给用户。主流媒体具有独家、权威资源等传统优势，可以结合直播新形态和新技术手段，实现新闻产品效果的最优化。同时，在主流媒体传播矩阵建设完备的情况下，可以利用直播素材，推出精剪短视频，以"直播＋短视频"的"组合拳"进一步优化用户体验。各种出圈作品的出现也证实了移动新闻直播离不开细致周密的策划以及高效专业的团队作战模式。在资讯视频直播内容大战中，以内容策划和制作见长的专业平台更有机会脱颖而出。专业团队和强大的内容生产模式将使其成为移动新闻直播的主流。

2022年9月，上海广播电视台推出了《最早的中国·文明探源看东方》直播报道，该直播报道是一次以新媒体平台为载体，生动追溯泱泱五千年中华文明发祥之源的成功探索。直播中9路记者分赴河南二里头、浙江良渚、上海福泉山、山西陶寺、陕西石峁等"中华文明探源工程"的重要遗址，形式上也做了创新设计，以现场探访和专家解读虚实结合的方式，带来文明探源工程的最新进展和重大成果。同时，也首次在国内新媒体直播中运用AR技术呈现考古成果，取得很好的视觉效果。比如，在河南二里头遗址，记者缓步迈进由AR技术实地"搭建"的夏都一号宫殿，极富视觉冲击力，令观众对当年夏朝王都有了直观的感受。在上海福泉山，记者身边的土台"分层模型"，五个颜色显著呈现了不同时期的文化层，让观众对"东方土筑金字塔"的内涵一目了然。在专家解读环节，节目组邀请重量级专家学者做客演播室，围绕上海地区远古文化起源、在最早的国家形成之前中华文明的整体面貌、南北交融对中华文明独立起源和延绵至今起到的重要作用等议题展开深入讨论，体现中华文明的"多元一体、兼容并蓄、绵延不断"。截至2022年9月28日，直播及80余条短视频、海报、图文的全网总浏览量约600万人次。该报道从内容创新、技术运用、团队组织等多方面展示了专业媒体的优势。

3.用户自制内容仍有机会

新媒体时代，人人都可以拿起手机直播身边的新闻，这些事件与官方的宏大叙事不同,然而它们依然有对应的受众,对于关注者来说依然是资讯,有着直播的价值。朋友圈的小视频、新浪微博的秒拍视频显示出这样一个趋势——未来直播流可能也会出现在朋友圈,资讯客户端均会加大UGC(用户生成内容)资讯直播的运营力度。新闻资讯类视频直播会以PGC(专业生产内容)为主,PGC主要考验新闻平台对热点事件的捕捉能力和运营能力,所以用户自创应该考虑为事件提供更多视觉补充。必须承认未来的新闻资讯是去中心化的流媒体传播,这是直播给媒体业带来的巨大颠覆。

但是现阶段我们还看不到这样的局面,比如在一些公共事件中,除了新闻媒体的正规报道,一些网红明星也纷纷涌入事件现场。为了追求直播效果,很多网红使用一些不正当的手段赚取流量的案例比比皆是。主播素质太低,没有经过新闻传播专业训练,功利性太强,入局等于搅局。

4. 社交性强,可实现在线用户实时交流

移动新闻直播备受青睐还因为其能实现在线用户实时交流。在强现场感的直播画面之下,共同观看的用户一同讨论,虽没有在现场,却能获得浸入式的体验。特别是在新闻事件中,这种网友自发的讨论,加上适当的舆论引导,非常容易达成由引导产生的共识。

比如,由解放军新闻传播中心制作的直播作品《〈寻访英雄〉之〈寻找战友〉特别直播活动——一场跨越70年的重逢》(简称《一场跨越70年的重逢》),是中国军视网的品牌节目——《寻访英雄》的拓展和延伸。该节目为帮助老英雄完成寻找战友的夙愿,积极搭建平台,热心为老兵解难。《一场跨越70年的重逢》就是中国军视网多次为老兵成功寻找战友的故事之一。因人物的特殊性,这一直播活动引起全网关注,成为"现象级"作品。2021年8月,中国军视网接到了94岁的四川籍抗美援朝老英雄何伯超想寻找战友的线索,经多方努力,中国军视网成功为其寻找到抗美援朝时的班长——山东籍抗美援朝一等功臣、96岁的高万功。两人在硝烟战火中

曾结下深厚友谊，高万功还曾是把何伯超从火线上背下来的救命恩人。何伯超苦苦寻找他 70 多年。经过 4 个多月的协调筹划，2021 年 12 月 8 日，中国军视网记者陪伴何伯超老英雄从四川泸州启程，辗转公交、高铁、飞机等交通方式，耗时近 30 小时，跨越 3000 公里，踏上了这条跨越 70 年的重逢路。直播中，通过一个个纪实短片，为观众讲述两位老人在烽火战场上结下的生死情谊。当看到老英雄们那颤颤巍巍的手紧紧相握时，无数网友潸然泪下。直播当天，军地近 40 家媒体参与，650 多万网友在线观看，相关话题阅读量达 4.1 亿人次，全网曝光量达 5.97 亿人次。此次直播，获得人民日报、央视新闻、人民网、新华网等一大波媒体接连点赞，各大官方媒体根据直播内容在主流媒体平台进行内容复创。如央视新闻《"何伯超！""老班长！"》、中国青年报《听到机长广播，客舱变"追星"现场……》、中国退役军人《合计 190 岁！等了大半辈子的重逢，看哭了》等微信文章，阅读量均超过 10 万人次。

四、移动直播中的注意事项

总体来说，移动新闻直播的采制经验完全来自电视新闻直播，对于专业媒体来说，其样态基本相同，这也就代表着对于记者的要求也基本相同，即要有一定的口播能力，要有基本的采访能力，要有对新闻价值的判断能力。与此同时，其自身的特点也决定了记者要在用户观看体验、内容和渠道的多元化拓展、新技术的运用等方面做更多准备。

1. 注重用户观看体验

移动直播是一个内容与互动并重的报道形式。在移动新闻直播中，用户会不断抛出问题，以评论和弹幕的形式与主播互动。激发用户互动欲望，增强用户黏性，提升平台在用户信息获取渠道上的排序和比重。新闻媒体应注重与观众的互动，记者的沟通交流能力、反应能力变得非常重要。以往记者只注重口播的流畅、准确,但是移动直播更加注重记者对现场问题的处理、解读和解答。甚至整个直播团队要根据现场的反馈去调整直播策略,选择信息内容和投放时机。同时,优化用户的观看体验也变得尤为重要。一直以来,对于移动新闻直播,特别是快直播的音画质量要求并不高,因为信息获取是直播的第一要素,用户容忍度较高。但直播质量差、中断、声音画面不同步等问题严重影响着用户的观看体验。近年来,移动视频直播市场呈现出快速发展的趋势,这源于数码单镜头反光相机、智能手机、平板电脑等移动设备的普及。同时,新一代的网络技术,如5G等使得人们可以更快、更稳定地进行视频直播。尤其是随着社交媒体平台大力拓展视频直播功能,各种直播APP如雨后春笋般涌现,为市场需求的不断增加打下了基础。新闻媒体应利用自身资源,改进直播设备,提升用户观看体验。

2. 内容和渠道的多元化拓展

内容拓展:首先要清楚大多数移动新闻直播都属于轻体量直播,和以往电视直播不同,设备选择(摄像+转播车转变为手机)、人员布控〔几百人的工作二三十人就可以完成,比如2016年4月18日,央视网只花了一周的筹备时间,就策划了一场两个半小时的火车秀——全程直播合武高铁2个多小时的火车穿越大别山之旅,五位女主播+四个直播点+六个机位(手机、无人机)+若干VCR,实现演播室现场连线直播景点。〕都是不一样的,所以不是说这种移动直播能代替传统新闻直播(大型文体活动还是需要使用传统的直播方式,它们需要有更好的传播质量)。但是它可以扩大我们的直播场,使原本不适合、没必要直播的内容也可以通过直播形成新的新闻场域。比如,2016年网易新闻曾携手鲁豫直击亚洲首富王健林的一天,在全网直播收获了320万用户关注参与。这意味着,移动新闻直播时代具有创造新闻的能力,这对于媒体和互联网公司来说,可以解决媒体信息同质化严重的问题,媒体从报道角度、报道对象和新闻选题等方面做出新意，注重前期的内容策划，挖掘与用户能产生共鸣的新闻热点，产生新的新闻方向。

渠道拓展：除了自建直播 APP、将直播融入现有新闻客户端，为了增强媒体移动直播平台的生命力，开放内容生产仍然是不可避免的选择。从国外看，CNN 推出 iReport 节目，让人们更加热衷于参与到 CNN 公民新闻的制作中。新闻媒体应利用互联网上庞大的用户群体，引入自媒体合作机制，拓展直播内容的来源。国外这种"媒体+Facebook"的模式可以为移动新闻直播提供借鉴。社交网络平台，如微信朋友圈、新浪微博等是新闻资讯传播和发酵的重要场所，这使得社交网络在新闻事件、热点事件的视频直播方面具有天然的渠道和传播优势。一是利用强大而稳定的社交网络，媒体能与用户建立良好的互动关系，增强用户黏性。二是社交网络能够拓展媒体内容发布的渠道，实现病毒式分享，如腾讯移动新闻直播利用微信、QQ 等平台发布内容，刷屏朋友圈。这一点对于传统媒体的转型也至关重要：没有渠道流量入口和技术支持，传统媒体搭建移动直播内容体系很容易落个雷声大雨点小的结局。三是社交网络能够更加方便地通知用户其感兴趣的直播内容何时开始。明确、及时的直播预告是直播视频向外推广的重要环节。

3. 注重新技术的运用

从受众接收信息平台来看，电视端和移动端是完全不一样的。移动互联网、虚拟现实等技术越发深入地渗透到新闻生产的各个方面，VR、全景、大数据不仅能够给用户带来新颖的视听感受，还能提升媒体直播报道的整体水平。比如，新华社大型直播《巅峰见证——2020 珠峰高程登顶测量》，2020 年中国高程测量登山队向顶峰进发，新华社进行大时段直播，带领观众直击本次珠峰高程登顶测量现场。新华社成为全球首家在珠峰峰顶完成 5G+4K+VR 直播的媒体，实现了中国新闻史上的一次突破。新华社特约记者分别在队员通过"中国梯"、最后 40 米冲顶、冲顶成功、竖立觇标等关键节点进行现场实时报道，新华社西藏分社还在珠峰前进营地设置超长焦拍摄机位，拍摄测量队员冲顶全景，与新华社特约记者现场拍摄的画面相得益彰。登顶后，特约记者通过直播镜头祝福祖国、祝福世界，声音响彻珠峰峰顶。在珠穆朗玛峰峰顶通过 5G 传输实现 4K+VR 视频直播，这是全球首次，实现了中国新闻史上的突破。受众表示，新华社珠峰登顶直播立体、形象，既有现场，又有解读；既有历史，又有情怀，通过不同形式展现珠峰登顶之不易，诠释高程测量的重大意义，令人印象深刻。

直播点设定（共 9 路）包括珠峰大本营（4 路）：2 路 5G 背包游动机位信号（高清）、1 路 5G 固定机位（高清）、1 路 VR 固定机位。5800 米营地（1 路）：1 路 VR 固定机位。6500 米营地（1 路）：1 路 VR 固定机位。珠峰峰顶（3 路）：1 路高清机位、1 路 VR 固定机位。新技术直播大时段呈现登顶现场，让观众身临其境地感受到了队员们登顶的艰辛和喜悦，直播除了关注登顶现场，还充分发挥新华社融合报道的资源优势和海内外布点优势，穿插多点联动报道，主持人远程实时采访前赴珠峰的专家学者、登山队员，讲述登顶珠峰背后的故事，无论是两次因为天气状况冲顶失败的过程，还是因背负的重力仪不能倒、只能站着、不能休息的次仁罗布事迹，都给观众留下了深刻印象。珠峰高程登顶测量既有科学上的重大意义，也起到了提振国民自信的效果。直播在新媒体端形成刷屏之效，总点击量突破 1.2 亿次。随着直播视频制作水平的有效提升，以及更广泛、更年轻的受众群体成为内容消费的主体，新闻媒体应紧跟时代发展的潮流，创新直播技术，以吸引更多的用户。

总　结

电视直播是现代媒体最快捷的信息传播方式，它最大限度地打破了人类传播过程中时间和空间上的限制，其传播的效率、传播的精确性，带来的丰富现场信息、及时的深度评论,都满足了现代观众对于信息的基本需求,另外传播过程中的不确定性、悬念感也吊足了观众的胃口。同时,随着媒介技术的进步,直播设备、直播方式都会越来越多样,直播将在很长一段时间里成为媒体传播的重要手段。

从现在的电视直播发展来看,除了上述的这些直播方式,电视直播也在和其他新闻报道方式或者媒介平台结合,如有以访谈为主导的直播、以海采为主导的直播,还有综合了这些形式的大型直播,并且都已运用在新闻报道的实践活动当中。这就需要记者结合其他采访类型的专业方法才能做好节目,在这个过程中也对现场记者提出了新的要求,需要他们具备更专业的新闻理念、更全面的采访技巧以及更娴熟的现场控制能力。

第七章 电视海采

第一节 电视海采概述

一、电视海采发展历程

所谓"海采",也叫"街采",一般屏幕上新闻节目主持人会把它说成"特别调查节目"。海采的前身是纸媒经常运用的抽样调查法。它按照概率学和数理学统计的原理,从全部研究对象中抽取一部分作为样本进行调查,然后依据调查的结果对全部研究对象做出估计和推断。[①] 通过这种方法向读者提供科学数据以加强新闻报道的说服力,更好地体现新闻的真实性、客观性。这也正符合美国记者菲利普·迈耶所提出的精确新闻的理念。它是指记者在采访新闻时,运用调查、实验和内容分析等定量社会科学研究方法来收集资料,查证事实,从而报道新闻。[②] 我国媒体早在20世纪80年代就开始运用这种方法做一些受众调查,之后有些记者把这种方法运用到新闻采访中来,和报道内容相结合做出可信度更高的新闻。当时某些媒体还开辟了专版,刊登受众关心的社会问题的"精确新闻",其形式已经和调查

---

① 蓝鸿文.新闻采访学:第二版[M].北京:中国人民大学出版社,2000:180.
② 肖明,丁迈.精确新闻学[M].北京:中国广播电视出版社,2002:2.

第七章 电视海采

报告没有什么区别了。电视新闻媒体这时候受纸媒的影响，也开始用这种方法做一些调查性报道，比如 1998 年，中央电视台《新闻调查》栏目就用发问卷的方式调查湖北省石首市救灾物资发放的问题。由于抽样调查时间冗长，过程枯燥，画面表现力差，电视新闻媒体一直以来都只是使用调查的数据，而从不把这个过程在电视画面中展现出来，反而是一些纪录片开创了这方面的先河。

1999 年，雎安奇导演拍摄了纪录片《北京的风很大》，雎安奇扛着摄像机在北京的街头穿梭，逢人便问"你觉得北京的风大吗？"这部纪录片更像一部探索式的电影，其实和新闻没有关系，被访者的回答也大都没有实质性的内容，但是我们能从被访者的表情、语言和神态中看到各种情绪，包括不解、不耐烦、怀疑、拒绝、恐惧等。这个问题就像一个抽样调查问卷一样出现在画面中，反映着每个人对这个问题的理解，对这个社会的理解。虽然这个问卷没有带来精确的新闻，但是一个无意义的问题，一种有些突兀的采访方式，却让我们看到了人与人之间的隔阂、猜疑、冷漠、虚伪。可以说这是对影像采访方式的突破，这种突破让我们注意到了新闻采访除了既定答案的其他内容，让我们注意到了抽样调查可以带给我们正确的数据，但是这些相似数据背后的成因都是不一样的。这个时候电视记者们开始尝试把这种抽样调查的过程搬到荧幕前，并更多去关注答案背后的故事。

2004 年，中央电视台《纪事》栏目制作了一个纪录片《你想要什么》。在片中编导设计了一个"你想要什么"的问题，记者在不同的场所采访不同的人群，包括工人、学生、商人、打工人员、残疾人员等，采访对象的范围十分广泛，回答也千差万别。虽然问题设置很浅，但在一定程度上也反映了当时中国的社会现状和人民的需求。更可贵的是通过这部纪录片，媒体工作者发现新时代的中国人希望对外人说出自己内心的想法，并且善于表达自己，和 1999 年镜头前局促不安的人们形成鲜明对比。同时,该片播出之后反响很大,《纪事》栏目组每天会接到各种各样的热线电话。之后《纪事》栏目组还制作了《幸福在哪里》等类似的节目,都取得了不错的效果,但是那时候电视海采制作手法比较单一,比如对电视新闻拍摄的取景要求就是半身像,虽然人物不同,但永远是相似的场景,这些大量的静态镜头导致观众审美疲劳。当时电视海采的问题一般由两到三个组成,不会考虑采访现场的情况,因此得到的答案比较浅,引发的关注和思考也是有限的。还有对人物的选取随机性强,包括社会各阶层人士,看起来会得到一个客观公正的答案,但是缺少特殊性,使得节目变得缺乏吸引力。正是这些因素,使得海采在电视新闻报道中更多处于边缘化的位置,只是一种新闻采访的补充形式,并没有被过多地关注,倒是由于其制作方法简单,很多网络媒体在进行一些话题讨论的时候会经常使用,只不过从形式到内容都没有大的变化。直到 2012 年中秋、国庆双节前期,中央电视台《走基层·百姓心声》的特别调查节目《你幸福吗》播出,电视海采这种简单而又特殊的信息采集方式才又一次成为业界热议的话题。自此之后,中央电视台又制作了《爱国 让你想起什么》《家风是什么》等海采节目,在此过程中电视海采不论表现手法,还是问题设计都在不断进步,并且海采在重大政治活动、重大节日报道中的作用日益明显,这种接地气的报道方式变成了一种观众认可、屏幕需要、联播好发、宣传好用的新门类。随着网络直播节目的出现,以及大型网站特别报道、专题报道的出现,海采在电视报道以及网络报道中都体现出了前所未有的生命力。

二、电视海采的界定

对于海采的界定学界有着不同的看法,有的学者从新闻真实性的角度认为海采就是要得到普通人最原生态、最生活化的情绪以及状态表现。有的学者从新闻表现形式的角度认为海采就是大范围随机访问。但是今天的电视海采不管是表现手法还是内容意义都和我们所认知的传统海采有着较大区别，唯一没变的就是采制过程。海采的采制过程就是发布话题，并围绕这一话题对公众进行有针对性的采访活动，从而获得海量的回答。在这个过程中通过采访所获得的回答通常是记者无法左右的，所以总体来看海采的核心就是话题、公众以及采访。

1. 话题

海采虽然是从问题入手，但本质上是要选择一个话题进行采访，由于电视海采在整体画面表现上趋于单一，所以成片精彩与否，话题的选择尤为重要。记者要知道党中央关心什么，决策层的注意力在哪里，同时也要知道民众的感受是什么样的，社会共鸣点在哪里，并且要将两者有机地结合起来。所以这样的话题一定是社会热点或者能够成为社会热点的，因此话题的选择要契合当下的时代精神，能够反映社会舆论热点，并且能够激起强烈的社会讨论。

2013年10月31日，习近平总书记在同全国妇联新一届领导班子成员集体谈话时，特别提到了家风，并且把家风和党风、政风联系在一起。之后中央电视台就跟进推出了以海采为主的《家风是什么》系列报道，以"家风、家规"为切入点，将中国老百姓的家庭故事、家庭记忆和党风建设、社会风气紧密相连，反映了社会主义核心价值观，体现了家国关系这样宏大的主题，并且引发了社会的强烈反响和共鸣，而家风这个词也成了当时公众讨论的热点话题。中央电视台之后又与光明日报社共同主办了"家风家教大家谈"的征文活动，收到来自各界的电子邮件征文4000余篇，作者覆盖全国20多个省、市、自治区以及海外地区，数百位观众致电中央电视台观众呼叫中心，对征文活动表示热烈关注。

当然，在一些其他的电视新闻节目需要海采素材在前期做一定铺垫的时候，记者还是要将海采主题和节目主题相结合，或者把事物最突出的特点表现出来就可以。

2. 公众

海采从某种程度上说其实是一种民意的体现，是给每个人发声的机会，是把话语权交给公众的过程。在这个过程中，百姓自己去诉说自己的价值观、社会经历、对事物的看法等，通过电视媒体的放大，让更多人参与其中，形成讨论，从而达到引导社会舆论方向的作用。因此，在被访人物的选取上，既要有广泛性，又要有特殊性。

从2012年的《你幸福吗》开始，在之后相当长的一段时间里，我们的电视海采对象基本上是随机的，包括城市白领、农民工、军人、个体商户、退休老人、基层干部等社会各阶层人士，大部分都是出现在公共场所的普通群众。这种被访人物的选取方式满足了海采所需要的广泛性，虽然这种泛化的人物选择反映了公众的普遍意向，但也使得采访过程中极难出现有代表性的声音，甚至模糊了公众的关注焦点。因此，为了增强节目效果，在保证广泛性的基础上，海采也必须注意对特殊人物的选取，即那些在人际网络传播中对传播效果产生重要影响的意见领袖，他们本身就是公众的关注焦点，他们的语言、行为更能有效地对公众施加个人影响，这也是电视新闻节目舆论引导的需要。

在《家风是什么》的采访过程中，节目组除了选择原先的街头采访方式，还开始有意识地寻找一些知名学者、社会贤达，把对他们的采访也作为海采的一部分。钟南山、焦波、柳传志、李汉秋、孙毓敏、鲍鹏山等一批在行业中具有代表性的人物出现在镜头中，比如中国工程院院士钟南山先生有事实有依据地谈到了自己父亲的故事；著名摄影家焦波先生，从踏踏实实做人谈到了自己学徒的经历。这些内容增加了海采的分量，同时他们用自己的语言将珍贵的生活阅历、家风传承分享给大众，内涵深刻，引人深思。

3. 采访

采访是在电视海采中获取信息的手段，甚至是唯一的手段。而且，在大多数海采中记者和被访者不会有深入的交流，因此在简短的采访过程中，信息传递的准确性是非常重要的，简单来说，就是要让被访者充分理解记者的采访意图。在海采中，由于选题大多带有话题性质，通过话题产生社会讨论之后才会形成结果，所以有时采访意图不会那么明显，比如"你幸福吗"这样的选题，更多是根据被访者当下的生活状态获得答案，每个人都会有自己的看法，这些看法构成了当代中国人的幸福观，因此在提问中记者会追求被访者下意识地回答。但对于有些选题，这种带有突兀感的采访方式就值得商榷了。

比如，在《家风是什么》的采访活动之前，社会上包括媒体在内几乎没有人会谈论家风，这个词在民众心中相当陌生。家风究其本质是家庭世代相传的生活作风，是一种潜在无形的价值准则，在日常生活中潜移默化地影响着人们的行为方式，所以这个问题需要人们去思考和归纳，如果贸然提问，被访者肯定无所适从。因此，这次采访就要求记者在正式采访的过程中切勿单刀直入，尽量让被访者了解采访意图后再进行提问。

第二节　电视海采的总体要求

电视海采的表现方式往往比较简单，就是以采访对象以及采访内容的展现为主，所以在制作过程中也容易陷入简单化的思路，从而导致成片主题不明确、内容深度差、观点单一等。所以越是简单的内容越要花费时间和精力去精心设计，这样才可以做出有社会影响力的电视节目。

一、访前准备

电视海采看似随机,但是制作过程绝不是"随机"的,正是因为其中的偶然性极大,所以才需要记者在正式采访前做充足的准备。由于选题的特殊性,相对于其他类型的采访,海采通常不需要记者有太多的知识储备,也不需要记者对行业、事件有深入的了解,所以这种准备更多是对节目的编排。

首先节目组必须明确节目的主题思想,所有的问题设计、拍摄计划、后期剪辑都是为了反映这个主题思想去筹划的。特别是海采节目往往需要多人分工合作完成,每个人对主题的理解必须相同,不然最后汇总的素材会出现风格不搭、无法串联的情况。其次要有详尽的拍摄计划,包括拍摄时间、范围、人群选择都要有明确要求。海采绝对不是在街上转两圈就可以完成的,新闻最重要的就是客观公正,如果样本过少、范围过窄、人群属性单一,是无法代表大众意见的。最后就是问题的设计,在这个过程中预采非常重要。电视新闻节目中的预采就是进入预定拍摄现场所做的动态采访过程,也是一个发现新情况、新问题,甚至改变原来设想的过程。在预采过程中,记者要反复论证,什么问题才是被访者能够迅速理解并且可以诉说的。比如在《家风是什么》的报道中,记者通过预采发现"家风是什么"这个问题对于大众来说很生涩,也不容易引起话题,通过不断地尝试,最终确定了以"您知道您家的家风和家规是什么吗"这个问题作为节目的切入点。没有预采,不但有可能增加由于采访不顺带来的拍摄消耗,还容易使记者陷入就事论事的浅层表达,无法更深层次地反映话题本质,这也会导致最后的成片沦为简单的原声传达。

二、采摄要求

随着中宣部等五部门"走基层、转作风、改文风"要求的提出,新闻工作者如何切实将群众观点、群众路线体现在新闻宣传实践中成为新闻界的普遍话题。海采这种将话筒和镜头对准普通百姓,听取大众最真实的声音,并引发良好的社会效果的方式就是对"走转改"的完美诠释,也进一步证明了深入基层、倾听民声的重要性和现实意义,而电视海采的采摄要求也应该去契合这种意义,强调真实性、贴近性和趣味性。

1. 走基层

海采报道选取的往往是深贴民意的话题,可以延伸至政治、经济、文化、思想道德等领域,深入社会群众、个人、家庭,以此达到聚集民意、促成社会合意的目的。由此而言,海采最忌讳的就是形式主义,要充分保证群众的发言权,最大限度地倾听百姓的声音。

海采节目的成片报道时间并不长,但看起来短短几分钟的报道,其实投入了大量的人力、物力。以《你幸福吗》和《家风是什么》为例,前者共调动了18个国内记者站、7个海外记者站以及北京总部共70路记者,加上20个地方台,共300多人次,被采访对象达3550人,最终播出节目中采用了147人的回答。后者动用了国内外95路记者,足迹遍布国内所有省份,以及海外,搜集了4000多人的回答,仅视频素材就长达175个小时,而最终只有近百人的精彩回答呈现在屏幕上,也就是说最终只有1%的内容播出。[①] 只有这样做新闻才能真正做到问政于民、问需于民、问计于民。

2. 善用画面语言

电视海采中的人物切换非常频繁,大量介绍性的字幕会影响观众的收

---

① 张广炳. 从"海采"的演变看电视新闻舆论引导方式创新 [J]. 东南传播,2015(4): 141-143.

视体验，甚至观众根本没有时间去看这些文字。所以拍摄采访对象之前，要有场景和角色的交代，尽量在符合角色身份的场景中拍摄，用镜头体现环境和身份。比如，在2016年中央电视台《谁不说俺家乡好》报道中，在每一个采访前镜头都会交代采访地点，有景区、车间、果园等，并且这些地点中的人物也体现着他们的身份，游客、退休老人、果农一目了然。同时，要多用动态镜头，跟着采访对象的动作以及采访内容进行拍摄，让画面呈现事实。

语言只是信息表达的方式之一，人物的肢体语言、所处环境，甚至体貌特征都透露出一些信息。由于电视海采中镜头时间短暂，有些信息可能需要我们通过各种景别的穿插表达出来。同样以这次报道为例，记者最后采访到一个甘肃天水的果农，当他谈到政府对于果农的帮助以及给予的技术支持时，显得非常兴奋，整个谈话过程带有大量的肢体语言。摄像记者敏锐地捕捉到了这个细节，马上推到远景拍全身像，并且在这个过程中给了旁边果篮中的水果特写。虽然这样的切换使得片子拍得不稳，甚至镜头有一点晃动，但是这种无设计感、去庄重化的画面给予了报道更多的真实感。

3. 注重长镜头

长镜头是在运动过程中持续地、不间断地记录现实生活，即没有人为地去干预生活、"打碎"现实生活固有状态，所以它保持了现实生活时空的完整性，保持了现实生活的原生态和进行时态，因而更加真实可信。[①] 电视海采不管是选题还是采制方式其核心都是大众的意见表达，因此在这个过程中真实性尤为重要，表现真实最直接的手段就是长镜头。所以采访时一定要提前开机，镜头要始终跟着采访对象，记录记者走近提问时采访对象的状态反应，甚至是被访者走出镜头的全过程，尽量不间断地连续拍摄。比如在中央电视台《时间去哪儿了》的报道中，记者就采访到了一对从内蒙

---

① 吴长宇．电视新闻"走基层"中"长镜头"的运用［J］．新闻研究导刊，2014，5（6）：129.

古出发到北京自由行的母女,在拍摄过程中,女儿谈到了自己80岁的老母亲一辈子的辛劳,情不自禁潸然泪下。记者将人物的选取、采访、两人离开的过程用长镜头完整记录了下来,通过后期剪辑很好地表达了亲情代代延续的主题。

4. 记者出镜

海采更多是对普通大众的采访,因此需要记者去构建一种平等的思维方式,在电视海采中记者要以平民化的视角去诉说百姓生活。在电视海采出现的初期,海采节目更多是由演播室主持人的口播与被访者画面组成的。随着新闻报道平民化倾向的出现,记者开始手持话筒站到镜头前,他们有着受众需要的平易近人和真实。我们看到,在新闻实践中,大量的记者开始"走近"被访者,深入他们的生活和工作,记者开始配合被访者,蹲下身去采访在车间工作的工人,挤到人群中去采访正在采购的大爷大妈,很少会有把被访者"拉出"现场,要求其端正衣冠的场景,也正因如此他们成为老百姓的朋友。记者出镜的现场报道最显著的特点就是记者的活动与新闻事件的发展是同步的,在这个过程中记者真实记录与被访者交流的全过程,使观众如临其境、感同身受。从近两年的海采报道我们可以看出记者出镜已经成为常态,更为重要的是他们不再只是发问者,他们也不会上来就问"你幸福吗"。他们更多地在和被访者聊天、交流,在这个过程中带出问题、深入话题。

5. 重视第一反应

"你幸福吗?""我姓曾。"这组问答曾经在2012年火遍全国。我们必须承认,中央电视台《你幸福吗》的报道,之所以引起社会的高关注度,就是因为在以往海采中应该被剪掉的片段,这次都呈现在了屏幕上。之后我们可以看到越来越多的海采节目都会把这些"需要剪辑"的部分直接呈现出来,比如在《家风是什么》的报道中,记者采访到一群小学生,一个男孩抢着说爸爸每星期天打我一次;再如在《特朗普访华》的报道中，一个市民问到他头发是谁剪的，这些诙谐幽默的问答都有一个共同的特点，它们都是被访者的第一反应。人的第一反应是一种不经神经系统而发的自然反应，这种反应往往是最真实的，作为电视海采就是要抓取人们面对这种简单问题做出的各种迥异反应，凸显新闻的真实感。同时这种无心插柳式的调侃具有让观者会心一笑，甚至回味无穷的奇特效果，也有效地增强了报道的趣味性。当然，在最终选取素材时还是要适量、适度，这些"神回复"是整个节目的点睛之笔，但不是主体。如果在节目中放入过多这类内容反而会让观众失去原本的关注点，传播效果会大打折扣。

6. 形式不拘一格

电视海采就是记者提问、被访者回答的过程，这几乎是长期以来电视海采拍摄的思维定式。但随着海采节目在各个电视台的出现，其拍摄方式也推陈出新，并取得了不错的效果。2014年母亲节，中央电视台的海采节目《妈妈我想对你说》就使用了特殊的方式，记者在这期节目中除了进行一些追问，大部分时间是一个记录者。整个节目没有主要问题，画面就是以被访者和母亲的电话通话内容为主要组成部分。当那些学生、打工族、留守儿童在电话中说出"妈妈我爱你""妈妈节日快乐"的时候，电话那头的母亲或诧异或感动或高兴，都深刻地体现出了报道的真实性，整个节目情深义重，不是简单地在镜头前送祝福所能比拟的。

除了整体上的变化，一些细节上的处理也能让节目耳目一新。在中央电视台的海采节目《2018新年心愿》中，节目组在各个海采地区都放置了一个许愿板，节目开始就从许愿板切入，镜头穿插着人们在许愿板上写下自己的新年心愿，同时也有海采的跟进。而且以这样的方式去提问效果更好，因为有了这样一个写作的过程之后，被访者的思绪会更加清晰。节目最后也是以许愿板的特写作为结束，一个道具贯穿节目始终，整个成片非常温馨、丰满。在新媒体时代，技术不是解决问题的唯一出路，电视记者更应该与时俱进，多观察、多思考、在做好新闻报道的同时，想办法去提升新闻的表现力和感染力。

第三节 电视海采的采访技巧

一、问题的设计

从表面上看，电视海采的问题设计好像没有什么难度，其实并非如此，怎么在简单的问题中凸显主题，怎么从短暂的交流过程中获得更多的信息、突出人物形象，这些都是要在问题设计时考虑的，同时问题的设计也要从电视海采节目自身的特性出发。首先电视海采通常采访人物随机、人群涉及面广，所以要求问题容易理解，社会各阶层都可以很快明白记者想得到什么信息。其次听到问题后被访者应该知道自己要说什么，有的问题虽然简单易懂，但是由于范围太大，被访者不知道该怎么说或者从哪里说。最后我们需要被访者"说出来"，把完成任务式的采访，变成"唠嗑儿""拉呱儿""摆龙门阵"，而不是仅仅想得到一个答案。基于这几个要求，我们对海采问题的设计应该从以下几个方面入手。

1. 主问题

在所有采访中，第一个问题总是能影响到采访效果的好坏，海采也不例外，海采的第一个问题通常叫作主问题，之后的问题全部由主问题展开。主问题可以理解为话题本身，但也不一定跟话题完全一样。

（1）以面带点

这种问题以开放式问题为入手点，目的在于对话题相关内容的获取和收集。比如在《家风是什么》的报道中，节目的主问题是"您知道您家的家风和家规是什么吗？"，这种问题通常和话题较为接近，目的就是获取大量和话题相关的内容，从而得到具有代表性或特殊性的答案，比如在采访中获得的"勤俭持家""尊老爱幼""吃饭不许说话"等回答，都是具有代表性的。同时我们还看到了"爸爸每周打我一次""钱必须交老婆""家风就是爸爸必须爱女儿"等或温馨或让人忍俊不禁的特殊答案，丰富了报道内容。

（2）以点带面

这种问题以闭合式问题为入手点，目的在于获取该话题某一相关内容的信息，在对话中凸显主题。电视海采中有的话题比较宽泛，对被访者来说并不好回答，这时候就需要记者把问题集中到话题中的某一点。比如在中央电视台《写给2035年的信·海采篇》中记者就用了这种方法，党的十九大报告提出，到2035年我国要基本实现社会主义现代化，这对每一个公民来说都是一件大事，每个人都会对未来寄予巨大期望。这个期望其实是多方面的，包括社会生活的各个层面，如果在问题设计时只是简单地去问"你觉得2035年是什么样子"，难免会得到很多宏观的答案。所以节目没有让大家去畅想未来，而是借助《写给2035年的信》的全媒体行动，把问题窄化，从"如果让你给2035年写一封信，你会写给谁？"这个闭合式问题入手，辅以之后的追问完成了整个报道。从被访者的回答我们看到这里面既有大众对未来生活的向往，也有对自己的寄语、对亲人的祝福等，这些向往、寄语、祝福从侧面反映了大众对2035年的期待，从而更好地诠释了美丽中国的主题。

2. 辅助问题

在电视海采的发展过程中，一开始的问题设计基本上是一个主问题和一个辅助问题的组合方式，比如在《你幸福吗》的报道中，问题就由"你幸福吗"和"你觉得什么是幸福"组成，基本不会有更深入的提问。当然，并不是记者没有设计更多问题，只是从初期的电视海采节目中我们可以看

第七章　电视海采

到被访者面对镜头时的不适和警惕，这也使得记者没有办法去做更深入的采访。但是随着大众对大众传媒认知的加深，他们开始愿意在镜头前表达，记者可以和被访者做更多的交流，这就要求记者在采访中注意对这些辅助问题的设计。

海采中的辅助问题也就是通常所说的追问，这些问题在海采中尤为重要。首先海采的主题通常为一个话题，追问能够很好地避免出现很多同质化的笼统答案。在《谁不说俺家乡好》的报道中，节目的主问题是"说到你的家乡，你首先会想到什么呢？"，在采访中难免会遇到很多同质化的简单回答，例如"风景好""吃得好"等，一两期节目还可以，但长期如此会降低节目可看性，因此，记者设计出了几个可以追问下去的有效问题，包括：您的家乡最让您意想不到的变化是什么？你提到家乡最让你骄傲的是什么？你的家乡有和别人不一样的地方吗？你希望家乡还发生点什么变化呢？

比如，在兰州正宁路小吃夜市里，记者问商户："你觉得这两年家乡的变化大吗？"老板娘顺着问题就说道："那每个人的消费观、生活观都改变了。像老年人，他都觉得挣了钱，我应该要花，不再是那种老思想。"黑龙江大学的学生在被问到家乡最让你骄傲的是什么时，说道："我觉得是人的那种朴实和善良吧，我们家乡虽然说在全国GDP排不上第一，但是东北人的这种热情还是首屈一指的。"我们可以看到，通过追问可以把话题变得生动具体，提高了被访者回答问题的主动性，同时也使得答案变得更加生动、丰富。

除此之外，在以点带面的主问题后设置有效的追问还可以对话题进行深入讨论，在此过程中深化主题。比如亲情这个主题，如果我们用常规的方式去提问，直接问被访者"你认为亲情是什么"，看似和我们离得很近、很好回答，但是亲情其实包含了大量复杂的感情，包括真挚、无私、分担、思念、温暖等，被访者很难在第一时间找准自己对亲情的真正理解，节目呈现也会显得很杂乱。这时候就需要记者在这个话题中去寻找一个突破口，也就是能表达亲情的一个点去设计问题，我们可以问"你和父母多久没有通电话了"，之后追问"通电话时你们都会说些什么呢？""有时候你会觉得他们很唠叨吗？""这些唠叨你觉得对你来说是负担还是爱呢"等问题，随着问题一步步深入，让被访者慢慢说出自己对亲情的理解、对家与爱的理解。这样的提问不仅很好地反映了主题，也给社会大众带来了关于亲情的反思。

很多电视海采节目都对问题做了样板化的设计，这样可以更好地突出节目主题，方便后期剪辑，同时也使不同记者的采访内容都可以保持在大致相同的水平线上，从而保证了节目质量。但追问最大的特点就是其随机性，要求记者根据被访者的回答，抓住话头进行下一步的提问。因此现在有些海采节目也放开了对提问的限制，在遵循主题的情况下鼓励记者根据现场情况追问。例如，在《家风是什么》中，一位北京大叔接受记者采访时，有这样一段对话：

记者：您家的家风是什么？

大叔：我也碰到了（家风采访）这事了。你要从大方面来讲，是学技术。学技术，大可以为国，小可以为家。

记者：那您爱人，当时看中她哪一点？

大叔：我们那时候和现在的形式不一样。那时候社会教育不一样，我们积极主流的（观点）不是看谁个大，谁长得漂亮，我们那时候就看对社会的贡献怎么样，积极到什么程度。她从17岁就上山下乡，掏过粪，下过地，当过大队支部书记，任何苦都受过，我任何苦也都受过，我们是有共同的信念，才走到一起的。

记者：孩子多大了？

大叔：30多岁。

记者：男孩女孩？

大叔：女孩子男孩子都有。

记者：给女孩找对象的时候，在意男孩家里什么呢？

大叔：有一技之长。孩子一定要有个吃饭的本事，不能做个混子。不能啥我都明白，结果啥都不做，不能做个眼高手低的人。男人就要对女人负责，要能养家，要能糊口，到大的时候，国家或民族需要你的时候，就应该冲上去，有牺牲的精神。[①]

在该段采访中，除了第一个是规定问题，后面的问题都是记者临场发挥的。家风中蕴含着很多故事，如果死板地按照设置的问题采访，得到的回答难免千篇一律，这样很难挖掘出每个家庭不同的精彩。

同样，在《谁不说俺家乡好》中也有类似的场景，记者在哈尔滨顾乡公园采访到一个为老年人合唱团拉二胡的老大爷祝恩仁，节目中有这样的对话：

记者：爷爷今年84岁了？

祝恩仁：行吗？

记者：太行了！您对家乡的第一印象是什么？

祝恩仁：我在哈尔滨市78年了，我是山东人，历经了哈尔滨的变化，悬殊太大了，个人的精神面貌饱满，都带笑容，穿得最时髦的是黑龙江人。

记者：您这就挺时髦的，这花裤子谁给您买的？

祝恩仁：我很讲究！这裤子颜色，出口转内销！像我这个岁数能穿这样的衣裳，这就代表我自豪！

[①] 周德军. 电视海采的"进化"：从《你幸福吗》到《家风是什么》[J]. 电视研究，2014（4）：37-39.

记者：您刚才说 70 多年感觉到变化特别多，那哪里变化最大啊？

祝恩仁：兜里有钱了！

记者：关键还是生活水平提高了。

祝恩仁：对！吃喝啥的不在乎了。

记者：完了就能买花裤子了！

祝恩仁：现在能买的东西多了！

在这段采访中，记者用的是一种开玩笑式的对话方法，结合了要问的核心问题。其妙处在于记者不仅仅获得了信息，还通过这样的方式为我们还原了一个活生生的人，他对于生活变美好之后最真实的反映以及情感是什么样的。由此我们看到，海采记者的问题组织能力、现场观察和随机应变能力都是非常重要的。

二、注重故事的挖掘

新闻是人类社会活动的真实反映，这些社会活动说到底是由许许多多生动活泼的故事组成的，从这个意义上来说，采写新闻就是采写故事。同样，如果电视海采只是在表面做文章，那是远远不够的。电视海采相对其他电视新闻节目来说，形式还是趋于单一，所以在采访中要更加注意内容的表达，这个内容就源于对新闻故事的挖掘。"故事"相比普通的新闻报道来说，更具有可视性、可读性和传播性。

在现代的电视海采报道中我们可以看到大量对故事化元素的运用。如果海采报道是以单期形式出现，那么在节目前半段的密集海采过后，后半段会放缓节奏，运用一两个带有故事性的采访深化主题。如果节目是以系列报道形式出现，那么在节目最后几期就会跳脱出海采的形式，以新闻故事的形态做后续报道。

第七章 电视海采

基于此,在电视海采中故事的表现形式有两种,一种是采访对象口述,这种形式最为常见,是电视记者在提问过程中得到的信息。由于故事多发生在过去,所以要求记者更好地帮助被访者还原故事,通过提问让被访者补充细节。例如,在《家风是什么》中,记者采访人文学者李汉秋先生时就有这样的对话:

记者:李汉秋先生,您家的家风是什么?

李汉秋:对我来说,现时代的,我自己主要是勤奋。

记者:怎么讲?

李汉秋:以前北大图书馆座位是很有限的,那么平时上课上图书馆还好一些,到礼拜六礼拜天,大家都不上课,都是争着抢着上图书馆,一座难得,要想有一个座位是很困难的。我有时候到图书馆,没有座位了,我就躲在哲学楼的那个厕所里,单独的一间,框起来,在那一看一读,一个半天。

记者:那种是蹲式的还是坐的那种?

李汉秋:马桶式的,一间一间的。

记者:你就坐在马桶上?

李汉秋:就坐在马桶上,门一关,"自成一桶,一桶天下",在里面可以安心读半天书。

在这段采访中,记者通过追问,不仅完善了被访者的叙述内容,还引出了"自成一桶,一桶天下"这样的点睛之句。在之后的采访中,记者也用同样的方式和李汉秋先生探讨了幼儿教育与家风的关系以及父母对孩子的影响等话题,充分反映了被访者对于"家风、家规"的理解,并且通过一个个故事深化了主题。

另一种是采访对象的经历。这种故事可能是从采访对象身上获得的,

233

也有可能是在海采过程中听说的,由于现实性比较强,需要记者单独把这些事件罗列出来,进行深入的采访报道,也可以理解为是在海采过程中得到的选题。现代电视新闻海采节目一般都会做一些系列,除了海采的成片,电视台也会用一些其他的报道形式作为补充,以期达到更好的传播效果。这些在海采中获得的故事,由于跟大众的贴近性比较强,时代感突出,同时切合整个采访主题,往往是后期补充新闻报道的最佳选择。

比如,在《时间去哪儿了》中,记者就挖掘到了这样一个故事:在映客直播中,有一个名叫"开心奶奶"的直播间,吸引了全国各地的数万粉丝,这个直播间的"播主"是崔兴礼、曹雪梅夫妇,一对年近八旬的老夫妻。在直播里,老两口一起跳舞,一起猜脑筋急转弯,奶奶说什么,爷爷总会跟着说,看起来轻松幽默,以为老两口是在故意逗大家开心,而时间久了网友才知道,其实爷爷是患上了阿尔兹海默症。崔爷爷退休前是中铁大桥局的技术骨干,参与建设了包括南京长江大桥在内的十一座大桥,还在缅甸援建筑桥。没想到,爷爷后来三次中风,又患上了阿尔兹海默症。在曹奶奶的细心照料下,这个已经80岁的爷爷,在直播间里永远都是穿戴得整整齐齐,甚至十分时尚。别人在直播间里放松搞怪,他们却把这里当成最好的舞台,展现着老年人的风采。在老两口做直播的这一年里,爷爷的记忆力和精神状态都有明显好转,有时候还会想起自己年轻时的故事。曹奶奶说,看到国家今天的发展,他们老两口由衷地高兴,开这个直播,也是想给年轻人传递更多的正能量。她把进到直播间里的年轻人都当成了自己的孩子,她希望自己和崔爷爷这大半辈子的风风雨雨能鼓励她的宝贝们。

这个节目是作为《时间去哪儿了》的后续报道出现在电视当中的,不管人物的典型性还是故事的话题性都极具特点。播出之后引起了广泛的社会关注,很多网络媒体都进行了转载。同时节目深化了通过说"时间"来"说青春、说价值、说年代、说信仰,引导人们培育和践行社会主义核心价值观"的节目主题,并很好地宣传和弘扬了社会主义核心价值观。

三、网络海采

在网络媒体发展的今天，互联网媒体为了丰富自己的信息资讯，扩大自身影响力，开始越来越多地采用"海采+直播"这种节目形式。究其原因，是网络媒体的自身属性，根据 2017 年颁布的《互联网新闻信息服务管理规定》，互联网新闻信息服务单位，转载新闻信息或者向公众发送时政类通讯信息，应当转载、发送中央新闻单位或者省、自治区、直辖市直属新闻单位发布的新闻信息，并应当注明新闻信息来源，不得歪曲原新闻信息的内容。互联网新闻信息服务单位，不得登载自行采编的新闻信息。换言之，网络媒体没有新闻采访权，不能进行直接的新闻创作。就算是现在，具有新闻采访权的网络媒体也少之又少，在做大型活动期间，这些网络媒体更多选择和传统大型媒体进行合作，传统媒体提供信息，网络媒体提供技术，在大多数情况下，网络媒体更像是信息的搬运工。没有采访，就没有自己的新闻，在这种情况下，网络媒体必须自己想办法制造新闻，或者做好对新闻的二次加工。所以，海采的运用，既是网络媒体的无奈，也是机遇。

现在大型网站常用的做法就是采用以直播为依托的海采模式，经过新闻策划，对已知信息进行深入挖掘，引出大众关注焦点，引发社会讨论，从而创造收视率。这种模式基本是以民众的视角去对问题进行讨论，可以有效地对信息进行二次加工，当观点出来后，媒体可以借此去制造新的话题、评论，对事件进行多角度的观察。虽然是直播，但是直播现场不一定是事发现场，可以是与之相关的任何场所。比如某商场出现了电梯伤人事件，也许报道事件本身是传统媒体的任务，但是网络媒体可以以此为话题，在其他商场组织海采，访问群众有没有遇到过类似事件、对该事件的看法等，在这个过程中可以针对群众的新关注点，展开讨论，也可以寻找一些人物故事组织报道。对于网络媒体来说丰富了信息内容，对于大众来说是社会信息的一种有效补充。

例如，在2017年过年期间，腾讯新闻开办了一个每天10小时的直播节目，在北京、上海等五个城市的机场、火车站架设直播间，关注那些等待回家的人。节目的主旨就是打开行李箱，看看春节他们带回家的礼物。在节目的一个段落中有这样的场景，记者在上海采访到了一个做电焊工的大姐，因为讨要工资，耽误了原本的车次，甚至因为赶车连给女儿的春节礼物都没买，晚上9点多了还一个人在火车站等着，满是心酸、委屈和焦急。了解到了大姐的情况，节目组帮大姐买了一张浦东机场回三峡的头等舱机票，还买了送给大姐女儿的海鲜大礼包。在获得赠票的一瞬间，大姐的喜悦化为泪水和拥抱，这种感动温暖了在电脑和手机屏幕前的每一个人。直播一共进行了5天，引起的话题量和关注度是空前的，在这么长的时间里，同一个主题，同样的事件，能够让观众看不腻、看不厌，可以说整个团队做足了功课。这样的实例在节目中有很多，节目组选取了各种各样的人物，问题都来源于生活，和被访者拉家常，节目最大限度地贴近人们的生活，做到了感同身受。通过这些实时海采，记者顺利挖掘出了人物故事，更真实地展现了人们的生活百态，在过年回家这个看起来司空见惯的主题，以及只能去报道春运高峰这样的惯性思维之下，做出了不同、做出了特色。这无疑是网络媒体一次大胆的尝试，也是一次成功的尝试。

总　结

海采作为一种最常见、最深入群众的采访方式，一直被各大媒体频繁使用，记者通过进入田间地头、厂矿社区深入群众，在听取群众心声的同时，捕捉时代的变迁，在这个过程中真实、真情尤为重要。

第七章 电视海采

真实是海采的基础，决定着整个节目的质量。海采活动必须有广泛性，也就是数量的累积，这样才能反映更多人的意愿，在客观上形成真实的条件，这种积累绝对不是在街上随便走走就可以解决的。虽然这种走街串巷式的采访有可能使采访活动陷于被动，但是贴近了民众的生活，也凸显了新闻的真实性。

真情则是海采的生命，让报道更具人文色彩和人文关怀精神。这种情感来自海采的话题，这些话题既与民众的生活息息相关，又是对社会伦理秩序的梳理与反思，是民众最真实的情感表达；这种情感也来自海采的对话，记者与被访者平等交流、记者对被访者命运的关切都体现了现代媒体的态度与温度。

第八章　体验式采访

第一节　体验式采访概述

一、体验式采访的发展历程

体验式采访要求记者以采访者和当事人的双重身份进入新闻现场，亲身体验新闻事实，并获取采访素材，是以记者为叙事主体的一种采访方式。与一般的现场新闻报道相比，体验式采访以更贴近新闻事实的方式进入现场，更注重记者的亲身经历，更注重深入一线，更注重对现场过程的展示。体验式采访最早的雏形是游记，早在13世纪，意大利旅行家马可·波罗撰写了《马可·波罗行纪》，记述了他在中国各地的所见所闻，全书以纪实的手法详细地描述了元朝时期中国的经济文化、民情风俗和商埠的繁荣景况，第一次将中国形象较全面地展示在世人面前。虽然它不是世界上第一本游记，真实性也一度遭到怀疑，但是大量作者的亲身经历和体验性的内容使该书赢得了众多读者的喜爱。这个时期的游记还算不上新闻报道，但是已暗含了体验记录的写作方式。

现代体验式采访的雏形来自美国战争史上的"嵌入式"报道。早在1775年，艾赛亚·托马斯就根据自己的亲身经历报道了独立战争的第一

第八章 体验式采访

仗,其后这种特殊的报道方式在与美国相关的一系列战争中被广泛运用。到了伊拉克战争期间,美国把全球600名记者编入了军队作战单位中,与部队士兵同吃同住,就地发稿。早期的体验式采访,虽然记者能够进入部队体验战争,但是其采制和写作方式还是比较传统的,所以最终的新闻作品很难见到"体验"的影子。

真正的体验式采访源自1899年10月,25岁的丘吉尔作为战地记者被派去前线采访,遭到布尔人的伏击,在战斗中不幸被俘。后来丘吉尔成功越狱,历尽千辛万苦,才重新获得自由,并据此写了一篇《"我身体虚弱,但我终于自由了!"——我是怎样死里逃生的》的报道,将具有现代基本特征的体验式采访文体应用于新闻报道中,成为早期体验式采访的代表作之一。在这些早期的作品中,更多出现的是记者作为当事人的心路历程,猎奇性和炒作意味较浓,并没有扎根于社会,但是这种全新的报道方式广受读者好评,有利于体验式采访的推广。二战之后,记者在新闻报道过程中开始更多地关注社会层面,涌现出一大批通过体验式采访形成的精品报道。比如,1959年秋天,美国记者约翰·哥里芬为了了解当时美国黑人的生活困境,特意前往当时种族隔离合法的美国南部地区进行长期调查。为了可以更好地了解黑人的生活状态,哥里芬剃了光头,用药物、太阳灯等把他的皮肤变黑,他通过乘坐公共汽车和搭便车的方式,以黑人的身份在新奥尔良市和密西西比州的部分地区旅行了数周。他通过和黑人同吃同住,掌握了大量的一手材料,食物的短缺、住所的简陋、卫生设施的匮乏都是当地黑人所面临的巨大难题。同时,他也饱受当地白人的歧视,这些片段被他写成系列报道在杂志上刊登。1961年哥里芬将这些文章重新整合,出版成书《像我一样黑》。这一时期的体验式采访不管从选题、方法,还是最终形态来看,已经非常接近现代新闻报道的样式。

在我国的新闻实践当中,体验式采访出现得也比较早。1920年,瞿秋白以《晨报》记者身份访问苏俄,考察了十月革命胜利之后的苏俄现实、无产阶级革命所引起的社会变化，以及革命后俄国的政治、经济、文化等各个方面的情况，一年间先后发表35篇通讯，并于1922年结集成书《俄乡纪程》，开创了中国体验式采访的先河。1935年，著名记者范长江以《大公报》旅行记者的身份，开始了他著名的西北之行。他从上海出发，历时10个月，行程6000余里，沿途写下了大量的旅行通讯，向读者真实地还原了中国西北部人民生活的困苦以及当时中国工农红军长征的情况。范长江的这些通讯陆续发表于《大公报》，在全国引起了强烈的反响，之后这些通讯被汇编为《中国的西北角》一书。这些作品已经具有了体验式采访的采制特征，并且这种报道方式也在后来被越来越多的记者使用，出现了很多影响深远的好作品。1960年，新华社记者参与了我国登山运动员首次攀登珠穆朗玛峰的过程，亲自体验登山运动员的生活，并由此写下了《英雄登上地球之巅》的名篇。1984年，《经济日报》为了庆祝中国红军长征胜利50周年，开辟专栏刊发《来自长征路上的报告》，记者罗开富历时一年重走长征路，完成了40余万字的作品，引起全国轰动。可以看到当时在报纸媒体中体验式采访大热，传播效果也十分突出，但是在电视媒体中却相对使用较少。长久以来电视媒体作为一种结论性媒体，并不注重新闻报道的过程感，更多地关注新闻事实，个人对新闻事件或新闻人物的体验很少被提及。再加上技术设备的限制，没有办法长时间地进入新闻事实当中，同时介入的过程也会对新闻事件产生影响，所以很少能见到纯粹的或者真正意义上的电视体验式采访。

到了20世纪90年代初，随着摄像技术的进步，更加轻便以及摄像时间更长的设备出现，体验式采访开始运用在电视新闻领域。最初的电视体验式采访形式比较单一，大都出现在新闻报道当中，并且和暗访大量混用。基于电视媒体的特殊表达形式，体验式采访给予受众的现场体验感、代入感都更加强烈，之后很多电视台推出了以体验式采访为主要风格的电视栏目，其节目类型也在不断丰富。2007年香港回归十周年之际，中央电视台

第八章 体验式采访

推出了系列节目《岩松看香港》，加上之前的《岩松看台湾》，同年的《岩松看日本》，以及2009年的《岩松看美国》，这一系列节目的推出使电视体验式采访不再仅用于新闻报道。这类电视采访报道类似于报纸的"风貌通讯"，记者通过亲身参与，带领观众去解读不同地域国家的社会文化现象。进入2010年之后，随着新闻界"走基层、转作风、改文风"活动的不断深入，体验式采访报道迎来了新的发展高潮。这种报道方式使记者不仅仅是记录者、报道者，还进一步成为参与者、实践者。把自己体验的感受如实地传播出去，使新闻价值实现了最大化，同时也使得新闻报道更加可触可感、可亲可近，是新闻"走转改"活动的有效途径。正因为如此，中央电视台首先推出了以体验式采访为主导的《新春走基层》《蹲点日记》《记者归来》等栏目。与此同时，各级电视台都出现了类似的节目，体验式采访凭借其现场感强、真实感强、对新闻人物刻画细腻等特点，成为媒体日常报道中的常见形式，也成为观众喜闻乐见的新闻表现形式。

随着网络媒体的出现和发展，体验式采访在其中也得到了广泛运用。通过记者体验可以有效进入新闻事件当中，解决了网络媒体缺乏采制新闻途径和深入解读新闻的能力的问题。同时，在体验过程中对于真相的展现也让网络媒体更具权威性，从而起到了更好的舆论引导作用。与此同时，体验式采访自身也在发生着变化，成片样式开始变得更加丰富，许多其他形式的新闻报道，其实都是记者体验式采访的结果，特别是现在很多媒体推出的"体验+直播"的节目制作方式，成为融媒体时代网络媒体新闻产品的主流制作方法。

二、电视新闻中体验式采访的界定

对于体验式采访的界定，随着电视制作观念的转变也略有不同。比如，早期《新民晚报》高级编辑朱家生先生认为："记者为了报道一则比较复杂的新闻，凭常规采访难以获得真实材料，便采用转换记者角色或不暴露记者身份，到现场观察，调查乃至参与某项具体活动，将收集到的材料写成新闻的一种采访方法。"①这个概念显然是把体验式采访和隐性采访放在一起讨论的。诚然，这两种采访方式确有其相似性，甚至从今天的采制方式看，还是常常交织在一起，但是从整个新闻实践角度讲，还是有很大的区别的，或者说隐性采访更像一种特殊的体验式采访。复旦大学新闻学院周胜林教授对于体验式采访的界定相对简单，他认为体验式采访就是"亲身体验采访对象、新闻事件、新闻现场的采访方法"②。可以看出在这种界定中，已经不再强调采访环境和具体事件的制约，强调的是记者的亲历性。大连理工大学刘乃仲教授和《中国经济时报》主任记者白庆祥先生对这种界定又做了细化，认为体验式采访是"公开记者身份直接介入新闻事件中，从参与者的角度，对新闻事件的基本事实、细节、场景气氛和人物活动进行体验"③。从这个界定可以看出，体验式采访除了要求亲身经历，对于记者的参与方式以及表达的内容也有着更高的要求。

从以上定义中我们可以抓取到体验式采访的本质特点，从电视新闻的角度出发，主要表现为记者参与、实时感受、准确再现。

1. 记者参与

记者参与是体验式采访能够完成的客观基础，是体验过程的首要环节。它不是一般意义上的镜头展示，而是要求记者全身心投入相关事件，身临其境地传达新闻事实和记者的切实感受，在这个过程中掌握原汁原味的第一手材料。在体验式采访中，记者的参与方式有两种，一种是直接参与，记者自己就是新闻当事人，直接参与既是对新闻事件的体验，也是对

---

① 朱家生.体验式采访要重视报道题材和写作方法[J].新闻记者，1998（3）：36.
② 周胜林.全面、辩证地看待"体验式报道"[J].新闻记者，1998（4）：40-42.
③ 刘乃仲，刘连峰.体验式新闻[M].北京：中国广播电视出版社，2002：28.

新闻人物的体验。比如，在《岩松看香港》这个系列节目中，白岩松以自己的个人视角对香港的经济、教育、文化等领域进行了深入探访，整个节目采用主持人现场直击式采访、现场体验、现场评述相结合的方式。观众可以看到白岩松走进香港的茶餐厅，体味独具香港特色的茶餐厅文化；走进香港的大街小巷，近距离地体验香港市民的"电车情结"；走进香港的跑马场，探访奥运会马术比赛何以能在香港举行的秘密。记者在这个过程中，完全融入新闻事件，把自身对新闻事件的感受传达了出来。再比如，在吉林广播电视台制作的新闻报道《记者体验：高速公路收费员的一天》中，记者就从幕后走到台前，穿上收费员的服装，完全进入角色，体验了一次收费员的工作。这就是对新闻人物的体验，记者这时完全变换了身份，对于拟身份人的酸甜苦辣、喜怒哀乐，甚至人物的内心世界可以有更好的理解。

另一种是间接参与，在采访过程中有真实的新闻当事人，记者以参与者的身份进入其中，能够抓取到被访者最自然、真实、生动的细节。在中央电视台制作的新闻节目《内蒙古·大兴安岭毕拉河森林大火：央视记者跟随扑火队巡查火场》中，记者跟随我们的扑火队，经过20千米的徒步跋涉，对南线火场进行排查，有些先期到达的扑火队员在没有食物和水的情况下，已经坚守了一夜。中午时分，火场区域内突降大雪，记者在撤离的路上又碰到了修整的队伍，寒冷的天气、简单的食物、一路上的艰苦和困难，都由电视媒介生动地传达了出来。在这则新闻中，有真实的新闻当事人，记者只是跟随报道，但是已经对整个事件有了深刻了解，这种类型的体验式采访要求记者综合自己的感受以及对当事人的采访来呈现现场细节。

2. 实时感受

在体验式报道中，亲身参与是记者的手段，而在参与过程中产生"亲感"，并把这种感受实时地传达出来，才是体验的目的。从某种意义上讲，这也是对体验内容的总结和概括，在这个过程中，首先要做到的就是感同身受。一般的电视新闻报道只需要寥寥几个镜头就能将事实报道出来，而这种方式很难打动观众的心，或者说很难引起观众的共鸣。这时，就需要在报道中表现出记者内心的情感，记者需要对整个事件有一种强烈的感觉。体验式采访由于身临其境，记者有更多机会与被访者面对面，与事件面对面，通过近距离的了解、接触，使得被访者的一言一行、事件的一点一滴都记录在记者眼中，并且带来最直观的感受。比如，在《记者体验：高速公路收费员的一天》中，收费员工作操作的复杂性、工作环境的恶劣以及工作的辛苦程度远远超过记者的想象，在报道中记者有这样的叙述：

> 穿上庄严的收费员制服，一种新鲜感油然而生。经过简短培训，我便跟随收费站的收费员们开始了全新的工作体验。现场给我做示范的收费员工作三年将近一千一百天，差不多三分之一的时间都是在岗亭里度过的，看似熟练的收费动作全套学下来还真得记好了。真正坐到这里心里突然没了底，话一出口浓浓的业余味道冒了出来。看起来简单的几个步骤，操作起来却是困难重重，尤其是绿色通道的收费员更是辛苦，根据规定鲜活农产品、新鲜肉蛋奶、水果、蔬菜、海鲜、活的动物都可以享受到免费通行，这个时候收费员要操作的步骤就大大增加了。一套动作和用语我大概用时一分多钟，而收费员一般需要十五秒，每一名收费员每一班大概要重复七百多次这套动作和用语……一个小时下来，我明显感觉到脸部的肌肉因为不断地微笑变得僵硬起来。尽管气温只有二十多度，衬衫却已经全部浸湿，这就是收费员日复一日、年复一年的工作，一份需要足够的细心、耐心、热心和责任心的工作。

高速公路收费员给大家的第一印象通常是工作悠闲，风吹不着雨淋不着，看似是一份美差。在采访中，记者事先向收费员学习业务，在过程中

第八章　体验式采访

与他们交流、沟通，等收费员一天的工作开始时，记者也参与其中，亲身经历了收费员工作的艰辛。在这段叙述中，记者从最初的好奇，到学习和实操过程中遇到困难，再到工作后的感官体验，不仅将高速公路收费员最原生态的工作状态表现了出来，同时也引起了观众对收费员这个群体的关注。在这个案例中，记者亲历式的采访、感同身受的体验都是报道中最真实的素材，使新闻更加地贴近民众。

除了做到感同身受，记者要认识到这种感受不只是一般人对事物的感受，其中还要融入记者的意识，是记者在较高立场、较高层次上的具有主观能动性的感受。在体验式采访中，记者产生的情感不是空穴来风、主观臆断的产物，"而是记者在深入观察、访问、分析客观对象基础上形成的共同情感，即遵循共同的道德标准、社会法规，并且带有社会普遍意义的情感"[①]，是记者在采访实践过程中的理性思考。比如，2018年2月中央电视台的报道《琼州海峡频繁停航 多车滞留 记者体验：十三个小时终抵徐闻》反映了琼州海峡因大雾天气频现，导致停航频繁，外加春节假期过半，海口各大港口迎来春运返程高峰，不少待渡车辆滞留在港区附近道路上，仅排队就需要将近十个小时。记者从头一天晚上就跟随排在队尾的两个四川家庭离岛，在十三个小时的跟随采访中，记者通过自己的亲身感受给我们带来了下面的报道：

> 我们想通过三个关键词来为大家介绍一下，第一个关键词当然是"等待"，这个等待的队伍有多长呢，差不多是二十公里，填满着一万多个车辆。可以看一下这个汽车的行进速度，往往就是这样走走停停，但是这个走呢，可能连五码都没有。很多人就像这位女士一样，会抱着自己的小孩子，出来逛一逛，散散心，因为等的时间实在是太长

---

① 张晋升，林燕. 体验式报道的现实合理性及其限制：暨南大学新闻系"体验式报道讨论会"综述[J]. 新闻记者，1998（6）：40-42.

了……我们的第二个关键词叫作"温暖",可以看一下我们昨天晚上拍到的镜头,很多志愿者都是24小时为大家服务的,这是交警,可以说交警是过去这几天海口最辛苦的人。这是有关部门的志愿者,晚上给大家提供的最多是两种东西,一种是矿泉水,一种是干粮,这也是为了维持咱们所有滞留旅客的基本生活必需……我们说"温暖",不仅仅是志愿者温暖了游客,其实游客同时也温暖了志愿者,这么大规模的堵车,上万辆车停在同一个地方,但是孩子、大人都会把垃圾扔到指定的地方,不让这个城市有一丝的遗憾。而我们要说的第三个关键词叫作"喜悦"……我们现在看到的是王先生一家,刚刚从轮渡上下来的画面,当时下了点小雨,王先生很贴心地脱下了自己的衣服,把自己的妻子和孩子给遮了起来,虽然我们离得比较远,看不清这位女士具体的表情,但是心里面,她肯定是很甜的,反而是小孩子对我们的镜头非常可爱地笑了笑。其实不光是王先生一家,我们可以看到,每一个从港口下来的人都是很高兴,很开心的……

可以看到,在这段采访报道中,记者不仅仅是简单地对事件平铺直叙和情感堆积,而是非常有条理地找了三个关键词,每个关键词都融入了现场事件实况和记者的情感体验。比如在对"温暖"这个关键词的叙述中,记者不仅说明了志愿者给游客带来的温暖,同时也发现了游客给志愿者、给这个城市带来的温暖,这不仅是记者的主观感受,同时也是每一位事件当事人、电视机前的观众都会有的共同情感。因此,记者体验绝不仅仅是感受到了什么,而是要在感受中去发现,去思考,只有这样才能调动记者的主观能动性。

3. 准确再现

体验式采访需要记者充分地参与事件,帮助观众了解其他采访方式所不能了解到的具体情况,因此在某个程度上,这种采访方式的最终呈现能

第八章 体验式采访

够给观众一种视觉上的冲击体验。同时，记者通过自己的经历和一种完全写实的记录方式详细地报道了事件的本质，也增强了新闻的感染力。

在一般的电视新闻报道中，记者并不是整个新闻报道的主体，所以在整个新闻报道的呈现过程中，更多是采用一种解说词、同期声、采访和画面相互配合的方式。新闻画面为了配合解说词，有时候会采用一些非写实的表意镜头。比如谈到经济、金钱，画面里就会出现银行、验钞机的镜头，谈到人才的凋零、市场的衰败，画面里就会出现枯萎的花朵、干枯的树枝等镜头。这些镜头并非来自新闻事实本身，但是为了配合新闻报道的内容，使用这样的方式也未尝不可。同时，在新闻编排过程中，为了更好地展现新闻事实，可能会对事件的发生顺序做一定调整，虽然是以客观事实为出发点，但是显然其现场性会相对被弱化。在体验式采访中，记者就是新闻报道的主体，甚至新闻事件就是围绕记者展开的，所以整个新闻报道的呈现更多是通过记者口述、采访、同期声和画面的相互配合来完成的。在这种情况下，新闻画面完全是由记者主导的，在报道中会给观众呈现更多现场细节，并且整个新闻画面都是由现场组成的。在编排方面也会依据记者的行动轨迹，更多去尊重事物发展的客观规律，因此新闻的画面表现力和新闻感染力也会更强。

比如，中央电视台的新闻报道《本台记者揭秘墨西哥毒枭越狱通道》采用的就是一种完全写实的拍摄方法。2015年，世界头号毒枭古斯曼从墨西哥戒备最森严的"高原"联邦监狱越狱，震惊世界，令人关注。在报道中，记者曹卿云没有用常规的新闻表现方式，比如运用大量的动画展示等，而是深入事发地，以现场报道的方式对越狱通道进行了揭秘。在片中我们看到，记者一边体验一边介绍，记者深入关押古斯曼的牢房，从挖开的洞口开始，顺着木制的梯子往下爬，到达位于地下19米的地道的最深处，在这里记者给观众展示了用来挖掘隧道的轨道、小型摩托车、小推车，以及用来逃亡的氧气罐等各种设备，让观众仿佛看到了当时所发生的一切。整个报道除了一张人物照片和逃亡地图,全部都由现场画面组成,也正是这种直观真实的画面表现,使这条新闻现场感极强,令人耳目一新。

第二节 体验式采访的总体要求

一、访前准备

体验式采访的访前准备比较特殊,首先,这种采访更加接近现场,所以准备过程要更加贴近现场,由于现场的不确定性,有时候甚至要一边采访一边准备。其次,要立足于对体验方式的选择,根据不同的体验方式,记者的准备会略有不同。在直接体验中,需要记者对角色有认同感,这就要求记者提前对人物进行了解,这个过程不是要让记者变成谁,而是要让记者充分融入这个环境,做其中的一分子。有的角色还具有一定的难度和挑战性,需要记者提前掌握所需的技能,有时还要面对恶劣的报道环境,所以较强的体力和心理承受能力也是必须具备的。在间接体验中,记者要对事件的背景以及事件本身有充足的了解,因为客观事实存在多面性和复杂性,记者需要找到报道的最佳切入点和事件的中心人物,才能通过体验反映事物的本质。同时,对事件的了解也有助于记者发现新的问题,寻求解决方法时也更具科学性。

同时,体验式采访需要更好地体现现场气氛,因此对于设备的准备也有一定要求,除了要对采访器材进行仔细检查,确保设备参数设置正确、编播人员能够正常使用,根据场景内容的不同,话筒方向、录音效果也都要有所调整。比如,在室内录制时要控制好录音增益不使电平失真,而且话筒的指向要明确,防止录入过多的空间混响声使声音发空;在户外录制时，要加大录音增益收录一些细微的音响效果声，同时话筒的指向可以不断改变，尽量收录更大空间范围的声音。

二、精心策划

在体验式采访中，记者容易进入一个误区，就是会根据希望来拍摄而不是根据事实来拍摄。这种采访方式会使记者长时间沉浸在新闻事件里，为了最后的报道效果，有时会不顾新闻事实发生与否、存在与否，刻意安排事件或者诱导事件走向，从而在报道中犯了制造新闻的错误。所以，为了避免在事件发生过程中影响其真实性，同时也为了节目最后的呈现质量，体验式采访的前期策划是不可或缺的。

前期策划不是制造新闻，而是要根据新闻事实，对记者可能经历和需要经历的事件进行合理编排。体验式采访要求记者亲历现场采访，即兴主持，随时记录自己的所见、所闻、所想，采访结束后，节目也就大体形成了。所以体验式采访基本不会有补拍、补录的环节，这就对记者的前期策划工作提出了更高的要求。特别是直播性质的体验式采访，在这方面的要求更高，比如记者在一个几百平方米的会场当中做体验式报道的直播，内容就是对这个会场进行展示，播出时间预计在五分钟左右，也就是说，记者的行动轨迹大概只有100米，那么到底该怎么走这100米才可以把几百平方米的场馆介绍清楚？记者这时就要考虑叙事的合理性、清晰性，记者怎么进入现场，从哪里出发，走到哪里介绍什么、叙述什么、采访谁，最后怎么结束，这些都需要记者在拍摄前在脑海中有一个大概的脉络。

当然，新闻现场不可能永远如记者所愿，这时候记者可以适当安排一些采访对象在体验过程中帮助说明问题，看似偶然遇到的采访对象其实大部分有其必然性，但前提是对发生的客观新闻事实不会造成影响。同时，我们也不排除一些带有探索性质的新闻报道，其过程和结果都是未知的，在前期记者可能没有办法梳理出采访的脉络,不过这类采访往往需要较长的体验时间,因此记者可以一边拍摄一边根据自己的需要进行策划。

三、抓取细节

在许多电视新闻报道中,记者的宏观叙事是必须的,由于有时候记者距离现场较远,因此可以交代很多镜头之外发生的新闻事实。但是在体验式采访中,在记者亲身参与的情况下,整个新闻现场就在记者周围,没有办法做宏观叙事。这个过程能够很好地呈现出更多的现场细节,再加上电视媒介直观形象的特点,可以将这些细节完整地表达出来。因此,体验式采访要求记者通过抓取现场细节来反映新闻事件的本质,否则,体验式采访就失去了意义。

中央电视台的新闻报道《浙江宁波:记者体验高温下验船师工作》关注到了宁波舟山港周边造船厂的造船工人和验船师,在高温闷热天气下,他们的工作非常艰苦。为了更好地呈现这种工作状态,记者在现场敏锐地抓取到了诸多细节,比如,造船工人仅仅穿了一年的劳保鞋,因为甲板上的温度很高,鞋底花纹已经烫平;再如,工人师傅裸露在外的黝黑皮肤和其工作服里皮肤肤色的对比,都体现出高温下造船工人的辛苦。而验船师除了工作任务繁杂,工作环境更是恶劣,对于此,记者有着这样的叙述:

> ……我们确实也在现场看到了很多防暑降温的措施,大家可以看一下这里有非常大的一箱矿泉水,这24瓶一箱的矿泉水已经基本被喝完了,他们告诉我们,他们在这里作业差不多是两个小时左右的时长,在这段时间里,一个人要喝掉4瓶左右的矿泉水,而且基本上是不上厕所的,因为水分都已经随着汗排出来了……(拿到工人师傅脖子上

围的毛巾）这个毛巾有点像咱们平时要洗的时候浸了很多水的感觉，但是这上面其实都是工人师傅的汗，拿出来会有一种味道，真的很辛苦，特别这个地方又很狭小，我现在把这个毛巾拧一下，大家看到了吗？发黄的液体，一个小时出了这么多汗，我想汗流浃背说的就是这样一种工作状态……

在采访中，记者跟随着不同的验船师体验着其工作的艰苦，整个节目没有大段宏观叙述，而是通过抓取细节，在不断的实践和交流过程中，向观众展现了他们的日常工作状态。我们可以看到，在抓取细节的过程中，不是抓取一些与新闻无关的细枝末节，而是要结合新闻事实和报道的主题，抓取那些可以反映事物本质的细节。

四、精心编排

体验式采访有时需要记者长时间地进入一个新闻事实当中，在这期间记者会获取大量素材，那么这些素材怎么选择，怎么能够在一个5分钟左右的新闻当中充分反映出事物本质，就非常考验记者的编排功力。要注意的是，这样编排过后的新闻报道，时间轴不可能是连续的，呈现出来的效果可能会更像长消息或者调查报道，但是其核心方法还是体验式采访。

比如，在2017年中央电视台的新闻报道《零点后的中国：隧道里的青春》中，我们可以看到这样的桥段：

解说词：1月18日零点深夜，津沈高铁的地下隧道施工段仍然亮如白天。

崔秀明：我们属于一群见不到阳光的人，上夜班的人，白天他是属于（睡觉）休息的阶段，而上白班的人，大部分是在地下。因为我们主要的工作就是干隧道，属于地下工作者。

....

解说词：农历小年是大寒节气，凌晨，隧道的风口滴水成冰。这个夜班可把工人们冻得够呛，张学良和师兆海都是去年毕业来到工地的，这两个90后刚上班，老工友们可没少提醒他们别冻着自个儿。

师兆海：班长说干个两到三年，关节炎就出来了。

....

解说词：1月21日凌晨，连熬了几夜的崔秀明本想倒班睡个觉，但零点之后，远没有那么平静。凌晨2点50分，工地出现状况，让崔秀明马上去解决。从梦里被叫醒的凌晨，又是一个不眠的夜晚。1月22日凌晨3点，隧道的挖掘正式向前推进，崔秀明紧盯着驾驶室屏幕上的参数，生怕失误。

崔秀明：因为我们这个隧道的精度，基本上是以几毫米来控制，你稍微一不注意，或者走走神儿，这个就会引起非常严重的后果。对施工技术方面来说，我个人认为责任心是要大于能力的。

解说词：1月23日凌晨，连着上夜班的崔秀明终于可以休息了，但在宿舍，他却睡不着。儿子大半年没见着了，越到春节越想念，全家人都在山东，只能靠妻子一个人忙里忙外。

崔秀明：最想对我爸和我妈说一声对不起，别人的儿子在家里照顾着父母，我们确实在外边……我知道他们肯定会受委屈，但他们也理解，中国这个发展速度，肯定需要这么一批人，或者说需要一个阶层，牺牲各种各样的个人利益来加快中国速度。通过我们这一代的努力，每一代人的努力，我们的下一代或者下下一代会过得更好。

在这则报道中，记者将五天的跟随体验，压缩在了短短两分钟的新闻报道中，虽然短小，但是每一天都有其核心的报道内容。第一天交代了隧道工人的工作性质，第二天诉说了他们所面对的恶劣工作环境，第三天和第四天则是工作现场和工作内容的展现，第五天通过一个温情的片段，充分反映了隧道工人的敬业精神。也许在现实生活中，他们每天做着相同的工作，但是在记者的精心编排下，每一天都有其非常明确的主题内容。综观整体报道，记者在编排时还非常巧妙地使用了倒叙的手法，新闻一开始是除夕之夜，70多名工人因为工作不能回家过年，一起吃年夜饭。很多工人的家人从远方老家赶来，一起团聚，按理说这是一个阖家欢聚的感人场面。但是随后记者话锋一转，年夜饭后工人们要继续回工地上班，原来这样的工作模式已经持续很长一段时间了。之后记者的镜头再切回过年前，开始讲述自己在这将近一周的体验中所发生的故事。

第三节 体验式采访的采访技巧

在体验式采访中，整个过程是由体验、采访和报道等三个方面组成的。由于新闻题材和新闻场景的不同，记者的报道逻辑和成片结构会有所变化，同时体验方式、提问方式和报道方式也需要做出相应改变。

一、体验方式的选择

正如前文所说，体验式采访分为直接体验和间接体验，记者在准备期就要决定到底使用哪种方式去呈现事实。在体验式采访中，并没有哪种方式优先的说法，但是需要记者根据采访环境，选取更加适合事实呈现或者适合获取线索以及镜头的采访方式。当记者所要体验的内容角色性较强，需要更加突出人物特征、人物感受时，会更多选择直接体验。当然对于一些没有办法体验的角色，记者还是会选择间接跟随的报道方式，但对于人物感受来讲，只有真正试过、参与过，记者才能做出更加客观准确的描述，因此选择直接体验更妥当一些。当记者所体验的内容事件性较强，需要在事件中发现问题，并且寻求解决问题的方法时，会更多选择间接体验。因为对于事件来说，记者体验基本上是一个部分参与的过程，新闻当事人对于完整事实更有发言权，所以跟随被访者是比较好的选择。

当然，这两种体验方式并不是完全冲突的，在新闻实践中也不是泾渭分明的，甚至在许多报道中会配合起来使用，特别是在一些社会现象、社会文化类的体验式采访中尤为明显。因为这种社会现象、社会文化会伴随着社会事件出现，同时会有大量人物参与，但是通常又不会具体到某个典型事件和典型人物，所以在采制时记者会根据具体情况，综合使用这两种方法。在2019年中央广播电视总台制作的新闻节目《记者体验摩托大军回家：累 暖》中，春节期间，记者跟随一对广西的夫妻，经过13个小时从广东骑摩托车回家过年，路上经过国道、省道、山路、水路，经历了跋山涉水的艰辛。同时，一路上春运服务点的热心周到、交警的关心体贴、最后这对夫妻回到家后的热闹喜庆，都由电视媒介生动地传达了出来。在这则新闻中，记者将两种体验方式综合使用，大部分的时段记者使用的是间接体验，通过对被访者的跟随报道向观众呈现了他们春节回家的完整过程。在其中又穿插了记者对于这种特殊的回家方式的直接体验，从刚开始骑上摩托车的轻松、兴奋、惬意，到仅仅过了一个小时的疲劳、寒冷、双腿麻木，记者用自己的方式告诉电视机前的观众这里面的艰辛。对春运这种在春节期间的常规话题来说，既需要表现整体事实，又要在事实当中突出细节，该片通过两种体验方式的嫁接，很好地达到了这个目的。

二、提问方式的选择

由于体验式采访要求记者完全进入事件当中，所以与新闻当事人的沟

第八章 体验式采访

通分为两部分，一部分是采访，另一部分是交流。这两种都是信息获取的方式，但是属于两种不同的沟通状态。在采访过程中，需要记者更加有针对性，体验式采访完全是基于事实、基于现场情况的，所有话题应该从事物本身出发，大的概念性的信息会有后续新闻的补充报道。比如，在北京电视台制作的新闻报道《亲身体验 记者模拟进行高层火灾逃生》中，记者就火灾逃生装备和逃生路线的选择等一系列问题采访了负责指导的消防员，并在演习体验的过程中使用了出来，整个采访都是为了将新闻事实展现出来。

在交流过程中，记者应该在类似于生活化的人际沟通过程中获取人物对新闻事实的态度以及情感。比如在2014年中央电视台的新闻报道《丝路新发现 新疆 记者跟随司机老石行走丝绸古道》中，因为地震形成堰塞湖阻断了中巴公路的正常通行，严重影响了双方的物流贸易。司机老石是运输施工设备的众多司机之一，记者此次就是跟随老石去探访这条道路。在片子的拍摄过程中，记者几乎没有针对抢修提出问题，而是在聊天过程中去获取信息，去展现道路两边的风貌，以及整个行车过程的艰苦。比如，在聊天中记者问道："你希望自己的孩子长大以后当司机走这条路吗？"老石回答："我不希望，我只希望他们来旅游一下，来看看就行了，看看他的先辈曾经走过这条路。我们这个职业风险太大，太辛苦了，一般人受不了这个苦。"看似闲聊，但正是这样的闲聊增加了新闻的真实感，被访者没有站在道德的制高点上去炮制感人的语言，而是表达了对于这份职业的真实态度。反过来这种态度更加衬托了行走在这条路上的司机群体，展现了他们所面临的危险以及义无反顾的精神。

在体验式报道中，记者经常会同时使用两种方法，在展现新闻事实的过程中体现新闻的温度。比如，在2015年2月21日中央电视台的新闻报道《春风满军营：狂沙漫卷边关路 记者体验边防巡逻》中，我们可以明显看到这样的区别。在片子的前半段，记者更注重采访，比如针对骑骆驼巡逻的方式记者问道："为什么现在还要用骑骆驼这种方式来巡逻呢？"之后在哨所中，记者又针对新型巡逻设备的使用情况做了询问。通过这样的采访，记者很好地向我们展现了边防巡逻的重要性以及具体工作内容。在片子的后半段，记者来到了当地的神仙山哨所，正巧碰上几位来边防探亲的军嫂，记者和这些军嫂、官兵一起包饺子，吃年夜饭，共同过年，在交流中获得了军嫂对于丈夫戍边的真实态度，展现了边防官兵的家国情怀。可以看到在这篇报道中，记者用采访传达了新闻事实，用交流传达了新闻情感，两种方法结合之后就形成了一则有血有肉的新闻报道。

三、报道方式的选择

首先我们要知道不是有体验就有新闻，如果在体验的过程中简单认为只要参与就好，而不去精心设计其中的环节，就有可能会形成没有信息、没有人物的新闻报道，或者体验过程缺乏新意和新角度，流于家长里短。尤其是在现代信息化社会中，受众对信息的要求越来越高，如果体验只是在满足观众的猎奇心，没有相应的含金量，久而久之观众必定反感。

体验式采访中的报道方式是灵活多样的，面对简单的事件，可以采用全程跟拍的方式，抓住中心人物，展现事件核心。面对一个需要解析的新闻场景，可以采用游记式的报道方式，边走边拍，侧重对人物的采访和对有代表性的场景的摄取。一种事物的状态需要记者长时间去解读，则可以在不同的时间段设计不同的体验环节，来具体展现事件全貌。总的来说，报道方式的选择其实就是要选择好报道的切入角度，参与事件只是体验式采访的基本表象，记者要明确体验的目的。参与事件只是展现过程，那么通过这个过程说明什么，反映什么，这就是我们所说的新闻影响力。明确目标后，记者要考虑应该使用什么样的方法来达到采访目的，好的方法可以让体验更加科学、直观，同时也能增加观众的收视兴趣。

比如，2017年12月青岛广播电视台关于地铁早高峰的新闻节目就采用了一种全新的报道方式。青岛地铁 2 号线东段开通后，青岛迎来了地铁换乘时代，也使市民的出行发生了巨大的变化。普通的体验式采访也许能带领观众看到地铁车厢的内饰、崭新的站台、舒适的座位，但是其核心方便、快捷应该怎么体现呢？报道采用了一种"体验＋测验"的方式，三名记者同时从地铁辽阳东路站出发，分别采用乘坐地铁、公交车和开私家车的方式前往青岛火车站，看谁能最先到达。早上 7 点 30 分，三路记者同时出发，一路上三名记者不停地介绍着自己所处的位置和实时路况信息，与地铁的畅通相比，观众可以清楚地看到公交车与私家车在路面上艰难前行。测验的最后，地铁轻松获胜，地铁 2 号线与 3 号线换乘给市民带来的便利也一目了然。

总　结

从新闻的社会功能上看，体验式采访在电视新闻制作上有它独特的优势。从宣传效果上看，体验式采访通过记者的亲身体验与切身感受传达信息，从而更具真实性，进而及时反映了客观事实，所以它已经成为现代电视新闻行业常规的报道方式之一。

同时，我们要认识到，体验式采访只是众多采访方式的一种，它并不是万能的，在新闻实践过程中超越常规地使用也会存在一定的问题。比如，在新闻报道过程中，记者有事件参与者的身份，那么就有可能产生不符合记者的情感，仅凭好恶去加工新闻事实，不能从事件当中走出来看待问题，导致新闻报道不够客观公正，从而失去体验式采访应有的意义。这就是所谓的"入戏太深"。再比如，体验式出镜记者不可避免地要深入各种新闻现场，这时候需要记者对现场的合理性和合法性有一个精准判断，记者不能因为要验证某个规定是否合情合理就以身试法，从而做出越过法律和道德底线的尝试。同时，有一些新闻题材并不适合记者去体验，不能因为它好用就一拥而上，所以体验式采访如果界限不明、使用不当，可能会带来相应的副作用。

综上所述，体验式采访有其自身的优势和特点，同时它也不足以成为现代新闻报道的主流趋势，大多数情况下只是对报道手法的一种补充。但必须承认，缺乏体验的报道是一种内容贫乏、缺少深度和新意的报道。媒体和记者需要善于针对不同场合、不同对象恰当地运用体验式采访，使新闻报道更真实、形象和生动。

第九章 电视暗访

第一节 电视暗访概述

一、暗访的发展历程

暗访又叫隐性采访,是现代媒体进行新闻报道时,非常重要也非常特殊的一种获取新闻材料的方式。其实暗访也是一种特殊的体验式采访,要求记者进入新闻事件当中,只不过目的略有不同,暗访的目的更多是调查取证、获取新闻材料。暗访不是新闻人的发明,早在古代,官员甚至"天子"为体察民情,去民间巡查,和明察相结合,称为明察暗访。比如1430年春,明宣宗朱瞻基祭陵后路过昌平,看到几位农民在耕作,就扮作路人和几位农民聊起了家常。从农民口中,他得知了当时农业生产的辛苦,朱瞻基甚至亲自尝试了耕作。这次暗访之后,朱瞻基回到宫里,立刻写文通告全国,告诫官员们要爱惜民力,强化福利政策。当然,古代更多的"微服私访"还是以游玩为主,并没起到应有的作用。

暗访在新闻领域的运用,是从"纸媒"时代开始的,早在美国南北战争期间,《纽约论坛报》的记者艾伯特·理查森就爬到树顶上,记录了亨利要塞的激战。他采用这种方式多半是出于安全考虑,而不是为了隐藏自己的身份，但这可视为暗访的雏形。在世界新闻史上，真正最早的暗访是在1890年，美国女记者伊丽莎白·简·科克伦化名娜丽·布莱，假扮成一名精神病人住进精神病院，亲身体验精神病人受到的待遇并写下了三篇报道，以《疯人院十日》为题，发表在《纽约世界报》上。她被视为暗访的最初实践者，也因此成为美国新闻界历史性的人物。中国最早的暗访实践者是20世纪初一位叫沈荩的记者，他秘密查找到了清政府出卖主权的《中俄密约》的草稿，并由天津英文版的《新闻西报》刊登，国内外各大报纸纷纷转载，由此引发了全国性的拒俄运动。

20世纪30年代这种暗访手法在美国报界盛行，当时美国报业空前发达，报纸之间竞争激烈，很多报纸都用这种方法获取新闻素材，吸引读者。在中国，这个时期的报纸也较为普遍地使用暗访手法。1936年秋，记者范长江化装成一名小商贩深入额济纳旗打探日本侵略者的动向，并据此写成长篇通讯《忆西蒙》，发表在胡政之创办的《国闻周报》上。但是当时的暗访更多还是去获取新闻事实，所以对于社会的思考较少，方法也是无所不用其极，因此一直有着道德伦理方面的争议。直到20世纪80年代初，一些美国报社才开始限制记者在暗访当中的一些欺骗手段。

电视新闻当中的暗访也是从这个时期兴起的，20世纪80年代之前很多电视媒体还在使用摄录分离的采访设备，这种笨重的采访设备使得"伪装"根本无从谈起，隐蔽身份也是不可能的。随着媒体技术的进步，美国电视新闻界最先把这种采访方式用于电视新闻的制作，包括美国广播公司的《20/20》《黄金时间直播》以及哥伦比亚广播公司的《60分钟》等节目都是电视暗访的先行者。中国电视新闻史上的第一次暗访是20世纪90年代才出现的，1992年中央电视台接到群众举报，对河北省无极县充斥着假药的无极医药市场进行暗访。有趣的是这次采访最初采用的是明访的方式，后来改为暗访也是无奈之举，因此记者在整个暗访过程中明显缺乏经验，比如用衬衣包住摄像机，隐藏在同事身后等，不过这次暗访还是帮助记者获得了第一手的真实材料。到如今,像《焦点访谈》《新闻调查》等电视栏目,通过暗访的方式报道的节目不胜枚举。这些节目多以舆论监督报道为主,对打击犯罪、揭露社会丑恶现象起到了巨大的作用,甚至推动了我国法制进程。

比如,第25届中国新闻奖获奖作品《食品工厂的"黑洞"》,揭发了上海福喜食品有限公司在生产过程中存在的大量违反食品安全管理规定的行为。由于在公开采访的过程中无法获得一手证据,记者采用暗访的形式深入工厂进行拍摄。在历时3个多月的调查过程中,揭露了工厂中存在的添加过期产品、更改食品生产日期等问题。由于福喜食品有限公司是麦当劳、肯德基、必胜客等多家知名餐饮企业的食品供应商,此片播出后引起了极大的社会反响,甚至引起了包括CNN、BBC、NHK等国际知名媒体的广泛关注。上海市政府组织专门的人力物力进行专案调查,在全国范围内彻查有关问题食品的流向。更为重要的是2015年新修订的《食品安全法》表决通过,福喜事件对《食品安全法》修订很有启发。该法对于节目中所报道的回收原料、过期食品等问题,有了更为明确的规定。可以说,在社会改革的过程中,主流媒体充分发挥了舆论监督的作用,并起到了关键作用。

二、电视新闻当中的暗访界定

关于暗访很多学者都有着自己的看法。中国人民大学新闻学教授蓝鸿文认为:"隐性采访是记者为完成某一特定采访任务而把自己的身份和意图隐藏起来的采访方式。"[①] 暨南大学新闻学教授邝云妙认为:"隐性采访实质是指记者采访时,不公开自己的身份,隐姓埋名,使对方不知道你是记者,

---

① 蓝鸿文.新闻采访学:第二版[M].北京:中国人民大学出版社,2000:377.

也不知道你的工作意图。这就是说，记者以普通人的身份去观察、了解事物，从而得到公开采访不容易得到的材料。"[1] 朱羽君、雷蔚真认为："电视隐性采访是指记者采访时，在不公开自己的身份，不通知被摄像、不申明采访目的等情况下，进行隐秘的信息搜集的采访方式。"[2]

从以上定义中可以看出，虽然各学者对于暗访的界定略有偏差，但是我们可以通过这些定义抓取到暗访的本质特点，即身份、意图和手段。把这三者放入电视新闻当中去考量又有着自己的特殊性。

1. 身份

在暗访当中，记者隐藏身份或者借用身份是最常用的手段。通常我们认为只要是暗访，变换身份就是记者必须去做的事情。在纸媒当中，记者是将所见所闻整理成材料，最后通过文字来体现。纸媒记者见和闻的过程对于读者来说是不直观的，再加上表达手法的单一，所以记者一旦公开身份，就不再是暗访了。总体来说，由于设备的轻便化以及后期对于所见所闻可以文字处理，文字记者的暗访过程通常会安全一些。同时，文字记者的暗访题材范围也相对较广，甚至可以长时间地进入某一行业、某一团体进行采访调查，这是电视记者很难做到的。

对于电视媒体来说，电视记者是将新闻素材记录在摄像设备上，通过后期编辑成为电视节目。这种方式对观众来说更加直观，表达方式也趋于多样化，所以电视记者对于身份的处理有着不同的方式。最常用的两种身份设置方式就是直接参与与间接参与，直接参与指记者作为事件当事人之一参与其中，比如在暗访某个工厂时，记者通过应聘成为工厂员工，通过一两个月的摸排完成采访。这种方式获得的新闻素材质量较高，比较直观，适用于需要直接证据去证明的新闻报道，但是危险性比较大。间接参与指记者以旁观者的身份参与事件，比如在某一新闻现场，记者掩饰身份进入，

---

[1] 邝云妙. 当代新闻采访学 [M]. 广州：暨南大学出版社，1998：422.
[2] 朱羽君，雷蔚真. 电视采访学 [M]. 北京：中国人民大学出版社，1999：169.

但是并不会具体去体验事件全过程。这种方式只能获得一些间接的新闻素材和一些现场画面，所以多用在对某些社会事件的报道中，适用于对社会现象的真实反映，危险性相对较小。

在大多数情况下，作为旁观者也好，作为事件参与者也好，电视记者在暗访时还是会隐藏自己的身份。但是有时电视记者会在暗访中公开自己的记者身份，只不过是没有带摄像机的记者，或者说是借用了"纸媒"记者的身份。这种方式会使被访者产生没有被拍摄的错觉，从而使被访者露出真实动机，往往更有利于记者获得所需要的声画信息。比如，浏阳电视台记者在对某奶制品的问题进行采访时，就是公开身份的，于是获得了客服人员狡辩时的声画素材以及驱赶记者时的声画素材。

2. 意图

在电视新闻的暗访中，意图包括两个方面，一个是采访意图，也就是记者的采访目的。在暗访中记者通常不能就其意图直接发问，要想办法把自己的目的隐藏在问题当中。还有一个是被访者的意图，简单来说就是真相。暗访的难度就在于这两个意图是相矛盾的，记者在不能展示自己真实意图的情况下要想办法获取被访者的真实意图，有的问题不能问得太明白，有的场景无法拍摄得很清晰，因此电视暗访中关键证据的展现就尤为重要，通过证据链去构建采访过程中的矛盾冲突是暗访记者必须掌握的技能。

在纸媒当中，由于记者是后期整理材料进行写作的，所以在这个过程中可以把被访者不明显的意图与相关证据结合起来并通过创作表达出来。但是电视记者传递的是现场的声画材料，所以在暗访过程中一些关键性的证据需要被访者有明确的态度或者具体的镜头。很多记者觉得暗访就是访人，把人物拍下来，录下他们的话语就可以了，这其实是错误的。记者暗访不仅要拍人，还要拍物、拍事，包括一些关键的票据、造假的过程等。如果缺少明确的态度和镜头，就代表着事件可能是不真实的，可信度会大打折扣。比如，第23届中国新闻奖一等奖作品《胶囊里的秘密》，记者通过长达8个月的暗访调查，行程数万里，完整记录了从工业明胶到胶囊半成品再到药用胶囊的产业链条。整个调查所列举的新闻事实都有相关证据进行交叉验证，在谈到胶囊作为药品辅料生产环境必须卫生的时候，记者的镜头给观众展示了一些黑作坊肮脏的生产环境，人员不需要做任何消毒便可随意出入生产车间，工人不戴手套直接用手接触胶囊，在此过程中穿插着和现场工作人员的对话，整个成片都在用事实说话，没有刻意渲染，从一个个有力的镜头中揭开了胶囊产业的惊人黑幕。

3. 手段

这里的手段，更多是指拍摄手段。电视新闻的暗访是非常依赖设备的，早期在缺少微型摄像机的情况下，更多依靠记者对拍摄地点的选择，比如在车里对外进行拍摄。之后用得最多的是公文包式的暗访设备，就是把摄像机放入公文包，将公文包打孔并盖上反光布。随着科技的进步，现在出现了"纽扣式""眼镜式""钢笔式"等新型微型摄像机。

暗访拍摄需要记者对这些机器非常熟悉，一般情况下记者只能凭感觉拍摄，不能用寻像器，不能变焦，局限很大，如果对机器不熟悉就有可能出现人在画外的情况。而且在暗访过程中记者不能对机器有调整，包括开关机、更换电池，任何对机器的调整都有可能导致暗访中断。正是这种条件的限制，在很大程度上限制了电视新闻中暗访手段的发挥。因此在进入暗访拍摄状态前，一定要对机器做认真检查，包括电池的电量、存储设备的空间是否足够等。

有时候由于对暗访环境缺乏了解，为保证万无一失，记者会准备多套暗访设备，多机位拍摄，以便在较为复杂的暗访环境里得到尽可能多的信息和画面，这对获取关键证据起到决定性作用。

电视新闻中的暗访因为电视媒介自身的特质，从采访到制作都展现出不同于其他媒体的特点，变化也更加多样。因此，在具体新闻实践过程中还是要回归电视新闻本身的特性，发挥电视新闻的长处，才能做出更好的新闻报道。

第二节　电视暗访的总体要求

记者在获得线索后，怎样入手、遵循怎样的程序，才能有效地把这条线索变成一个电视新闻呢？在暗访中是有一个大体的"套路"的，掌握这个"套路"，并在此基础上有更多的经验，就会在采访中取得事半功倍的效果。

一、访前准备

对于所有采访来说访前准备都是必需的，但是暗访的访前准备会更加严苛，因为有时候记者面临的是一个关系到生命安全的项目，特别是与违法犯罪相关的问题，所以容不得半点马虎。

首先要了解情况，包括暗访对象、暗访内容和暗访地点的所有情况。比如，记者要暗访一个企业，就要去了解这个企业的厂名、营业执照信息、生产规模、老板相关信息等，重点是要了解其违法或违规情况。在这个过程中会遇到一些虚假情况，比如厂名和工商部登记的不符，这就需要记者在当地进行一些前期调查，比如通过买家向上摸排。

二、学习相关知识

记者在暗访过程中，不可避免地要进入一个领域当中，或者扮演一个角色。任何领域都有自己的"圈子"，所以要想成为这个"圈子"中的人，就必须说这个"圈子"里的人会说的话,做这个"圈子"里的人会做的事。学习途径有很多,可以向专业人士或者线人请教,也可以上网了解相关知识。比如记者要去暗访一个古玩市场的乱象问题,首先就要对古玩(如瓷器、书法、山水画等)有一个基本的了解。其次记者要去了解这个市场的一些潜规则(如价格区间、交易方式等)。最后记者还要去学怎么和古玩市场里的人交流(如这一行的"黑话"、一些特殊的肢体语言等),有些暗访的学习准备阶段是相当漫长的,需要记者有足够的耐心。如果暗访涉及诈骗类事件,记者要对对方的行骗方法有一个基本的了解。在电视新闻中记者要把行骗过程拍摄下来,作为确凿的证据。如果被骗了记者还没有开机,显然这次暗访是失败的。

三、如何进入现场

当暗访开始的时候,记者需要研究的就是如何进入现场,或者说以什么角色进入现场。方式要足够自然,不让对方起疑,主要从以下两个方面下功夫:

1. 线人

当我们想要进入一个陌生的环境,并且希望在这个过程中迅速和相关人物建立联系时,最快最有效的方式就是通过他人介绍。有很多行业非"熟人介绍"很难入行,比如记者要调查一个"地沟油"的黑窝点,没有熟人,就是找到窝点,看见了地沟油,人家也不会理你,更不会卖给你。有时即使是熟人介绍,初次见面时,对方也是高度警觉。因此在暗访过程中,能找到对方信任又愿意帮助记者的人非常关键,这就是我们所说的线人。

在新闻行业当中,线人的种类非常多,大多数是在记者调查时给予一定帮助的人,比如一些消息灵通的社区居民,或者居委会工作人员等,这类人更多只是提供一些信息。还有一类属于职业线人,他们是新闻行业竞争日趋激烈的产物，他们主要是出于利益的考虑向媒体提供新闻线索并获取报酬。职业线人生活在城市的各个角落，社会接触面较广，可以说哪里有线索就去哪里。这些人手中的新闻线索不会局限于某个领域或者行业，通常涉及多个领域，虽然线索数量很多，但是都不精通，大多只是一个由头，在暗访过程中可以帮助记者更加接近现场，或者可以为记者提供进入现场的途径，所以这类线人在获取新闻线索的价值层面作用较大。

真正在暗访中记者需要的是行业线人，或者叫"行业卧底"。行业线人是一个行业的内部人员，或者说是事件的参与者、当事人。虽然线索只限于该行业或该事件，但是他们掌握着一些内幕信息，所以线索质量极高。同时又因为参与者的身份，可以为记者接触该行业人士带来便利。真正的违法违规活动都隐藏在行业内部，外行人不可能窥视到其中的玄机，只有业内人士才对其了如指掌。他们知道整个行业违法违规的具体手法，知道怎样才能躲过执法机关的审查，甚至掌握着其他同行的动态和信息。这些所谓的"行业秘密"是绝对不能外传的，如果谁泄露了秘密，肯定会受到整个行业的制裁，所以行业线人并不需要媒体给他们线索费，只需要替他们保密，保证他们不被曝光。

记者在和线人接触时应该注意以下三点：一是要像朋友一样相处。记者在和线人接触的过程中要摆正自己的位置，记者不是警察，没有任何能力保护线人，所以记者和线人的关系必须像朋友一样，线人才会相信你可以替他保密，给你提供情报，替线人保密也是新闻界最基本的职业道德。朋友关系是建立在互相付出的基础之上的，不要觉得线人提供情报天经地义。所以和线人接触时要注意方式方法，比如记者可以反过来给线人提供一些行业动态，帮助其解决困难，或者提供一些线索费等，交朋友是和线人保持长久关系的有效方法。二是不要被线人利用。记者和线人不要走得太近，不能被线人牵着鼻子走，一定要对线人的近况有一个大致的了解。有的线人在向媒体提供消息、配合采访的同时，会利用媒体的力量敲诈被评判方,甚至打着记者的旗号招摇撞骗、勒索财物。当然,记者更不能和他们一起参与违法犯罪活动,记者在和线人打交道的过程中,既要合作、交朋友,又要警惕、保持距离。三是对线人提供的信息持怀疑态度。新闻的真实性是媒体的生命线,有的信息虽然是行业内部人员提供的,但是记者还是要去核实,避免出现错误,造成新闻失实。

2. 身份

当记者有了进入现场的渠道之后,以什么样的身份进入是关键。首先这个身份要有合理性,就是记者需要找到所调查事件的核心点,并且让这个点与所选择的身份建立联系。比如,记者要去某个农贸市场调查注水肉的问题,如果此时以消费者的身份去显然是错误的选择,因为事件的核心不是买卖,对方不会让你看到你想看的内容。如果记者以肉贩子的身份去就不一样了,显然这个身份和事件的核心点有较强的关联度,因此更有可能会接触到制假贩假的过程。其次要考虑的就是完善这个身份,除了前文所说的对于行业的了解和专业知识的学习,还要杜撰一些和该暗访角色相符的信息,包括哪里人、干这行的时间、还干过什么行业等。除此之外,记者还要准备一套和身份相符的装扮,让人第一眼看见就觉得你是干这行的,就像白领要穿职业装,商人要穿西服一样,每个行业都有自己的特色装扮,同时还包括一些面部特征,戴不戴眼镜、留不留胡须,这些都是要考虑到的。最后要考虑的是交流方式,简单来说就是要像个内行一样去交流,那些行话、黑话,记者要能听懂,能会使用。在这里要注意的是口音问题,第一,口音要符合我们杜撰的形象,明明是本地人却操着外地口音这显然是不行的。第二,最好能用当地方言进行暗访,方言作为某一特定区域文化的象征载体,与这一地区受众有着天然的心理亲近感,可以有效提高被访者对记者的信任感,更有利于接下来的调查和取证。

在暗访过程中,记者的身份不是一成不变的,面对不同的被访者要采用不同的身份,电视记者还要考虑在某些情况下是不是使用记者身份会取得更好的效果等问题。在新华社推出的全媒体融合报道《"史上最牛零食"调查：疯狂的辣条》中，记者在暗访过程中就用了三个身份，首先记者使用顾客身份去暗访小卖部，获得了辣条的销售情况。然后记者使用客户身份找到了辣条厂家，获取了这些厂家违规制作辣条的第一手材料。最后记者使用记者身份去暗访执法部门。

在这里并不是说记者可以借用任何身份，如政府公务人员、公安执法人员的身份是不能借用的，如果借用就涉及假冒国家机关工作人员的身份或职称，是违法行为。

第三节 电视暗访的采访技巧

一、融入事件方式的选择

任何暗访活动都要求记者一定要融入事件，作为事件的一部分，才能获得更好的材料。因此，暗访活动和事件本身的性质是息息相关的，记者要根据事件去选择暗访的方式才能够取得成功。在电视新闻中，暗访事件的选择首先要考虑到事件的可视性，所拍摄的内容要突出事件的重点，所以我们能看到电视新闻当中的暗访都是比较直观的，有违法犯罪过程的直接镜头。如果是暗访某个群落的状态，比如带有黑社会性质的乞丐群落，这样的选题记者需要长时间在这个群体当中去调查，其间很难拍摄取证，所以大多由纸媒记者暗访调查。由此，在电视暗访中的事件大致可以分为三类：

1. 一直在发生的事件

这类事件属于暗访中最常涉及的事件，比如工厂制假、食品安全问题等。这类事件的周期性比较长，记者有充足的时间调查取证，甚至反复进入涉事场所。因此，记者可以有很多方式获取事实，可以主动出击，也可以只是个旁观者，只记录，不提问。这类事件要求记者抓取到假象背后的真实情况，不能只对事件进行展现。

2. 在特定情况下发生的事件

这类事件通常需要一定的诱因才能发生，比如某商场卖假货，需要消费者和卖家产生消费行为事件才算成立。这类事件周期较短，记者只能在事件进行中调查取证，如果反复出现在事件现场会引起怀疑，因此暗访更多为记者主动出击，最后的呈现也是以曝光为主。

这类事件一般要求记者装扮成当事人参与到事件中，在事件的进程当中展现问题。记者也可以通过策划设计，考验被访者在某种情景下的反应、行为或状态。比如2015年，中央电视台《3·15晚会》节目组接到了大量消费者投诉，纷纷反映一些4S店在车辆维修和保养的时候，存在许多猫腻。一位多年从事汽车维修的内幕人士也向节目组举报，一些汽车4S店会故意虚报和夸大车辆出现的故障，欺骗消费者，从中牟取暴利。于是记者首先对一辆轿车进行了全面检查，在确认发动机没有任何故障后，断开了点火线圈插头，发动机随之出现了抖动，同时仪表盘上的故障灯亮起，接上插头，车辆抖动随之消失。这样一个简单的故障，在4S店记者却得到了节气门、油路积碳较多，建议清洗，并且更换点火线圈的答案。之后记者又用不同的车型设置同样的故障暗访多次，最高的"维修"花费甚至达到了7000元。

要注意的是在新闻实践中有这样的情况，记者为了达到预期目的，将本来属于调查的提问，变成了"钓鱼"，甚至在策划中出现不合理的设计，诱导对方犯罪。在暗访中，记者的身份一定是合理的，比如调查某烟酒店卖假酒，记者可以以消费者的身份去暗访，那么记者的行为、思维逻辑就应该是一个普通的消费者。你可以问这里有××酒卖吗？这是消费者的自然状态，但不能问这里有××假酒卖吗？如果主动买假货，显然这个身份就不是消费者，甚至不是记者了。

3. 由社会现象映射出的事件

这类事件往往起到以点带面的作用，通过此类事件可以反映某种社会问题、现状或趋势。这类事件通常比较普遍，记者需要在多个地点调查取证以表明不是个案，并且需要记者参与其中，以体验者的身份给予观众最直观的感受。比如记者到几家医院调查，通过暗访了解到看病排队时间长、医生不好找、看病秩序乱等问题，切实体验到了人们所说的"看病难"。很多地方电视台都做过类似题材的节目来反映某个社会问题，节目很好看，也能很快引起社会的共鸣及关注。

现在有些类似于"道德测试""人性测试"的电视节目，用的也是暗访的方法，通过一个设计好的情景去看人们最真实的状态，从而反映一个社会现象。如记者装病躺在地上，看谁来相助。面对这样的选题，记者应该理性看待，要从善意的角度出发，因为一个社会问题或者社会现象，绝对不是由某个人所导致的，记者要有更多的社会责任感，明白怎么去引导观众做出正确的选择。比如，在这个情景中一旦有人施救，记者应该立刻站起来鼓掌、握手，或者送上一个拥抱、一个礼物。记者要告诉电视机前的观众这样做是对的，施救者在明白这是记者的一种暗访调查后也会给予充分的理解，并且下次遇到类似事件还会这样做。但是一些媒体在报道过程中，为了获取收视率，对事件进行后期剪辑，删掉那些伸出援手的镜头，故意夸大某些社会问题，观众看到过多这样的画面，除了对社会失望还能得到什么呢？最后使得批判变成教唆，揭露变成扩散，这对媒体行业甚至整个社会的危害都是非常大的。

二、问题的设计

在暗访中，记者对问题的设计主要体现在核心问题上。在暗访中为了避免被访者生疑，记者不能像采访一样去提问，而是要像普通的人际交流。在这个过程中，双方的对话就会很随机，谁也不知道下一句会说什么，所以记者要记住自己的核心问题是什么，想办法在看似不经意间谈到想要的话题。在暗访时记者应注意以下几点：

1. 说符合身份的话

想要还原正常的人际交流场景，记者一定要从身份出发。在现实生活中，人物处于什么样的地位，是什么样的角色，有什么样的交际过程，人物的心态和在该种心态下所形成的话语都是不同的。比如记者假装是一个消费者，买一个东西，对商品不了解，那么有大量提问就很正常，商家为了卖出商品也会尽力回答，这就符合身份。但是记者如果以合作者的身份去与一个不法商家接洽，这时有大量提问就是不妥的。要想合作，互相了解是基础，所以记者在这时要选择先说，甚至多说，表现出合作的欲望，表现出自己的"实力"，只有这样对方才可能和你更深入地交谈。很多年轻记者就是在暗访中忘记了自己的身份，第一个问题就让对方生疑，导致采访失败。

2. 从看见的入手

按照事物或事理逻辑关系来说，很多事物的内部都存在因果关系，放到暗访中就是疑问的由来。这种疑问的由来就是我们对看到的事物或者听说的事物不理解，由于看到的更具直观性，因此提问一定要从看到的入手，然后有一定的延伸，这是符合逻辑规律的。同时，从电视暗访的成片逻辑来看，就是要求记者更多地展示细节，通过细节和证据去还原完整的违法犯罪事实，简单来说，犯罪事实是被证明出来的，而不是"拍"出来的。从现场交流情况来看，从看见的情况入手去提问不会令人生疑，被访者完全处在对现场情况进行解释的情绪中，不会产生太多联想。相反如果记者问一个和现场完全不相关的问题，警惕的被访者就会有所怀疑，他们可能会反问"你问这个干什么？"，比如在2016年中央电视台《3·15晚会》

节目曝光的用废钢料造假牙的专题中，记者的大多数提问都是根据他在工厂中看到的内容出发的：

记者：这里是啥啊？

工人：那是钢头，铸出来的钢头，废钢头。它一敲敲开这不就有一个钢头嘛。

记者：我看都得加这个回炉的这个钢头是吧？

工人：嗯，都加，不加太浪费了。

记者：节省成本呗。

工人：对啊，要不然的话加它干吗？

记者：反复反复能回炉多少次？

工人：五六次吧。

记者：你现在一般用几遍？

工人：现在迷了马虎的，反正是用吧，技工说了不行了有砂眼了，咱们可以换点新钢，再继续用，只要没砂眼一直用，就这么回事。

在这个场景中我们看到，记者就是以眼前看到的废旧钢头为出发点，加入适量的追问，不仅得知了废钢头的用途，还得知了它的使用原因、用法等。

3. 善用错问

在暗访中，最重要的就是要得到与事实相关的有力证据，当事人的语言也是证据的一部分。在电视新闻中，记者的陈述是一方面，对于关键问题，观众还是希望能够听到当事人肯定的答复，甚至由当事人亲口诉说，这样节目才会有说服力。在暗访中善用错问是非常好的办法，也就是故意问错来引导对方解释。在信息的传递中解释性的信息要比简单的答复性的信息更具有说服力，这需要记者做好前期调查，对事件有一个具体的了解。

比如在某一个地区有很多非法野味餐馆，记者想要展现这个问题的普遍性，可以问："这个地区的餐馆都这样吗？"对方可能会回答："是啊。"记者虽然得到了肯定的答复，但是短短两个字显然在信息传递中缺乏力量，至于问题的普遍性，观众也很难有直观的感受，没有留下话头记者之后也不好做出下一步追问。但是如果记者问："这个地区只有你们一家做野味吗？"对方可能会回答："不是啊，我们这里都做，还有的馆子……"显然，通过第二种提问方式记者可能会得到带有解释性的信息，其说服力和反映问题严重性的能力都比第一种提问方式好很多。在对方的大量解释中，找准话头，也方便记者的进一步追问，包括"哪里来的野味啊？""还有更好的食材吗？"这些问题都有可能自然而然地交流出来。

三、电视暗访中新媒体技术的运用

随着媒体技术的发展，越来越多的人开始用社交媒体、自媒体交流，一些违法犯罪也开始转移阵地，在互联网上悄然出现，这为记者暗访提供了新的线索，同时也带来了更多挑战。

由于网络具有开放性、不确定性、超越时空性等特点，犯罪分子在互联网中有极高的隐蔽性，那些原来在街边的叫卖转移到了社交媒体当中，那些现实中面对面的交易开始通过快递来完成，增加了记者获取新闻现场材料的难度。

在网络中，犯罪大致分为两种，第一种是以互联网为依托的新型犯罪，包括网络诈骗、网上洗钱、窃取网民信息等。对于这类题材记者完全没有和不法分子正面接触的机会，整个过程都在网上完成，虽然相比记者亲自暗访卧底要安全得多，但是证据获取更加困难，镜头中对于事实的展现也需要花更多心思。在2017年中央电视台曝光网络贩卖个人信息黑市的报道中，记者首先进入一个专门贩卖个人信息的QQ群，然后以购买者的身份联络这些信息贩子进行暗访。为了获取犯罪证据，记者和自己的同事亲自试验，并通过对通话信息、打车信息等多组数据的对比，获取了犯罪事实。之后还在 QQ 群聊中准确地抓取了"三网定位"这个关键词，了解到信息贩子还能对手机用户所在位置实时定位，并通过实验验证。整个报道虽然没有展现犯罪过程，但是通过精心策划，记者很好地展示了客观事实，并凸显出了问题的严重性。第二种是以互联网为中介的犯罪，主要通过社交媒体进行联系，有固定的犯罪交易场所，比如网络色情服务等。这就需要记者对新媒体设备熟练运用，可以发现新闻线索，并进行联络、定位等操作，最终的信息获取点还是在交易地点或者犯罪现场。利用网络作为中介实施的犯罪大部分属于需要极度隐藏的重罪，记者在面对该类选题时需要有一个总体认知，是用暗访的方式去报道，还是用以配合公安机关为主的其他方式去报道更好一些，以免出现采访越界。

第四节　电视暗访当中的自我保护和法律规范

一、电视暗访当中的自我保护

暗访是所有记者活动中危险性最高的，在世界各国，暗访记者被打甚至被杀害的事例屡见不鲜。因此，暗访记者如何在取证过程中保护自己、如何在调查后安全撤离是一个非常重要的问题。其实记者在暗访的准备过程中已经开始为自身的安全做防范，包括前期对专业知识、行业情况的了解，进入采访环境之前的乔装打扮，这些都是为了更好地融入事件，避免身份出现漏洞而使自身陷入危险，所以暗访的每一个环节都和安全息息相关，非常重要。除了这些基本的环节，记者还应该做一些其他的预案，避免意外发生。

1. 求助相关部门

记者一旦遇险，应该及时报警。媒体和警方以及执法部门一般有着合作关系，一些长期承担暗访任务的老记者，甚至还有上一级机关的联系方式，在暗访前取得这些部门的支持或者与其中熟悉的人物取得联系是至关重要的，在关键时刻，这也是有效脱困的方法之一。

2. 保持联络

记者去暗访，一定要取得主管部门的批准，这样才能在暗访中获得后方的接应。在暗访过程中要保证手机处于可通话状态，最好设置为一键拨号，这样即便不能通话，也能将现场声音传递出去。在实践中记者也会遇到比较极端的情况，比如记者接到举报后调查一家无证屠宰狗窝点，屠宰点人员发现后没收了记者的手机并对其进行拘禁。因此，在暗访前记者要做好和后方失去联系时的应对策略。

3. 选好退路

由于暗访题材的特殊性，采访地点大多是"见不得光"的地方，甚至有些地点还会有所谓的"保安"，记者在进入这些场所之前一定要想好怎么离开。首先暗访前必须去踩点，查看周围的环境，熟记路线，最好能找到多条出逃路线。然后要观察周围的人，如果某个人在同一个地点反复出现，那么他极有可能是这个团伙中的人。最后要设计方案，如果记者暴露该怎么办，后方应该在哪里接应，怎么接应，这些都是要考虑的。

4. 增强自我保护意识

记者面临的危险不只在暗访过程中，甚至会延续到平时的生活里，暗访之后被打击报复的情况时有发生，所以暗访记者在平时也要增强自我保护意识。比如，在有人向记者提供举报线索的时候，记者应先分析这是否是个圈套。如果约定和举报人在某地见面，记者应提前对约定地点进行观察，当举报人出现确定无异常后再现身。一般别人暗访过的地方，对方会有一定的反侦查意识,就别去暗访了。同时,凡是自己暗访过的地方,短时间内就不要再出现在那个地方了。

总之,暗访是一个非常谨慎的工作,所有环节都要做好才能做出一个好的报道,才会有一个安全的过程。特别是电视新闻暗访,记者要把每一个环节、每一个证据用画面记录下来,很多场所记者只能去一次,如果这次没有拍下关键画面,可能就再也没有机会去进行内容补充了,因此更需要精心策划。

二、电视暗访当中的法律规范

暗访是获取真实材料的有效手段之一,记者通过暗访揭露了社会的严重阴暗面,确实可以起到舆论监督的作用,但是暗访并不是百无禁忌的,不是什么地方、什么事都可以让记者去暗访的。中国是法治社会,任何单位和个人的行为都必须在法律的约束下进行,暗访也不例外,舆论监督不能作为我们超越法律的理由。

2005年,中共中央办公厅印发《关于进一步加强和改进舆论监督工作的意见》提到,要通过合法和正当的途径获取新闻,不得采取非法和不道德的手段进行采访报道。新版《中国新闻工作者职业道德准则》亦提倡通过合法途径和方式获取新闻素材。在使用暗访手段进行采访时要注意三个方面:国家机密、商业机密以及个人隐私,我国现行法律对这三点都有明文规定。

1. 国家机密

保守国家秘密,维护国家安全和利益是每个中国公民应尽的义务。记者在暗访时不能涉及国家秘密。那么到底哪些属于国家机密呢?《中华人民共和国保守国家秘密法》第十三条对国家秘密的范围做出明确规定,其中包括:国家事务重大决策中的秘密事项;国防建设和武装力量活动中的秘密事项;外交和外事活动中的秘密事项以及对外承担保密义务的秘密事项;国民经济和社会发展中的秘密事项；科学技术中的秘密事项；维护国家安全活动和追查刑事犯罪中的秘密事项；经国家保密行政管理部门确定的其他秘密事项。

同时该法在第三十三条进一步对传媒行业做了相关规定：报刊、图书、音像制品、电子出版物的编辑、出版、印制、发行，广播节目、电视节目、电影的制作和播放，网络信息的制作、复制、发布、传播，应当遵守有关保密规定。可以看到，以上事项泄露后可能损害国家在政治、经济、国防、外交等领域的安全和利益，因此记者在暗访过程中应该主动回避这些内容，不可逾越半步。

我们要注意的是在《中华人民共和国保守国家秘密法》中，对于国家机密的界定是"在一定时间内只限一定范围的人员知悉的事项"。所以记者要分清楚这个"时间"和"范围"代表什么。有的事情不是不能去报道，比如国民经济和社会发展中的长期规划、年度计划、财政预算等，在正式发布前属于国家机密，但是正式发布后新闻媒体就可以报道了。当然，有的事情看似可以报道，但是暗访对象却与国家机密相关，这时记者就应该有所考量，看是否要撤销采访。

2. 商业机密

国家机密所列事项比较明确，记者较好区分，同时国家也会有专门的保密条例和措施，记者就算想通过暗访获取一定信息也是有难度的。但是商业机密所涵盖的内容非常繁杂，而且保密措施是由企业自己去做，有的企业也没有规范的保密制度，所以对商业机密的保护一直都是记者最容易忽略的问题之一。

1998年，国家工商行政管理局发布的《关于禁止侵犯商业秘密行为的若干规定》第二条对商业秘密有着详细的界定。商业秘密是指不为公众所知悉、能为权利人带来经济利益、具有实用性并经权利人采取保密措施的技术信息和经营信息，包括设计、程序、产品配方、制作工艺、制作方法、管理诀窍、客户名单、货源情报、产销策略、招投标中的标底及标书内容等信息。新闻媒体是否侵犯商业秘密可根据第三条规定的"第三人明知或者应知前款所列违法行为,获取、使用或者披露他人的商业秘密,视为侵犯商业秘密"进行判断。

在新闻实践中,这些信息往往和记者所调查的信息混杂在一起,暗访时又很难在采访过程中进行有选择的拍摄,所以这就需要记者在做后期剪辑的过程中抹去可能构成侵权的素材,避免公开披露。

记者要注意的是商业秘密在性质上必须是合法的,只有合法的商业秘密才受法律保护。那些违法的商业秘密恰恰是需要媒体去揭露的,所以在这个过程中记者接触到的客户名单、产品配方等,只要不具合法性,都是可以曝光的。比如每年的《3·15晚会》都有大量类似案例,像食品添加剂问题、汽车维修问题等。

3. 个人隐私

在暗访当中最容易侵害的是个人隐私。我国在2009年通过的《中华人民共和国侵权责任法》中第一次明确将隐私权收纳进法律,但是在民事基本法中一直没有确认该权利。直到2017年修订的《中华人民共和国民法总则》第一百一十条中才明确提出自然人享有隐私权。2020年5月28日公布的《中华人民共和国民法典》第一千零三十二条规定,自然人享有隐私权。任何组织或者个人不得以刺探、侵扰、泄露、公开等方式侵害他人的隐私权。隐私是自然人的私人生活安宁和不愿为他人知晓的私密空间、私密活动、私密信息。第一千零三十三条规定,除法律另有规定或者权利人明确同意外,任何组织或者个人不得实施下列行为:以电话、短信、即时通讯工具、电子邮件、传单等方式侵扰他人的私人生活安宁;进入、拍摄、窥视他人的住宅、宾馆房间等私密空间;拍摄、窥视、窃听、公开他人的私密活动;拍摄、窥视他人身体的私密部位;处理他人的私密信息;以其他方式侵害他人的隐私权。

所谓隐私权,是指自然人享有的私人生活安宁与私人生活信息依法受到保护，不受他人侵扰、知悉、使用、披露和公开的权利。在这里我们应该注意到两个要点，首先，隐私权的主体只能是自然人。自然人和法人是有区别的，简单来说所有公民都是自然人，是以个人本身作为民事主体的。而法人是一些自然人的集合体，必须是经国家认可的社会组织，要有自己的名称、机构、场所，有必要的财产等，对其经营活动有保密的权利，但无隐私可言。

其次，隐私的内容包括私人生活安宁和私人生活信息。私人生活安宁是指自然人享有在法律许可的范围内按照自己的意志从事与公共利益无关的活动，其中包括日常生活，如住宅、私家花园、私人轿车、私人活动等，还包括社会关系、婚姻关系，甚至婚外男女两性关系等。私人生活信息包括个人的所有情报资料，如姓名、身高、体重、财产状况，以及宗教信仰、住址、家庭电话号码等。以上信息只要未经公开同时自然人不愿意公开，记者对其进行披露就构成侵犯隐私权。

这就给记者暗访划定了一个相对清晰的范围：一是不能在私人领域暗访，如公民家里；二是不能涉及与公共利益无关的私人信息，否则就构成侵权。在这里记者还需要注意一些其他法律中与隐私权相关的规定，比如《中华人民共和国未成年人保护法》第四十九条规定新闻媒体采访报道涉及未成年人事件应当客观、审慎和适度，不得侵犯未成年人的名誉、隐私和其他合法权益。所以在暗访中不能公开未成年人的肖像、姓名、住所等内容。

作为记者一定要遵守法律法规，避免在暗访中越界。

总　　结

暗访是新闻采访中获取新闻事实的一个非常有效的手段，但是在暗访中也会涉及大量的法律以及道德问题，因此该方法一直受到争议。所以，在任何时候，记者都要意识到暗访仅仅是对正常采访的补充，不能滥用。

现代媒体行业竞争激烈，一些媒体为了争夺收视率、抢夺市场，多是将镜头聚焦社会的阴暗面。因而暗访的事件大多是此类题材，画面表现以及视觉效果都具有猎奇性质。这种做法不仅会对观众审美、城市形象造成损害，还会毁了整个记者队伍，在这样的观念下一些记者不再在专业上下功夫，而是整天打听负面消息，企图以此吸引观众的眼球。

因此媒体应该肩负起自己的社会责任，更多地去传播社会正能量，坚持正确的舆论引导，对于负面报道应该有选择，这也是现在很多媒体限制负面报道比例的一个重要原因。同时记者在暗访中不应该有太多的功利心，应该抱着揭露问题、解决问题的心态去报道，在采访中要权衡利弊，给予被访者人文关怀。

参考文献

[1] 曾祥敏. 电视采访 [M]. 2版. 北京：中国传媒大学出版社，2010.

[2] 梅茨勒. 创造性的采访：第三版 [M]. 北京：中国人民大学出版社，2010.

[3] 布雷迪. 采访技巧 [M]. 范东生，王志兴，译. 北京：新华出版社，1986.

[4] 常江，解立群. 国际主流电视新闻节目新媒体推广手段探析：以BBC和CNN为例 [J]. 中国记者，2013（1）.

[5] 初广志，施果鲍洛夫. 关于电视访谈相关因素的研究 [J]. 国际新闻界，2000（5）.

[6] 邝云妙. 当代新闻采访学 [M]. 广州：暨南大学出版社，1998.

[7] 蓝鸿文. 新闻采访学：第二版 [M]. 北京：中国人民大学出版社，2000.

[8] 林如鹏. 新闻采访学 [M]. 2版. 广州：暨南大学出版社，2004.

[9] 亚当斯，希克斯. 新闻采访：第一线采访手边书 [M]. 郭琼俐，曾慧琦，译. 上海：上海三联书店，2004.

[10] 那斌，张宏伟. 电视人物纪录片采访和拍摄过程中的主观介入 [J]. 佳木斯大学社会科学学报，2002（1）.

［11］李鹏艳.电视出镜记者与采访对象的人际交流研究［D］.北京：中国传媒大学，2008.

［12］张丽.如何让采访对象打开话匣子：浅谈电视新闻记者的采访技巧［J］.新闻与写作，2014（1）.

［13］曹莉.提问是记者的天职：电视新闻采访技巧探析［J］.曲靖师范学院学报，2009，28（4）.

［14］梁建增，关海鹰.见证《焦点访谈》［M］.北京：文津出版社，2004.

［15］梁建增.《焦点访谈》红皮书［M］.北京：文化艺术出版社，2002.

［16］梁迎利，刘韵音，李跃山.全力以赴 做好十六大现场直播的技术保障工作［J］.电视研究，2003（1）.

［17］刘乃仲，刘连峰.体验式新闻［M］.北京：中国广播电视出版社，2002.

［18］马梅.解析央视汶川地震直播［J］.中国电视，2008（8）.

［19］石义彬，王勇.后现代主义产生的媒介背景：电视［J］.国际新闻界，2006（5）.

［20］孙玉胜.十年：从改变电视的语态开始［M］.北京：生活·读书·新知三联书店，2003.

［21］台岚.电视节目主持人采访中的"倾听"艺术［J］.当代电视，2007（7）.

［22］徐恩华.新媒体背景下广播电视新闻采访的现状、应对策略和未来发展［J］.新媒体研究，2016，2（5）.

［23］闫微微.由央视《面对面》看电视采访的技巧［J］.新媒体研究，2016，2（4）.

［24］吴郁.谈话的魅力［M］.北京：中国广播电视出版社，2007.

［25］王中伟，王成涛.电视街头采访的十个关键环节［J］.青年记者，2017（5）.

［26］吴长宇.电视新闻"走基层"中"长镜头"的运用［J］.新闻研究导刊，2014，5（6）.

［27］肖明，丁迈.精确新闻学［M］.北京：中国广播电视出版社，2002.

［28］徐雷.我国电视谈话节目的历史格局和流变脉络［J］.湖南大众传媒职业技术学院学报，2004（3）.

［29］沈相姗.论电视解说词写作技巧［J］.新闻前哨，2021（4）.

［30］郭远辉，谢慧瑜，王娟.一片之本 成功之母：浅谈电视专题片解说词的文本创作［J］.声屏世界，2018（9）.

［31］张广炳.从"海采"的演变看电视新闻舆论引导方式创新［J］.东南传播，2015（4）.

［32］张晋升，林燕.体验式报道的现实合理性及其限制：暨南大学新闻系"体验式报道讨论会"综述［J］.新闻记者，1998（6）.

［33］郭思路.电视海采的演变研究：基于央视《新春走基层》系列节目的分析［J］.西部广播电视，2019（16）.

［34］张娴.浅谈电视新闻结构设计的重要性［J］.大观周刊，2013（5）.

［35］范威.让电视新闻临近"原生态"的海采模式分析［J］.记者摇篮，2018（3）.

［36］章戈浩.作为开放新闻的数据新闻：英国《卫报》的数据新闻实践［J］.新闻记者，2013（6）.

［37］吴效禹."体验式"电视采访益处多［J］.电视指南，2018（12）.

［38］赵玉明，王福顺.广播电视辞典［M］.北京：中国传媒大学出版

社，1999.

［39］周德军.电视海采的"进化"：从《你幸福吗》到《家风是什么》［J］.电视研究，2014（4）.

［40］周胜林.全面、辩证地看待"体验式报道"［J］.新闻记者，1998（4）.

［41］朱家生.体验式采访要重视报道题材和写作方法［J］.新闻记者，1998（3）.

［42］金明，张恒军.人物专题类短视频纪录片的三重采访技巧［J］.传播与版权，2021（3）.

［43］朱羽君，雷蔚真.电视采访学［M］.北京：中国人民大学出版社，1999.

［44］张亚伟.微视频时代新闻采访工作创新思考分析［J］.中国传媒科技，2021（1）.

［45］北京广播学院电视系学术委员会，《中国应用电视学》编辑委员会.中国应用电视学［M］.北京：北京师范大学出版社，1993.

［46］邹柯玮.电视新闻在互联网环境中的突围路径［J］.声屏世界，2018（4）.

［47］崔鸿.电视新闻记者在隐性采访中"度"的把握［J］.科技传播，2019，11（13）.

［48］李晶.电视新闻媒体中隐性采访的新闻真实性及使用合理性研究［D］.长春：东北师范大学，2006.

图书在版编目（CIP）数据

电视采访新论/侯迪著. --北京：中国国际广播出版社，2024.8. --ISBN 978-7-5078-5626-2

Ⅰ.G222.1

中国国家版本馆CIP数据核字第2024GG9202号

电视采访新论

著　　者	侯　迪
策划编辑	杜春梅
责任编辑	张　玥
校　　对	张　娜
版式设计	陈学兰
封面设计	赵冰波

出版发行	中国国际广播出版社有限公司　[010-89508207（传真）]
社　　址	北京市丰台区榴乡路88号石榴中心2号楼1701 邮编：100079
印　　刷	环球东方（北京）印务有限公司

开　　本	710×1000　1/16
字　　数	270千字
印　　张	18.75
版　　次	2024年8月 北京第一版
印　　次	2024年8月 第一次印刷
定　　价	58.00元

版权所有　盗版必究